Aldeia da Escuridão

Aldeia da Escuridão

Psicografado por
Eliane Macarini

pelo espírito
Vinícius (Pedro de Camargo)

Aldeia da Escuridão
pelo espírito *Vinícius (Pedro de Camargo)*
psicografia de *Eliane Macarini*

Copyright * 2008 by
Lúmen Editorial Ltda.

3ª edição – outubro de 2019

Coordenação editorial: *Ronaldo A. Sperdutti*
Preparação de originais: *Fábio Maximiliano*
Revisão: *Mary Ferrarini*
Diagramação: *Jordana Chaves / Casa de Ideias*
Arte da Capa: *Daniel Rampazzo / Casa de Ideias*
Impressão e acabamento: *Renovagraf*

Dados Internacionais de Catalogação na Publicação (CIP)
(Câmara Brasileira do Livro, SP, Brasil)

Camargo, Pedro de (Espírito).

Aldeia da escuridão/ pelo espírito Vinícius (Pedro de Camargo) ;
psicografia de Eliane Macarini. -- São Paulo : Lúmen, 2008.
Bibliografia

    1. Espiritismo 2. Psicografia 3. Romance
espírita I. Macarini, Elaine. II. Título.

08-08646   CDD-133.9

Índices para catálogo sistemático:
1. Romance espírita : Espiritismo 133.9

LÚMEN
EDITORIAL

Av. Porto Ferreira, 1031 - Parque Iracema
CEP 15809-020 - Catanduva-SP
17 3531.4444
visite nosso site: www.lumeneditorial.com.br
fale com a Lúmen: atendimento@lumeneditorial.com.br
departamento de vendas: comercial@lumeneditorial.com.br
contato editorial: editorial@lumeneditorial.com.br
2019
Proibida a reprodução total ou parcial desta
obra sem prévia autorização da editora
Impresso no Brasil – *Printed in Brazil*

3-10-19-200-18.200

Prefácio

O trabalho constante no socorro a irmãos em triste estado de demência faz-se a cada dia mais urgente; o orbe, em constante movimento de renovação, cobra aos seus moradores a transformação necessária para que a Terra, Bendita Morada de todos nós, passe a ser o lar de espíritos em franca evolução moral.

Temos à frente séculos e séculos de trabalho incessante, para que em futuro próximo sejamos merecedores de ocupar essa morada de regeneração. Responsabilidade que deveremos abraçar amorosamente, com a intenção sublime da fraternidade universal; objetivo ainda tão distante de nossos espíritos ignorantes, pois, como produtos de nossas múltiplas vivências, oportunidades essas que experienciamos com as possibilidades de entendimento de cada momento, muitas e muitas vezes nos comprometemos por nossas escolhas desequilibradas e doentias. Nesses momentos angariamos terríveis débitos, que nos desequilibram a mente a ponto de hoje convivermos atropeladamente com múltiplas faces de personalidade; isso nos faculta conflitos dolorosos e, não raras vezes, obsessivamente doentios, originando mais desequilíbrios emocionais, comportamentais e, sobretudo, morais. Trata-se de características psíquicas identificadas pelos profissionais da saúde como: bipolaridade, dupla personalidade, esquizofrenia, paranóia e outros tantos males.

Reflexionemos a respeito do excelso exercício do autoconhecer, para que toda transformação se realize em bases firmes de renovação moral, segundo os ensinamentos de Nosso Amado Irmão e Mestre Jesus.

Que a cristandade possa ser incorporada por nossas mentes eternas, e que elas se harmonizem a esse mundo multiforme e de variadas nuances de cor, ligando-nos ao mais puro dos sentimentos de nossos corações; e, nesse momento de transformação do orbe, tenhamos a perseverança, a tolerância, a paciência e o amor necessários a engrossar as fileiras dos trabalhadores de boa vontade.

Oramos a você, Pai de Amor e Bondade, implorando humildemente fortalecimento para esses seus filhos ainda tão imperfeitos, para que possamos dirigir nossas melhores energias através de nosso bom pensar e de nosso bom sentir, com a intenção primeira de auxiliar irmãos mais ignorantes que nós mesmos.

Que seja feita a vossa Vontade de Amor, Paz e Perdão.

Que assim seja a toda a humanidade em evolução.

Vinícius (Pedro de Camargo)
Ribeirão Preto, 26 de julho de 2006.

A bom tempo

Os vícios que atrofiam e destroem oportunidades de crescimento moral são verdadeiras chagas de dor sobre a humanidade, como também são conseqüências a ser vivenciadas com o esforço amoroso de cada um de nós, para que o futuro seja espelhado em novas e saudáveis atitudes.

Os tóxicos que limitam o raciocínio lógico e influenciam na escolha desequilibrada dos prazeres imediatos, que são formas doentias de agir e pensar, originam, como reação direta, momentos de dor e insensatez. Na realidade, são opções que espíritos ainda ignorantes fazem com a intenção primeira de vencer limitações pessoais – todas, sem exceção, relacionadas ao orgulho doente, que somente nos faz inseguros perante nós mesmos. Não há um irmão em demência tão grande que, ao fazer escolhas infelizes, faça-o contando com sofrimentos atrozes.

O sexo desvairado é fuga aos verdadeiros sentimentos de equilíbrio, que produz energias tão densas e criadoras de atmosferas mentais tão violentas que desequilibram o abençoado corpo sutil, expurgando, dessa maneira, terríveis deformações que se manifestam em nosso corpo denso. Tais desequilíbrios na utilização de nosso sistema genésico trazem, em um primeiro momento, sensações de prazer embriagador que levam o desavisado a terríveis panoramas mentais, facultando, assim, o intercâmbio doentio entre irmãos que vivem em uma mesma psicosfera.

Par a par com o sexo em desequilíbrio, os vícios proliferam e debilitam a sociedade; jovens em abençoado mandato reencarnatório perdem oportunidades de reajuste para suas energias características, engrossando, assim, as fileiras de irmãos dementados, que ora comandam, ora são comandados pelas empresas que alimentam o mal.

As comodidades do progresso material são utilizadas de maneira doentia, facilitando o intercâmbio entre essas mentes, temporariamente alienadas do bem maior.

Espíritos beneficiados com a bênção da encarnação compulsória, portadores de graves limitações morais, renascem no orbe, não raras vezes, com a determinação de estagiar em momentos de reajustes dolorosos. Para tanto, em alguns casos se designa a experiência limitadora da troca do sexo, como conseqüência dos desvarios cometidos nesse mister. São irmãos muito próximos do estado de demência total, provocada por seus desacertos, e que se vêem imersos nesse mundo de sensações ainda tão desequilibradas, que os levam aos prazeres imediatos, e que são divulgadas com tanta facilidade no orbe, como se fossem descobertas magníficas para a libertação da humanidade.

Esses são momentos expiatórios de grande dor moral, que, conduzidos com dignidade e paz, trarão a eles, os sofredores da carne, lucidez suficiente para voltar ao caminho correto. Se reflexionarmos sobre o assunto, também concluiremos que os vícios materiais são apenas pálidos reflexos dos vícios morais, e que nossa transformação deverá se iniciar dentro de nós mesmos.

Tais momentos probatórios são oportunidades de abençoado recomeço, que exigem esforço e persistência daqueles que os têm a seu dispor, e paciência e tolerância daqueles que os acompanham com o objetivo da reeducação.

Nosso dever, como trabalhadores do Senhor, é auxiliar os mais necessitados, através da compreensão, da tolerância e da paciência, sempre acompanhados do esclarecimento evangélico que somente fortalece e redireciona mentes antes cristalizadas em atitudes viciosas. E esses abençoados momentos são representados por nosso amor fraternal, que acolhe e afaga sem nunca julgar, criticar nem condenar aquele que teima na prática de ações não meritórias.

Precisamos, com urgência, exercitar nosso altruísmo, fazendo escolhas conscientes do que realmente queremos ser e fazer. Apenas dessa maneira estaremos a serviço do Bem Maior.

Somente alcançaremos a consciência plena se exercitarmos o conhecimento de nós mesmos, prática essa que devemos adquirir com lucidez e perseverança, nunca desistindo diante dos obstáculos que, porventura, surjam em nosso caminho – pois estes devem nos fortalecer e nunca nos fragilizar, arremessando-nos a panoramas doentios, que somente nos mantêm estagnados diante da evolução global.

Este abençoado trabalho junto a irmãos em redenção visa sobretudo ao esclarecimento quanto ao direcionamento que devemos dar às energias originadas pelo *chakra* genésico, que, não raras vezes desarmonizadas, nos arremessam a tristes ações em busca do prazer, como se fossem a verdadeira felicidade. Nossa intenção primeira é o auxílio e o esclarecimento, nunca o julgamento das ações de irmãos ainda em expiação e provação; sabemos que todos nós, espíritos ainda ignorantes da prática das Leis Morais, precisamos aprender e assimilar conforme nosso próprio entendimento, que também está diretamente ligado a nossa disposição em vencer orgulho e vaidade exacerbados.

A visão distorcida do real valor dessa maravilhosa energia criadora precisa ser modificada, e para tanto precisamos nos desfazer de nossa teimosia, que alimenta tantos e tantos desacertos.

Sejamos filhos inteligentes de um Pai Amoroso que apenas nos quer felizes! O caminho da perfeição moral é árduo e nos exige aplicação e amorosa atenção. O futuro nos mostrará a qualidade de nossas escolhas, pois como Espíritos em busca da felicidade, saberemos quando em evolução estivermos.

Deus nos abençoe.

Ineque
Ribeirão Preto, 26 de julho de 2006.

Sumário

Capítulo I	Vício e desalento	13
Capítulo II	Seres em desequilíbrio	20
Capítulo III	Auxílio contra o assédio do mal	29
Capítulo IV	Terríveis revelações	35
Capítulo V	Lições de sabedoria	44
Capítulo VI	Atendimento fraterno	54
Capítulo VII	Desabafo	64
Capítulo VIII	Segredos tortuosos	73
Capítulo IX	Reflexões sobre o suicídio	83
Capítulo X	Irmãos obsessores	90
Capítulo XI	Reflexões acerca da obsessão	102
Capítulo XII	Família em desequilíbrio	115
Capítulo XIII	A importância de superar os vícios	129
Capítulo XIV	O adorável trabalho de auxílio	140

Capítulo XV	A força inegável de vidas passadas	150
Capítulo XVI	Uma questão delicada	160
Capítulo XVII	A solução é o amor	173
Capítulo XVIII	Tragédia em família	189
Capítulo XIX	Adamastor e Mário no plano dos Espíritos	197
Capítulo XX	Difícil perdão	208
Capítulo XXI	Desafio aos socorristas	217
Capítulo XXII	Infinita sede de vingança	227
Capítulo XXIII	Aldeia da Escuridão	238
Capítulo XXIV	Os socorristas jamais descansam	248
Capítulo XXV	Atendimento e aprendizado	257
Capítulo XXVI	A vida prossegue	266
Capítulo XXVII	Respostas iluminadas	272
Capítulo XXVIII	Fixação mental	280
Capítulo XXIX	Espíritos resistentes	291
Capítulo XXX	O triunfo da boa vontade	299

CAPÍTULO I

❦

Vício e desalento

Não Vim Destruir a Lei

*1. Não penseis que vim destruir a lei ou os profetas,
não vim para destruí-los, mas para dar-lhes cumprimento.
Porque em verdade vos digo que o Céu e a Terra não passarão,
até que não se cumpra tudo quanto está na lei,
até o último jota e o último ponto.*

(São Mateus, V.17-18) – O Evangelho Segundo o Espiritismo
– Capítulo I – Não Vim Destruir a Lei – Item I.

V itor estava exausto, e se deixou cair na confortável poltrona atrás de sua mesa de trabalho. Era médico pediatra, formado já há alguns anos, especializado em oncologia. Gostava de sua profissão; desde tenra idade, sonhava em cuidar da saúde de crianças adoentadas e minimizar seus sofrimentos. Apesar de seus nobres objetivos, vivia em atormentado desequilíbrio psíquico, e o último ano estava repleto de momentos muito difíceis para ele.

Recostou-se na poltrona e, levantando os braços doloridos, apoiou a nuca nas mãos. Seus olhos se encheram de lágrimas e, desconsolado, permitiu que os soluços lhe sacudissem o peito.

Levantou-se e se dirigiu à janela do consultório, que se localizava no vigésimo quinto andar de um edifício situado em um bairro de classe média na cidade de São Paulo. Ficou observando a vista; abaixou os olhos e viu a rua repleta de carros com seus faróis acesos.

Abriu a janela, e o ar frio da noite o fez arrepiar-se e sentir um exagerado desconforto. Ainda olhando para baixo, pensou, aflito: "Seria tão fácil acabar com essa agonia... Bastaria ter a coragem de pular para o nada".

Continuou ali, parado, angustiado com os próprios pensamentos, e a dor crescia de maneira assustadora. As imagens que se formavam de modo aleatório em sua mente representavam cenas horrendas, nas quais ele, em total estado de demência, dava vazão aos seus mais secretos desejos.

Debruçou-se na janela, já projetando seu corpo para o nada, quando ouviu uma voz de mulher; era uma voz serena, que o chamava com muito carinho.

Assustado, voltou-se com a intenção de saber como alguém teria entrado em seu consultório, pois tinha a certeza de tê-lo trancado. Olhou a sua volta e não viu ninguém. Voltou-se para a janela e, espantado, percebeu a loucura que teria praticado.

Emocionado sob a pressão de tão pesado fardo, cedeu ao enfraquecimento de suas pernas, e caiu ajoelhado. Olhava ao seu redor e apenas agradecia, sem saber a quem, sem saber como aquela voz chegara a seus ouvidos, auxiliando-o a retroceder em sua ação.

Nesse instante, uma figura horrenda se lançou sobre ele com fúria, porém, não conseguindo seu intento, projetou-se desabaladamente porta afora.

No mesmo edifício, no mesmo andar, Mara tinha seu consultório. Era psicóloga e, assim como Vitor, estava realizando seus sonhos de infância. Um tio querido, irmão de seu pai, apresentou-lhe a Psicologia; sempre conversava com a sobrinha curiosa, despertando assim na menina a vontade de seguir seus passos. Mara formou-se com louvor e, desde o início de sua carreira, decidiu que se especializaria no atendimento a crianças vitimadas pela violência. Porém, assim como Vitor, percebia que seus objetivos se perdiam em tristes panoramas mentais. Não conseguia entender, nem mesmo explicar de maneira coerente, o que acontecia com ela.

Decidida, procurou ajuda com um colega de profissão, que não conseguiu, porém, auxiliá-la, pois ela não era capaz de se furtar aos devaneios doentios que a assaltavam a qualquer hora do dia ou da noite.

Na madrugada anterior, acordou banhada de suor e em pânico pelas imagens de seu pesadelo. Levantou-se apressada de sua cama, abriu o chuveiro com água fria, e em desespero entrou embaixo dele com o pijama que vestia.

Andando de um lado a outro de sua sala, abriu a janela, e a mesma sensação de enregelamento sentida por Vitor ela também sentiu, os mesmos tristes pensamentos em desequilíbrio visitaram sua mente, e a mesma voz serena e amorosa acabou por trazê-la de volta à realidade.

Após se acalmarem, os dois saíram de seus consultórios em direção ao elevador. Encontraram-se no hall do andar, cada qual imerso em suas próprias dores. O elevador chegou ao andar; os dois entraram, calados, de cabeça baixa, sem ao menos olharem um para o outro.

Vitor sentiu certo desconforto e levantou os olhos e, ao perceber que a moça ao seu lado parecia doente, olhou bem para ela e perguntou, atencioso:

– Desculpe, mas você está bem?

Mara o fitou como se não o estivesse vendo, e desabou no chão. Imediatamente, Vitor a amparou e percebeu as profundas olheiras que marcavam aquele rosto delicado, a palidez doentia e o constante tremor dos lábios.

Ansioso, aguardou que o elevador chegasse ao pavimento térreo. Chegando ao seu destino, gritou pelo porteiro do edifício, que prontamente o atendeu. Retiraram Mara do elevador e a acomodaram em um confortável sofá que havia no hall de entrada.

Vitor pediu ao porteiro que chamasse o resgate do hospital onde trabalhava; então, abriu sua maleta médica e passou a cuidar de Mara.

Perplexo, percebeu que os sinais vitais da moça estavam perfeitos, a pressão arterial, os batimentos cardíacos e a temperatura se mostravam normais. Então, o que estava acontecendo?

Introspectivo, firmou a vista e, admirado, percebeu que a moça parecia estar suspensa no ar – e ao lado dela, uma figura grotesca a mantinha aprisionada. Observou que ela era agarrada com força pelos pulsos; percebeu também que os dois estavam ligados por densos fios, que naquele momento comparou a um fio de óleo queimado e malcheiroso. Sacudiu a cabeça para afastar essa imagem. Não sabia de onde surgiam tantas idéias controversas e descabidas, e justo num momento como aquele, em que precisava estar lúcido e atento para auxiliar sua paciente. Aflito, pensou: "Afinal, como ela poderia estar ali, suspensa no ar e também deitada no sofá?" Consternado, sacudiu a cabeça e voltou toda a sua atenção para a jovem.

O corpo de Mara sofria como se estivesse sendo percorrido por alta descarga elétrica. Vitor percebeu que em pouco tempo ela entraria em grave crise convulsiva, e como médico não conseguia explicar o que ocorria. Olhou para o porteiro e disse:

– Depressa, arranje-me um pedaço de madeira ou qualquer coisa dura e resistente. Depressa, por favor, pois ela entrará em convulsão!

O rapaz, apavorado, olhava ao redor em busca de um objeto de madeira que pudesse servir aos propósitos do médico. Levando a mão ao cinto, lembrou-se de um chaveiro que continha todas as chaves do edifício, e que era preso a um retângulo de madeira de cerca de meio centímetro de espessura. Rapidamente, arrebentou a corrente que prendia o pedaço de madeira e o entregou a Vitor.

Prontamente, Vitor posicionou a madeira na boca de Mara, que no mesmo instante entrou em forte crise convulsiva.

Adalton, médico cardiologista, que também tinha seu consultório nesse prédio, saiu do elevador. Ao perceber o que estava acontecendo, correu em auxílio de seu colega. Ao debruçar-se sobre Mara, sentiu um odor fétido e ligeira tontura. Olhou para Vitor e disse:

– O colega sabe rezar? Se souber, é a hora certa.

Elevou os olhos para o alto, e sentida prece brotou de seu coração.

Vitor o acompanhou mentalmente, não sabia por que, mas pressentia ser muito importante que o fizesse.

O corpo de Mara foi se acalmando, os músculos relaxaram e seu rosto, antes marcado por expressão de dor e medo, foi descontraindo.

Seus olhos se abriram suavemente, e viu o rosto de Vitor inclinado sobre ela. Adalton agradeceu a Deus o auxílio, e, bem-humorado, disse a Mara:

– Uma moça bonita como você não precisa disso para atrair a atenção de nós, pobres mortais.

Mara enrubesceu e tentou sentar-se, porém sentia extrema fraqueza, e disse:

– Desculpem, não sei o que aconteceu! Não queria dar trabalho aos senhores.

– Não se incomode! Pelo jeito de meu colega, ele gostaria que você desmaiasse todo dia – respondeu Adalton, rindo de maneira simpática.

Vitor, encabulado, falou:

– Desculpe! Não quero parecer inconveniente!

– Não dê muita importância ao que digo. Minha esposa diz que quando fico nervoso eu também fico engraçadinho! – falou Adalton, ainda sorrindo alegremente. – Mas vamos levá-la ao meu consultório. Eu sou cardiologista, e a moça bonita precisa ser avaliada imediatamente.

– Nós já chamamos o resgate, doutor! – falou o porteiro.

– Melhor ainda! Aonde você pretende levá-la? – perguntou Adalton, olhando para Vitor.

– Ao Hospital Samaritano – respondeu Vitor.

– Se me permitirem, gostaria de acompanhá-los. Também sou filiado a esse hospital, e gostaria muito de continuar tratando dessa bela moça – disse Adalton, olhando para Mara.

– Meu nome é Mara.

– Eu sou Vitor, e esse senhor risonho e engraçadinho, como ele mesmo disse, é Adalton, cardiologista e também grande amigo de meu pai. Se minha opinião valer, um excelente profissional, você pode confiar nele.

Mara concordou, fazendo um ligeiro sinal com a cabeça. Tentando levantar o corpo, voltou a cair deitada no sofá, e disse em agonia:

– Parece que vou morrer!

Dizendo isso, voltou a desmaiar. Nesse momento, o veículo de resgate chegou, e imediatamente ela foi levada à emergência do hospital.

A entidade que havia assediado Vitor era a mesma que se vinculara à mente de Mara. Enquanto a moça era atendida, podiam-se ouvir seus urros de ódio, e também se sentia uma densa energia em forma de dardos que era dirigida ao grupo. Porém, quando Adalton passou a orar, doce irradiação de energia pôde ser sentida, e suave cúpula de proteção foi plasmada em volta do pequeno grupo. Enquanto isso, o infeliz adversário, impotente diante do comovente quadro, fugiu em direção à rua. Enraivecido, esperou a saída deles e passou a acompanhar o veículo de resgate médico, correndo atrás com movimentos desarticulados, assemelhando-se a um animal ferido.

CAPÍTULO II

❧

Seres em desequilíbrio

Meu Reino Não É Deste Mundo

1. *"Tornou, pois, a entrar Pilatos no pretório, e chamou a Jesus,
e disse-lhe: 'Tu és o Rei dos Judeus?' Respondeu-lhe Jesus:
'O meu Reino não é deste mundo: se o meu Reino fosse deste mundo,
certo que os meus ministros haviam de pelejar para que eu não fosse
entregue aos judeus, mas por agora o meu Reino não é daqui.'
Disse-lhe, então, Pilatos: 'Logo, tu és rei?' Respondeu Jesus:
'Tu o dizes, que eu sou rei. Eu não nasci, nem vim a este mundo
senão para dar testemunho da verdade; todo aquele
que é da verdade ouve a minha voz'."*

(João, Cap. XVIII, 33-37.) – O Evangelho Segundo o Espiritismo
– Capítulo II – Meu Reino Não é Deste Mundo – Item I.

Mara passou a noite sob os cuidados de Adalton e de Vitor. Após uma série de exames clínicos, os médicos não conseguiram explicar o que havia provocado o ataque convulsivo. Ela foi liberada com a condição de procurar um neurologista o quanto antes.

Vitor se ofereceu para levá-la para casa. Adalton, que tinha ido ao hospital de carro, deixou-os no edifício onde todos mantinham os seus consultórios.

Vitor acomodou delicadamente Mara no banco do passageiro de seu carro.

– Quanto trabalho estou dando a vocês! Já são cinco horas da manhã, e nenhum de nós descansou. Vocês devem ter pacientes para atender logo cedo – falou Mara.

– Não se preocupe! Pela manhã, eu faço visita aos pacientes internados. Minhas consultas de hoje começarão às quatorze horas. Terei algum tempo para descansar. Além do mais, acredito que todos nós, médicos, estamos acostumados a esses contratempos, e conseguimos controlar o sono – respondeu Vitor. – E você, qual sua especialidade?

– Eu sou psicóloga, trabalho com crianças vitimadas – respondeu Mara.

– Crianças vitimadas? – perguntou Vitor, com certa curiosidade.

– Isso mesmo. Infelizmente, muitas crianças estão expostas ao convívio com adultos desequilibrados, são espancadas e, muitas vezes, sofrem abuso sexual. Eu faço o trabalho de terapia para esses pequenos tão sofridos – disse Mara.

Vitor calou-se e procurou não olhar para Mara. Então, depois de certo tempo, perguntou:

– E... esses adultos desequilibrados recebem tratamento de quem?

– Há profissionais especializados nesse tipo de comportamento doentio. Quando são descobertas essas relações abusivas, procuramos acompanhar as duas partes – respondeu Mara, e depois, mostrando certa irritação, pediu: – Podemos falar de outras coisas?

– Desculpe se a incomodei. Você deve estar muito cansada, depois de tudo que passou durante a noite, e eu aqui fazendo perguntas sobre sua vida. Veja, já estamos chegando!

Vitor estacionou o carro.

Mara despediu-se dele, agradecendo a ajuda que recebeu. Saiu do carro e entrou no edifício em que morava, acompanhada pelos olhos de Vitor, que pensava: "O que teria acontecido com ela? Adalton parecia não se preocupar muito com os exames que pediram; acredito que ele já esperava os resultados negativos. Preciso me lembrar de perguntar-lhe a respeito. Bom, com certeza virá com aquelas histórias de Espíritos obsessores". Sorriu das crenças do amigo.

***

Adalton chegou a sua residência e foi recebido com carinho por sua esposa, Salima.

– Meu bem, me conte o que aconteceu! Fiquei preocupada quando me telefonou.

– Quando eu vinha para casa, encontrei Vitor na recepção do prédio socorrendo uma moça muito bonita. Passei a ajudá-lo, e logo percebi haver uma influência maligna. Os sinais vitais estavam inalterados; senti densa energia envolvendo os dois, Vitor e Mara. O odor era fétido, e as sensações, insuportáveis.

– Bem sei como você sente essas energias, e como o odor se manifesta de maneira violenta em seu campo vibratório – comentou Salima.

– Procurei isolar-me dessa influência negativa, com o objetivo de auxiliar de maneira coerente esses dois amigos, inclusive porque já tenho conhecimento, através do estudo do *Livro dos Médiuns*, que não devemos nos apoiar nesse tipo de manifestação mediúnica, por meio do olfato, porque é a mais insegura, visto estarmos mergulhados em um mundo repleto de odores; e será difícil atestarmos com toda a certeza sobre a origem deles. E não tenho muitas informações a respeito do irmão, ou irmãos, que ali agiam. Mas tenho certeza de que é antigo companheiro de Vitor e de Mara; percebi claramente nos olhos dos dois o reconhecimento de suas energias características assim que a moça abriu os olhos. E, para ter acontecido esse processo obsessivo grave, quase semelhante à subjugação, podemos pressupor que há vínculo drástico entre obsessor e obsedado. Quando pisei o hall de entrada, o irmão que a mantinha cativa utilizava hipnose, fazendo com que Mara se submetesse a sua vontade a ponto de perder o controle sobre os próprios pensamentos.

– Então, você tem como certo um reencontro entre Vitor e Mara? – perguntou Salima.

– Sem dúvida alguma! E me preocupa o momento desse reencontro, pois percebo nos dois um estado desequilibrado de ansiedade, e um conflito pessoal muito grave, caso contrário o obsessor não teria conseguido ir tão longe.

– Você já disse que estava preocupado com Vitor, já conseguiu conversar com ele, convidá-lo a fazer um acompanhamento fraterno? – perguntou Salima.

– Já, sim... Mas o garoto é como o pai, não acredita "nessas coisas". Respondeu-me que se for para agradar a mim, ele irá à sociedade – respondeu Adalton.

– E isso não seria suficiente por enquanto? – questionou Salima.

– Acredito que sim. Bom, vou procurá-lo mais tarde. Agora, preciso de um bom banho, roupas limpas e voltar para o trabalho.

– Não dá tempo de tirar um cochilo? Lembre-se de que hoje é dia de trabalho na sociedade – avisou Salima.

– Infelizmente, não poderei cochilar. Preciso fazer minha ronda no hospital, tenho alguns pacientes para liberar, e tem de ser antes das dez horas, devido à carência de leitos para novos pacientes, que ficam aguardando internação, muitas vezes acomodados de maneira precária. Vou me esforçar para almoçar mais cedo, assim poderei descansar umas duas horas – falou Adalton.

– Só me responda mais uma coisa. Você disse que, apesar da reação de Mara ao assédio desse irmão, ela não apresentava alteração física, mas a convulsão já não é conseqüência física?

– É, sim, mas eu me referia aos sintomas materiais. Quando acontece crise convulsiva, devido à fragilidade do corpo físico, temos alteração da pressão, da temperatura e dos batimentos cardíacos. No caso de Mara, havia apenas manifestações motoras. Esse fato despertou minha curiosidade e me fez observar o campo vibratório a sua volta, e então percebi a presença desse irmão obsessor, que habilmente se ligou à mente de Mara e passou a controlar a musculatura periférica, ao mesmo tempo que a levava a sentir-se fraca e impotente diante dessa sensação – respondeu Adalton.

Salima se aproximou e abraçou o marido com carinho, e disse com um agradável sorriso nos lábios:

– Agradeço muito a Deus por ter encontrado um companheiro tão amoroso e bondoso como você. Mesmo que não tivéssemos mais nada na vida, esse amor que tenho por você já seria tudo.

Adalton a abraçou forte, beijou-a com carinho, e disse:

– Os anos passam, nós envelhecemos e você está cada dia mais bonita. O afortunado sou eu. Eu a amo com todo o meu ser!

Salima, emocionada, acariciou o rosto do marido, e, sorrindo feliz, disse:

– Vá tomar o seu banho, senão daqui a pouco eu não permitirei que fique longe de mim.

Rindo alto, Adalton dirigiu-se a seus aposentos, e pensou: "Acredito que não haja um homem mais feliz do que eu sobre a face da Terra. Obrigado, Meu Pai, por me permitir viver ao lado de minha família amada. Estou casado com Salima há quarenta e dois anos, e sempre me parece que foi ontem o dia de nosso casamento. Sou um homem de setenta e um anos, e me sinto jovem, como no dia em que a desposei. Tenho quatro filhos maravilhosos, todos independentes e dignos; tenho sete netos, todos indivíduos maravilhosos. A única maneira de agradecer a Você, Meu Pai, eu faço trabalhando em Sua Seara! Acredito com muito amor na Doutrina dos Espíritos. Eu só peço sempre poder ser forte e digno para levar adiante meus compromissos; de resto, já tenho mais do que o suficiente.

Sempre sorridente, Adalton continuou sua prosa com Deus, como ele mesmo dizia.

**

Mara sentia-se ainda bastante desconfortável, apesar de nunca ter consumido alcoólicos. Comparava a sensação que ora sentia a uma tremenda ressaca. Cansada, irritada, perturbada e muito preocupada com o que acontecera no dia anterior, entrou em seu pequeno apartamento, sempre muito bem cuidado; notava-se a cada detalhe o capricho que tinha com sua morada.

Foi direto para o quarto, tirou a roupa, tomou um banho rápido, acertou o relógio para despertar dali a duas horas. Deitou-se e adormeceu de imediato.

***

Vitor passou rapidamente em sua casa, banhou-se e voltou ao hospital. Dirigiu-se à ala infantil, destinada a crianças com câncer. Sentia-se desconfortável, não conseguia determinar as causas de seu mal-estar. Seria devido ao que presenciara no dia anterior, com Mara, e que provocara várias dúvidas, ou ao que havia lhe acontecido um pouco antes do desmaio de Mara, as sensações horríveis que sentia nos últimos tempos? Tudo isso, somado aos pensamentos em descontrole, tornava-o inseguro e triste.

Por mais que procurasse respostas, não conseguia explicar os eventos que presenciara.

Buscava nem pensar muito sobre as idéias obsessivas que o perseguiam sem descanso. Sentia-se culpado e sujo. Por mais que lutasse, ali estavam elas; quando percebia, já estava envolvido de tal maneira que era muito doloroso refrear os impulsos.

***

Enquanto isso, no plano dos Espíritos, Alberto, amigo de longas conversas, procurou-me em busca de auxílio.

– Vinícius, soube que anda trabalhando com a desobsessão – falou, animado.

– É verdade. Formamos um bom grupo, estudamos e aplicamos o que aprendemos no socorro a irmãos em tristes comprometimentos. Dessa maneira, exercitamos nossas escolhas. Quem sabe em próxima oportunidade, no plano material, conseguiremos ser mais persistentes no bem – respondi, introspectivo.

– O amigo tem plano reencarnacionista? – indagou Alberto, mostrando certa curiosidade.

– Para o momento não. Pretendo aprimorar-me na arte da desobsessão, e para tanto estudo e acompanho um sábio amigo em resgates emocionantes. Dessa maneira, tenho oportunidade de esclarecimentos e aplicação das lições. Quando estiver preparado, tenho a ambição de trabalhar no plano dos encarnados, levando esclarecimentos por intermédio da Doutrina dos Espíritos. Porém, isso ainda demandará muito estudo e aplicação de minha parte. Mas me diga, Alberto, em que poderemos auxiliá-lo?

– Um companheiro de jornada, de nome Adalton, encarnado no momento, veio até nós, no desdobramento pelo sono, solicitar auxílio para dois colegas de profissão. Um deles, um rapaz médico pediatra, especializado em oncologia, e filho de devotado amigo de juventude; a outra é uma moça, psicóloga, que vem se dedicando à assistência a crianças carentes e vitimadas. Adalton tem como certo o grave caso de obsessão, por situações que anda observando no convívio com esses dois irmãos.

– Você já tem alguma informação a respeito do caso? – perguntei.

– Não, ainda não. Desde a minha última encarnação, e após o desencarne, tenho me dedicado ao labor do ensino, agora a jovens desencarnados prematuramente. Estou domiciliado no Educandário da Colônia Espiritual Aurora. Informei-me com companheiros sobre um bom grupo de socorro, e qual não foi minha alegria quando citaram o nome do amigo, pois, apesar da boa vontade, confesso não saber por onde começar a minha busca – respondeu Alberto.

– O amigo poderá nos encontrar ao anoitecer; então, seguiremos para a crosta e nos dirigiremos à Casa Espírita Caminheiros de Jesus, local de socorro a encarnados e desencarnados, na qual sediamos nossos labores socorristas.

– Que coincidência! Adalton freqüenta o lugar. Lembro-me bem do nome, pois o achei bastante significativo.

– E o amigo ainda acredita em coincidências? – perguntei, sorrindo.

CAPÍTULO III

❧❡

Auxílio contra o assédio do mal

> Há Muitas Moradas na Casa de Meu Pai
>
> 1. Não se turbe o vosso coração.
> Crede em Deus, crede também em mim.
> Há muitas moradas na casa de meu Pai. Se assim não fosse,
> eu vo-lo teria dito; pois vou preparar-vos o lugar.
> E depois que eu me for, e vos aparelhar o lugar, virei outra vez
> e tomar-vos-ei para mim, para que lá onde estiver, estejais vós também.
>
> (João, XIV: 1-3) – O Evangelho Segundo o Espiritismo
> – Capítulo III – Há Muitas Moradas na Casa de Meu Pai – Item 1.

Por volta de seis horas da tarde, procurei por Ineque no salão de estudos de nossa comunidade.

– Boa noite, amigo. Recebeu meu recado? – perguntei a Ineque, que sorria, bem-humorado.

– Recebi, sim, durante a edificante palestra a que assistia... De repente, lá estava a voz de meu amigo solicitando esse encontro – respondeu Ineque, ainda sorridente.

– Desculpe se o momento não foi dos melhores. Ainda encontro dificuldades na percepção perfeita, ainda molesto os colegas com a minha ansiedade – comentei, contrafeito.

– Não se preocupe, sei que tem saudáveis propósitos na caridade, e se me contatou, com certeza, foi porque considerou necessário. Apenas acho pitoresca a maneira como o amigo se comunica.

– Como assim? Não entendi o seu comentário – indaguei, com curiosidade e já bem-humorado.

– Não me leve a mal, mas quando você transmite seus pensamentos em minha direção, parece-me que o amigo está falando com alguém com problemas auditivos – Ineque sorria.

– Por quê? – inquiri, já desconfiado da razão que provocou o comentário de Ineque.

– Sua voz chega a mim como se estivesse gritando.

– Você tem razão. Quando penso em entrar em contato mental com você, agora me lembro, eu falo alto, com receio de que o amigo não escute.

Ineque caiu em gargalhadas, no que foi acompanhado por mim. Ainda me impressiono como mantemos costumes do mundo material por longo tempo após o desencarne! Se Ineque não me alertasse com tão bom humor sobre o fato, com certeza não perceberia o que andava fazendo aos "ouvidos" de meus companheiros.

– Mas... o que considera tão urgente? – perguntou Ineque.

– Lembra-se de Alberto? Velho conhecido da última encarnação, militante na Doutrina Espírita?

– Lembro-me, sim. Tive informações de que ele continua na área da educação, agora de jovens Espíritos desencarnados – Ineque respondeu.

– Ele mesmo. Esteve aqui, na Colônia, em busca de auxílio, a pedido de um irmão que trabalha na Casa Espírita Caminheiros de Jesus. Seu nome é Adalton – falei.

– Sei a quem o amigo se refere.

– Adalton solicitou auxílio para dois amigos, colegas de profissão. Então, combinei que iríamos encontrá-lo na Casa Espírita.

– Nesse caso, apressemo-nos, pois os trabalhos de Atendimento Fraterno logo terão início.

Estávamos em um jardim externo à Casa Espírita Caminheiros de Jesus, que comporta sala de estudos para Espíritos desencarnados. Adentramos a casa de socorro, e logo Alberto veio em nossa direção.

– Boa noite, amigos! – cumprimentou-nos, amável.

– Boa noite, Alberto! Lembra-se de Ineque? Ele é o amigo ao qual me referi em nossa pequena conversa.

Ambos trocaram algumas palavras de cumprimento, e passamos a conversar sobre a história de Vitor e Mara.

– Adalton nos pediu auxílio em benefício de Vitor e Mara. Contou-nos a singular situação acontecida no início da noite de ontem. E salientou que já estava percebendo certo desequilíbrio da parte de Vitor, a quem já conhece há tempos – falou Alberto.

– Adalton sabe identificar a razão desse desequilíbrio em Vitor? – perguntei a Alberto.

– Receio que não, mas percebi, no momento em que Adalton falava sobre o assunto, grave distúrbio na área genésica de Vitor, aliado a terríveis comprometimentos morais. E, quando se referiu a Mara, a sensação foi muito semelhante.

– Vamos acompanhá-lo a uma visita a esses amigos. Aproveitemos os trabalhos da noite e a participação de Adalton e Salima – propôs Ineque.

– Com certeza – eu disse – o casal, já preocupado com Vitor e Mara, mentalizará o pedido de auxílio. Alberto, você gostaria de nos acompanhar no atendimento a esse caso?

– Apenas hoje? – Alberto indagou.

– Se for de seu interesse estagiar conosco, poderá aproveitar suas férias do Educandário e nos acompanhar nesse socorro – falou Ineque.

– Com muito prazer! – Alberto exibiu um enorme sorriso nos lábios.

Assim, nós nos encaminhamos para a casa de Mara.

Quando adentramos o ambiente, percebemos a energia que envolvia cada canto: era densa e impregnada de odores característicos de desequilíbrios sexuais. Havia no ar o cheiro forte de perfume, misturado a bebida e ao tabaco, mas o que mais incomodava era o odor de hormônios liberados em relações sexuais entre encarnados.

Passamos a observar o ambiente, e localizamos várias entidades em posições lascivas, como à espera de alimento para as suas sensações.

Percebemos a aproximação de Mara. No mesmo instante, um irmão em triste estado de deformação adentrou o ambiente; sua postura de ansiedade era espelhada em sua face patibular.

– Ela está chegando! Vamos, mexam-se, nós precisamos trabalhar! Chega de moleza! Vamos lá! – gritava, incitando a todos a triste ação.

Mara abriu a porta, e imediatamente foi cercada por um grupo de Espíritos que a assediavam ostensivamente, criando em sua mente a necessidade de sensações através da hipnose doentia.

– Vamos lá, vamos! Você está louca para ligar o computador. Depressa com isso!

Mara levou as mãos à cabeça e a apertou com força, como se quisesse se livrar de algo muito incômodo. E o assédio continuou. Ela foi para o banheiro, ligou o chuveiro e tomou um banho demorado. Depois foi para a cozinha, tomou um copo de leite, foi para o quarto e deitou-se na cama.

Aproximamo-nos de Mara, e delicadamente Ineque passou a auscultar seus pensamentos.

– O que é isso? O que está acontecendo comigo? Eu não bebo, não fumo, nunca usei drogas, sempre tive uma vida sossegada e serena... e agora, não consigo ter paz por um segundo. Que essas idéias nojentas tomam conta de minha cabeça! Sinto vontade de beber, de fumar, até já pensei em experimentar drogas. Mas o pior de tudo é essa necessidade, que até dói, de me relacionar sexualmente, e de maneiras tão doentias. Eu nunca fui disso! O que se passa comigo?

Aplicamos passes magnéticos, primeiro dispersando energias cristalizadas em sua mente e na área genésica de seu corpo; depois passamos a fortalecê-la com energias vitalizantes. Mara acalmou-se e adormeceu serenamente. Elevamos nosso pensamento, solicitando auxílio a companheiros de jornada, e logo um grupo de socorristas do plano espiritual ligados à Casa Espírita Caminheiros de Jesus veio para nos auxiliar. Solicitamos a eles que encaminhassem Mara, desprendida pelo sono, à nossa amada casa de socorro.

Tomadas as providências necessárias, nos encaminhamos para o consultório de Vitor. Nós o encontramos diante do computador. Notamos que estava envolvido por densa energia. Uma entidade de aspecto hostil o incitava a acessar uma página onde crianças se exibiam em atitudes lascivas. Percebemos que seus dedos tremiam, e ele se recusava mentalmente a ceder a esse comando. O infeliz irmão se irritava com a resistência de Vitor e, por meio da hipnose, buscava em seu passado cenas que justificassem a necessidade que ele sentia em partilhar essas sensações. Vitor levantou-se da cadeira com violência, esmurrou a mesa com força, e um som gutural saiu de sua garganta.

Aproximamo-nos dele, plasmando uma rede energética, que o mantinha a salvo do assédio da entidade, e o intuímos para que se sentasse em agradável poltrona. Passei a trabalhar seu campo energético, com o auxílio de Alberto. Enquanto isso, Ineque se aproximou do obsessor, que já se mostrava desconfiado de nossa presença.

Ineque chegou perto do Espírito em grave estado de deformação e se fez visível a ele.

– Boa noite! – Ineque o cumprimentou com amabilidade e firmeza.

– O que querem? Aqui não é lugar para vocês. Eu lhes aviso, saiam e não interfiram, porque não sou de perdoar ofensas. Se o chefe souber de sua interferência, irão penar nos infernos! – dizendo isso, o triste irmão saiu em disparada, não permitindo que pudéssemos conversar com ele.

Vitor adormeceu, sereno. Passamos a auxiliá-lo no desdobramento, e logo foi encaminhado à casa espírita, onde receberia os primeiros socorros espirituais.

Esse foi o contato inicial de um trabalho abençoado que tivemos a oportunidade de realizar. Passaremos a relatá-lo, com a intenção primeira do esclarecimento benéfico, que tem por objetivo primordial acordar consciências, para que sejamos dignos do auxílio que recebemos diuturnamente de nossos amáveis companheiros de jornada, e possamos, de maneira lúcida, cooperar com a evolução moral de nosso Espírito eterno.

CAPÍTULO IV

◈

Terríveis revelações

Ninguém Pode Ver o Reino de Deus se Não Nascer de Novo

*1. "E veio Jesus para os lados de Cesárea de Felipe,
e interrogou seus discípulos, dizendo: 'Quem dizem os homens que é o
Filho do Homem?' E eles responderam: 'Uns dizem que é João Batista,
mas outros que é Elias, e outros que Jeremias ou alguns dos Profetas'.
Disse-lhes Jesus: 'E vós, quem dizeis que sou eu?'
Respondendo Simão Pedro, disse: 'Tu és o Cristo, filho do Deus vivo'.
E respondendo Jesus, lhe disse: 'Bem-aventurado és, Simão,
filho de Jonas, porque não foi a carne e o sangue
que te revelaram isso, mas sim meu Pai, que está nos céus."*

(Mateus, XVI: 13-17) – O Evangelho Segundo o Espiritismo
– Capítulo IV – Item I.

No dia seguinte, Adalton foi procurar Vitor em seu consultório.

– Bom dia, Vera! O Vitor já chegou? – perguntou Adalton.

– Já, sim, doutor. O senhor quer conversar com ele? – a secretária indagou.

– Quero, sim. Ele já está atendendo?

– Não, senhor. O primeiro paciente só chegará daqui a quarenta minutos.

– Ótimo. Então eu posso entrar?

– Claro. O senhor sabe que ele não quer nem que eu o anuncie. Diz sempre que o senhor é como o pai dele – falou Vera.

Adalton entrou na sala e ficou impressionado com a aparência de Vitor.

– Bom dia, Vitor!

Vitor se levantou e, sorrindo, foi ao encontro do amigo e o abraçou forte. Adalton percebeu que ele estava extremamente infeliz. Preocupado, perguntou-lhe:

– O que está acontecendo com você, meu filho?

– Eu nem sei como explicar, ou mesmo se tenho coragem para isso – respondeu Vitor, de cabeça baixa.

– Percebo que está muito infeliz, e isso já se reflete em seu físico. Você precisa de ajuda, e acredito que a hora é essa. Por que não desabafa essa dor que o consome?

– Se você souber o que anda acontecendo comigo, com certeza sentirá repulsa por mim, como eu mesmo sinto.

– Não julgue minhas reações pelo que você sente. Acredita que o julgarei com tanta severidade?

– Desculpe, não quis ofendê-lo. Mas é assim que me sinto: não merecedor de nada.

– Não continue nesse ambiente mental de culpa e punição, pois não conseguirá resolver o problema. Não se puna pelo seu preconceito, e confie em mim; tenho certeza de que posso auxiliá-lo. Apenas confie e desabafe essa dor.

Vitor começou a chorar de modo sentido. De cabeça baixa, em um murmúrio, começou a falar:

– Não sei o que se passa comigo. Sempre tive muito respeito por todos que cruzaram meu caminho: crianças, jovens, adultos e idosos. Nunca levantei a voz com ninguém. Nos momentos de raiva, ou mesmo de ira, procurava me afastar até que os sentimentos ruins enfraquecessem e eu pudesse agir com dignidade. Digo com sinceridade que amo a humanidade, amo a minha vida e a profissão que escolhi. Até há pouco tempo, sentia-me um homem de bem, pois agia como um homem de bem! – Vitor, atormentado, fez uma ligeira pausa.

– Eu sei disso, meu filho, mas continue.

– Ultimamente, vejo-me envolvido por idéias repulsivas, que não consigo repelir. Muitas e muitas vezes não consigo resistir a elas, e me deixo envolver em situações grotescas, que ao mesmo tempo me proporcionam um prazer nunca sentido, mas também a sensação de ser um animal sem autocontrole. Depois vem a vontade de acabar com tudo – pois a idéia de não ser capaz de vencer a tentação e de me controlar, e isso se tornar um vício, passa a ser uma obsessão, e eu não consigo dormir nem mesmo me alimentar.

– E que idéias são essas, meu filho?

Vitor abaixou a cabeça, e um pranto convulsivo o dominou. Adalton resolveu interferir antes que Vitor entrasse em crise de pânico.

– Acalme-se! E fale. Você já começou, e garanto que sentirá um grande alívio em partilhar algo que o está destruindo.

– Adalton, você sabe o carinho que eu tenho pelas crianças, meus pequenos pacientes tão sofridos, não sabe? – Vitor falou quase gritando.

– Sei, sim, Vitor!

– Então, como posso olhá-los e sentir atração física por eles? Como posso pensar em tocá-los intimamente? Sei como sofrem essas crianças, quantas dores as esperam! Então, como posso pensar isso? Responda, dê-me uma solução, porque se não conseguir me controlar prefiro acabar com minha vida.

Nesse ponto de sua narrativa, Vitor gemia em prantos; todo o seu corpo estremecia, e o suor abundante molhava rapidamente suas roupas.

– Vitor, por favor, acalme-se!

– Acalmar-me? Como posso me acalmar? Você sabe que ontem, no hospital, na sala de isolamento, eu quase cedi à tentação? Eu cheguei a tocar em um garoto! Senti tanto nojo de mim mesmo, pois olhei naqueles pequenos olhos confiantes e percebi o animal em que estou me transformando. Ultimamente, tenho ficado ansioso para chegar em casa, e sabe por quê?

Adalton somente meneou a cabeça em sinal de negação, e mentalmente uma agradável prece chegava ao plano dos Espíritos.

– Sabe por quê? Para entrar na internet e navegar pelos sites de pornografia infantil. Sabe o que eu sou, Adalton? Eu sou um pedófilo.

Dizendo isso, o corpo de Vitor cedeu ao impacto de tanta emoção e resvalou ao chão em prantos. Adalton, carinhoso, passou a aplicar um passe em Vitor. Uma amável equipe espiritual o acompanhava nesse atendimento, enquanto palavras de consolo eram proferidas com muita serenidade.

– Não se afobe com esse momento, meu filho. São situações que devemos vivenciar e superar, e na superação, com certeza, nos transformaremos em espíritos melhores e mais equilibrados. Nosso Pai Amoroso não nos cobra nossas falhas, mas permite que nossa consciência o faça, cobrando-nos atitudes e pensamentos melhores. É isso o que acontece com você: provavelmente, antigos vícios de outras vidas estão aflorando em forma de sensações desequilibradas e, com certeza, alimentados por irmãos infelizes que intensificam suas dores. Coloque-se nas mãos do Senhor. Ore comigo e faça desse momento o início de uma nova vida.

Adalton passou a orar o Pai Nosso em voz alta, e debilmente Vitor o acompanhava. Ao final da oração, Vitor dormia profundamente. Adalton colocou uma almofada sob sua cabeça e foi até a recepção.

– Vera, faça-me o favor de telefonar e atrasar os horários de consulta por uma hora. E mais uma coisa: ligue para minha secretária e peça-lhe que faça o mesmo.

– Está acontecendo alguma coisa grave, doutor? Eu posso ajudar de alguma maneira? – falou Vera, demonstrando muita preocupação.

– Não se preocupe, tudo ficará bem. Apenas ore por nosso amigo, ele atravessa uma fase dura de sua vida. Então, ore com muito amor, está bem?

Vera, com os olhos úmidos de lágrimas, apenas disse:

– Vou orar muito, pois não quero que ele sofra!

Adalton a olhou com carinho e voltou à sala de Vitor, que continuava adormecido.

***

Nesse instante, Mara acordou, ainda sonolenta. Sentia o corpo pesado e seus pensamentos eram confusos. Olhou o relógio e, consternada, percebeu que estava atrasada. Precisava se arrumar com rapidez, pois o primeiro paciente deveria chegar a seu consultório em meia hora.

Correu para o banheiro, lavou o rosto, escovou os dentes, penteou os cabelos apressadamente. Abriu o armário e, desanimada, pegou a primeira roupa que viu. Vestiu-se e saiu de seu apartamento em direção ao consultório.

No caminho, a ansiedade a consumia; a irritação foi crescendo, e já em descontrole percebeu que não chegaria a tempo, pois o engarrafamento de carros, àquela hora da manhã, estava crítico. Pegou o celular e ligou para sua secretária, avisando-a que se atrasaria por causa do trânsito ruim. Solicitou ao motorista de táxi que se apressasse. Maldisse a hora em que havia passado mal no dia anterior, e pensou que, se estivesse dirigindo seu próprio carro, com certeza já estaria sentada em sua poltrona, atendendo o primeiro paciente do dia. Fez um esforço sobrenatural para se lembrar quem era o primeiro paciente da manhã, mas sua mente parecia vazia, bloqueada. Sentiu-se culpada e irresponsável.

A irritação crescia, e mais e mais ela se descontrolava. A cabeça começou a doer, e um enjôo insistente a fazia se sentir mal. Culpou a falta de alimentação, pois não havia tomado seu desjejum.

Chegando ao consultório, o paciente a aguardava. Mara percebeu a irritação dele em razão do seu atraso. Convidou-o a entrar na sala de terapia, sentou-se em sua poltrona predileta e voltou a atenção ao rapazinho de aproximadamente doze anos. Com grande esforço conseguiu esvaziar sua mente das preocupações exteriores.

– Bom dia, Mário. Como você está hoje?

– O que você acha? Além de ser obrigado a vir aqui, você ainda me deixa esperando.

– Peço desculpas, eu me atrapalhei e acabei me atrasando. Mas não se irrite por isso, por favor.

– Sabe que eu não gosto de vir aqui. Vocês querem me obrigar a falar de coisas horríveis, e eu prefiro ficar de boca fechada.

– Eu sei disso, e também sei de tudo o que você viveu e que tanto o faz sofrer. Mas, se você procurar entender, também saberá superar essa dor.

– Entender o quê? A violência? Os maus-tratos? Um pai que não me respeitou, nem a mim e nem a minha irmã?

– Entender que você tem uma vida a viver, e não é porque está sofrendo hoje, como reflexo de acontecimentos recentes, que o mundo irá parar e esperar que você volte a viver. Mário, nós sabemos de tudo o que vem acontecendo em todos esses anos em que você conviveu com seu pai, mas agora a situação mudou. Você está sendo cuidado por sua mãe, que finalmente teve forças para enfrentar e modificar a vida de sua família. Se continuar a alimentar essa revolta destrutiva em seu coração, o futuro não lhe sorrirá. Aproveite a oportunidade que sua família tem nesse momento e os ajude a viver melhor, reconstruindo o futuro, livre de violência e de dor.

– Você está diferente hoje!

– Por que diferente?

– Das outras vezes, você quase não falava, ficava me escutando e fazendo perguntas. Hoje, parece que se importa com o que aconteceu comigo e minha família... Antes você ficava olhando o relógio na parede, parecia impaciente para que eu fosse embora.

– Desculpe se o levei a pensar assim. Estou aqui para ajudá-lo a encontrar o seu lugar nessa nova situação que vocês vivem. O certo é que não dê palpites em suas escolhas, mas que o ajude mediante questionamentos; assim você chegará a suas próprias conclusões.

– Mas parece que tudo o que eu passei não tem importância para você. Parece que está aqui apenas cumprindo uma obrigação. Isso me faz mal, e eu não conseguia olhar para você com simpatia. Hoje você está diferente, eu sinto que se importa. Até seu olhar mudou!

– Meu olhar?

– É, seu olhar. Você parece triste, está "de farol baixo", como diz minha mãe. Você está bem?

– Estou sim, apenas reflexiva. E eu me importo muito com seu sofrimento. Como psicóloga, preciso ter determinada postura, pois se me envolver emocionalmente com você não conseguirei fazer meu trabalho.

– Não poderíamos reservar alguns minutos de minha consulta para conversar como agora, como amigos?

– Hum! Isso não é muito convencional, mas podemos tentar, está bem? Agora vamos à parte profissional. Como tem passado desde a última sessão?

– Está difícil lá em casa. Minha mãe tem medo de sair de casa e ser vista por meu pai; então, ela não consegue trabalhar. E meu pai, desde que foi solto, não está depositando a pensão.

– E como se sente a esse respeito?

– Com medo, ainda. Eu não consigo dormir direito: cada vez que durmo, sonho. E nossas economias estão acabando.

– Lembra-se do seu sonho?

– De algumas coisas, mas a maior sensação é que eu estou sendo perseguido e, quando acordo, eu vejo, ou melhor, parece que há uma pessoa muito grande ao lado da minha cama. Às vezes, tenho a impressão de que escuto alguém às gargalhadas. Aí, fico com medo e não durmo mais.

Mara olhava para o garoto a sua frente e, compadecida de seu sofrimento, se emocionava; e uma raiva começava a tomar forma em sua mente. Seus pensamentos, não mais coerentes, eram alimentados por irmãos desencarnados, que aproveitavam a sua permissão.

Pensamentos desordenados a atormentavam. Sua mente, em sintonia vibratória com um mundo infeliz em sua ignorância, era alimentada por telas mentais que a horrorizavam. Em descontrole e perto de uma crise de pânico, Mara empalideceu e sentiu asfixia. Com os olhos arregalados, olhou para Mário e conseguiu apenas balbuciar:

– Chame a secretária.

Apavorado, Mário correu para a recepção e gritou o nome da secretária:

– Marlene, Marlene, a doutora Mara está passando mal!

A secretária correu para o consultório a tempo de ver Mara desfalecer. Em pânico, saiu e encontrou Adalton, que deixava a sala de Vitor.

– Doutor, doutor, socorro, por favor! A doutora Mara desmaiou!

Adalton adentrou a sala de Mara e a encontrou em início de nova crise convulsiva. Passou a atendê-la, e solicitou a Marlene que chamasse o resgate para encaminhá-la ao hospital.

CAPÍTULO V

❧

Lições de sabedoria

Bem-Aventurados os Aflitos

1. Bem-aventurados os que choram, porque serão consolados.
Bem-aventurados os que têm fome e sede de justiça, porque serão fartos.
Bem-aventurados os que padecem perseguição por amor da justiça,
porque deles é o Reino dos Céus.

(Mateus, V: 5, 6 e 10)

2. Bem-aventurados vós, os pobres, porque vosso é o Reino de Deus.
Bem-aventurados os que agora tendes fome, porque sereis fartos. Bem-
aventurados vós, que agora chorais, porque rireis.

(Lucas, V: 20, 21)

Mas ai de vós, ricos, porque tendes no mundo a vossa consolação. Ai de
vós, os que estais fartos, porque tereis fome. Ai de vós, os que agora ri-
des, porque gemereis e chorareis.

(Lucas, VI: 24, 25) – O Evangelho Segundo O Espiritismo – Capítulo V –
Bem-Aventurados os Aflitos – Itens 1 e 2.

Mara passou por mais uma grande quantidade de exames médicos, com a intenção de diagnosticar os sintomas doentios que vinha desenvolvendo. Adalton resolveu interná-la para que fosse monitorada durante as horas seguintes.

– Mara, pedirei a sua internação, pois os exames que pedi novamente não acusam nenhum problema de ordem neurológica. Heitor, um amigo neurologista, vai acompanhar seu caso.

– Mas você não faria isso?

– Eu sou cardiologista. Continuarei sendo seu médico, mas preciso do diagnóstico de um neurologista, visto que você vem apresentando crises convulsivas. Como psicóloga, sabe disso, não é?

– Sei sim, mas eu confio em você.

– Estarei sempre a sua disposição, inclusive acompanharei o trabalho de meu colega Heitor. Nas duas vezes em que aconteceram as crises, como você estava?

– Como assim? Quer dizer... fisicamente?

– Também, mas o que mais me interessa é a parte emocional, principalmente a qualidade de seus pensamentos.

Mara abaixou os olhos, encabulada, e respondeu com tristeza:

– Não muito bem. Sempre fui uma mulher segura de minhas aspirações, batalhei muito para conseguir me formar e sempre tive a ambição de auxiliar crianças vitimadas por adultos inconseqüentes. Ultimamente, porém, percebo estar perdendo o controle sobre mim mesma, e isso tem me assustado muito. Em algumas ocasiões, chego a crises de pânico; e foi em momentos como esses, de descontrole emocional, que apresentei os sintomas convulsivos.

– Podemos, então, levantar a hipótese de serem meios de defesa de seu subconsciente?

– Não havia analisado dessa maneira, mas faz sentido, sim.

– Qual sua crença religiosa?

– Nenhuma. Acredito que estamos sendo observados por uma inteligência maior, que podemos chamar de Deus, se você quiser. Mas não creio em instituições religiosas, o homem as usa muito em proveito próprio.

– Então, sua descrença não é nas instituições religiosas, e sim na utilização delas pelo homem.

– Também isso faz sentido. Mas nunca parei para pensar nesse assunto, até o momento não me fez falta. Por que está tão interessado nesse tema, e nesse momento?

– Eu sou espírita. Estudo e trabalho segundo as instruções de Espíritos superiores, que nos foram trazidas por intermédio de memorável trabalho de um grande amigo da humanidade, Allan Kardec.

– Quem é Allan Kardec?

– Vou falar um pouco sobre ele, apenas para lhe dar uma idéia da importância de seu trabalho para a humanidade.

Allan Kardec nasceu na cidade de Lyon, na França, descendente de tradicional família francesa de magistrados e professores. Seu pai chamava-se Jean Baptiste Antoine Rivail, e sua mãe, Jeane Louise Duhamel. Seu nome de batismo era Hippolyte Léon Denizard Rivail.

Começou seus primeiros estudos em Lyon, e depois foi para Yverdon, na Suíça, para estudar no Instituto do professor Pestalozzi, que era um dos mais famosos e respeitados em toda a Europa. Ele logo mostrou grande perspicácia, e passou a ser um dos mais dedicados discípulos de Pestalozzi. Com a idade de 14 anos, propôs-se a auxiliar discípulos menos adiantados, e tudo o que aprendia passava a dividir com eles.

Assim que concluiu os estudos com Pestalozzi, regressou a Paris e começou seu trabalho de educador, não só no campo das Letras como também no da ciência. Utilizava como método didático os conceitos pestalozzianos. Trabalhava também como tradutor, pois era expert em línguas, principalmente o italiano e o francês. Casou-se com uma educadora, de nome Amelie Gabrielle Boudet, que foi sua companheira inseparável e que, com o tempo, se tornou sua maior colaboradora. Eles não tiveram filhos; acredito que intuíam a preciosa lição que trariam ao mundo, por isso dedicaram-se ao início da divulgação da Doutrina dos Espíritos.

Como pedagogo, publicou numerosos livros didáticos, sempre divulgando novos métodos que contribuíram para a reforma do ensino na França, que, posteriormente, seria adotado em várias partes do globo.

Em 1854, ouviu falar, pela primeira vez, no fenômeno das mesas girantes, assunto abordado pelo amigo Fortier, que se dedicava à pesquisa do magnetismo. Nessa época, Kardec já se interessava pelo assunto. Quando tomou conhecimento do fenômeno, Kardec revelou-se cético, pois, como livre-pensador, mas também homem da ciência e observador exigente, precisava de provas para que realmente dedicasse algum tempo aos acontecimentos que vinham abalando as convicções científicas da época. Exigindo provas, passou, também, a dedicar um tempo significativo na observação mais profunda dos fatos que estavam sendo amplamente divulgados pela imprensa francesa.

Em 1855, aceitou o convite para assistir a uma sessão de mesas girantes; percebendo, pela observação crítica, que havia algo além de curiosos fenômenos, passou a tratar o assunto enfocando-o cientificamente. Decidiu, então, aos 51 anos de idade, estudar o fenômeno mediúnico. Freqüentou a residência de diversos médiuns; recebia cadernos contendo anotações de mensagens recebidas anteriormente. Discutiu, analisou, apresentou questões de grande profundidade aos Espíritos, e finalmente se convenceu da realidade do mundo extrafísico.

Reuniu grande material estudado por ele, somado às questões propostas às Entidades Luminosas. Assim, o professor Rivail publicou o primeiro livro da Codificação Espírita, *O Livro dos Espíritos*, no dia 18 de abril de 1857. Passou a assinar suas obras com o pseudônimo de Allan Kardec, que adotou em homenagem à antiga encarnação como sacerdote druida denominado Allan Kardec.

Em 1º de janeiro de 1858, fundou a *Revista Espírita*, de edição mensal, e que tinha por objetivo a divulgação da Doutrina dos Espíritos. No dia 1º de abril, fundou a primeira sociedade espírita, a Sociedade Parisiense de Estudos Espíritas. Em 15 de janeiro de 1861, lançou *O Livro dos Médiuns* e, sucessivamente, *O Evangelho Segundo o Espiritismo, O Céu e o Inferno e A Gênese*.

Kardec desencarnou na manhã do dia 31 de março de 1869, em conseqüência da ruptura de um aneurisma cardíaco.

Além das obras que já citei, Kardec nos deixou vasto material para pesquisa, e até hoje, no século XXI, no ano cristão de 2008, são textos admiráveis e sempre atuais. Posso dizer que a cada vez que estudo essas admiráveis obras, me parece ser a primeira, pois o entendimento de seu conteúdo fantástico nos acompanha em nossa evolução. Dessa maneira, serve ao mais ignorante como também ao mais instruído dos espíritos.

Desculpe-me, acredito que falei demais... Porém, quando falo sobre esse assunto, eu me empolgo, e acredito até que estou agradando! – disse Adalton, com um largo sorriso.

– Por favor, continue, eu realmente estou gostando. Pelo que você falou, Allan Kardec foi um homem de muita fibra. Imagino como deve ter sido, naquela época, defender uma doutrina que contradizia o que era tido como inquestionável. Apenas me esclareça sobre as mesas girantes; eu tenho uma vaga idéia, mas não sei ao certo do que se trata.

– Com prazer. Comecemos a falar de Hydesville, uma pequena cidade no interior do estado de Nova York, nos Estados Unidos. Era uma comunidade com algumas casinhas de madeira, estabelecimentos comerciais... enfim, um lugar de grande calma. Isso até o ano de 1846, quando a família Fox se mudou para lá. No primeiro ano, tudo correu de maneira serena; apenas observavam alguns ruídos estranhos, que eram comparados a alguém arranhando as paredes da casa. Por volta de março de 1848, os ruídos ficaram tão fortes que eram sentidos como pancadas, arrastar de móveis e tremores nas camas. A família decidiu que se mudaria. Contudo, na noite de 31 de março de 1848 – que depois foi considerado o dia do nascimento do "Novo Espiritualismo" –, uma das meninas Fox, Kate, então com onze anos, decidiu interrogar as pancadas, ou seja, queria descobrir se havia comunicação inteligente em tais fenômenos. Ela falou: "Senhor Pé Rachado, faça o que eu faço", e bateu palmas três vezes; imediatamente ouviu três pancadas. Margarete, sua irmã de quatorze anos, achou interessante e disse: "Agora sou eu; faça assim", e bateu palmas quatro vezes, e foi imitada, pois escutou quatro pancadas. A partir desse dia, centenas de pessoas foram chamadas a presenciar o fenômeno. Então, descobriram que conversavam com um "morto" por meio de um alfabeto que representava as letras por pancadas, tornando as comunicações mais inteligíveis. O "morto" se chamava Charles Rosnan, que contou ter sido assassinado naquela mesma casa, e até indicou o local onde seu corpo estava enterrado, o que foi confirmado.

Os fenômenos de Hydesville, através da família Fox, propiciaram o despertamento da curiosidade de muitos outros, e levaram Conan Doyle a considerá-los "a coisa mais importante que deu a América ao mundo".

Com a divulgação dos fenômenos ocorridos em Hydesville, acabou por virar moda nos salões freqüentados pela sociedade francesa, e deu-se a esses fenômenos o nome de Mesas Girantes; tratava-se de mesas comuns de madeira, de três pés, e as pessoas se sentavam a sua volta e dialogavam com os Espíritos. Os recursos mediúnicos de uma ou mais pessoas presentes eram utilizados, e as entidades desencarnadas – ou, se preferir, os Espíritos – respondiam às perguntas que lhes eram feitas por meio de pancadas nas mesas ou movimentos.

– Nossa! Nunca poderia imaginar uma história tão interessante por trás do Espiritismo.

– Isso é apenas uma parcela ínfima, pois a Doutrina Espírita, em seus três aspectos, o filosófico, o científico e o religioso, esclarece-nos muitos acontecimentos obscuros de nossa história; nos propicia viver com serenidade, porque nos prova que o mal é apenas um reflexo pálido e insignificante diante da luminescência do bem.

ALDEIA DA ESCURIDÃO 51

– Gostaria muito de acreditar no bem como você acredita, meu amigo.

– Mara, o que nos torna inseguros diante dos acontecimentos da vida é a nossa ignorância de suas causas. Quando conseguimos identificar atrás de cada situação que vivemos uma razão que a provocou, também percebemos que é possível transformar o estado atual, apenas modificando aquilo que nos mantém estagnados na dor. É o que chamamos de lei de ação e reação.

– Essa é uma lei da física, a lei de ação e reação.

– Exatamente. Não lhe disse sobre o aspecto científico da Doutrina Espírita?

– Mas... existem coisas que vivo hoje, e por mais que busque em minhas lembranças a causa que as provocou, eu não as encontro!

– A propósito disso, é preciso que falemos sobre as múltiplas experiências que vivenciamos em outras tantas encarnações. A Doutrina dos Espíritos nos descortinou um mundo maior quando nos trouxe o conhecimento da Reencarnação.

– Puxa! Agora está me pedindo muito. Não sei nem se acredito nessa vida, e você me diz que eu posso ter vivido outras oportunidades?

– Você falou a palavra mágica: oportunidade. É assim que entendemos as múltiplas existências no plano físico.

– Oportunidade de quê?

– Fazer melhor o que deixamos mal-acabado. Mas paremos por aqui, senão sua cabecinha vai explodir com tantas e diferentes informações.

– Mas estou gostando bastante! Confesso que até me sinto melhor.

Abrindo sua mala, Adalton retirou um exemplar de *O Evangelho Segundo o Espiritismo* e o entregou a Mara.

– Aqui está O Evangelho de Jesus segundo o entendimento da Doutrina Espírita. Não tenha pressa em entendê-lo de uma vez. Abra uma página de maneira aleatória, e onde sua vista se detiver, leia com calma e procure pensar apenas em você mesma, o que as sábias palavras de Jesus lhe querem alertar. E, quando você sair daqui e estiver bem, considere-se convidada a me acompanhar a um lugar singular, de muita paz e oportunidade, pois cada momento aproveitado com sabedoria é também um momento de renascimento. Para encerrarmos essa nossa conversa, lerei para você uma linda página de Emmanuel, psicografia de Francisco Cândido Xavier, do livro *Fonte Viva*, que se chama "Renasce Agora".

"Aquele que não nascer de novo não pode ver o Reino de Deus." – Jesus (João, 3:3)

"A própria Natureza apresenta preciosas lições, nesse particular. Sucedem-se os anos com matemática precisão, mas os dias são sempre novos. Dispondo, assim, de trezentas e sessenta e cinco ocasiões de aprendizado e recomeço, anualmente, quantas oportunidades de renovação moral encontrará a criatura no abençoado período de uma existência?

Conserva do passado o que for bom e justo, belo e nobre, mas não guardes do pretérito os detritos e as sombras, ainda mesmo quando mascarados de encantador revestimento.

Faze por ti mesmo, nos domínios da tua iniciativa pela aplicação da fraternidade real, o trabalho que a tua negligência atirará fatalmente sobre os ombros de teus benfeitores e amigos espirituais.

Cada hora que surge pode ser portadora de reajustamento. Se for possível, não deixes para depois os laços de amor e paz que podes criar agora, em substituição às pesadas algemas do desafeto.

Não é fácil quebrar antigos preceitos do mundo ou desenovelar o coração a favor daqueles que nos ferem. Entretanto, o melhor antídoto contra os tóxicos da aversão é a nossa boa vontade em benefício daqueles que nos odeiam ou que ainda não nos compreendem.

Enquanto nos demoramos na fortaleza defensiva, o adversário cogita de enriquecer as munições, mas se descemos à praça, desassombrados e serenos, mostrando novas disposições na luta, a idéia de acordo substitui, dentro de nós e em torno de nossos passos, a escura fermentação da guerra.

Alguém te magoa? Reinicia o esforço da boa compreensão. Alguém te não entende? Persevere em demonstrar os intentos mais nobres.

Deixa-te reviver, cada dia, na corrente cristalina e incessante do bem.

Não olvides a assertiva do Mestre: 'Aquele que não nascer de novo não pode ver o Reino de Deus'.

Renasce agora em teus propósitos, deliberações e atitudes, trabalhando para superar os obstáculos que te cercam e alcançando a antecipação da vitória sobre ti mesmo, no tempo...

Mais vale auxiliar, ainda hoje, que ser auxiliado amanhã."

Adalton se levantou e carinhosamente beijou as mãos de Mara, que, emocionada, permitiu que um pranto calmo e sereno banhasse seu rosto em lágrimas.

CAPÍTULO VI

❦

Atendimento fraterno

O Cristo Consolador – O Jugo Leve

1. *Vinde a mim, todos os que andais em sofrimento
e vos achais carregados, e eu vos aliviarei.
Tomai sobre vós o meu jugo, e aprendei de mim,
que sou manso e humilde de coração,
e achareis descanso para as vossas almas,
porque o meu jugo é suave e o meu fardo é leve.*

(Mateus, XI: 28-30)

2. *Todos os sofrimentos – misérias, decepções, dores físicas,
perdas de seres queridos – encontram sua consolação na fé no futuro,
e na confiança na justiça de Deus, que o Cristo veio ensinar aos homens.
Sobre aquele que, pelo contrário, nada espera após essa vida,
ou que simplesmente duvida, as aflições pesam com todo o seu peso,
e nenhuma esperança vem abrandar sua amargura. Eis o que levou Jesus
a dizer: "Vinde a mim, vós todos que estais fatigados, e eu vos aliviarei".*

*Jesus, entretanto, impõe uma condição para a sua assistência e para a
felicidade que promete aos aflitos. Essa condição é a da própria lei que*

ele ensina: seu jugo é a observação dessa lei. Mas esse jugo é leve e essa lei é suave, pois que impõe como dever o amor e a caridade.

O Evangelho Segundo o Espiritismo
– Capítulo VI – O Cristo Consolador – O jugo leve, itens 1 e 2.

Após alguns dias, Mara saiu do hospital. Novamente, foi constatado não haver motivos físicos para ela apresentar as crises convulsivas. Foi orientada pelo dr. Heitor a procurar ajuda psicológica, pois era o único motivo lógico a ser causa de seu sofrimento.

Mara se comprometeu a buscar a ajuda de um profissional indicado por Heitor.

Assim que chegou a sua casa, procurou entrar em contato com Adalton, pois desde o dia em que conversaram sobre a Doutrina dos Espíritos estava bastante ansiosa em aprofundar seu conhecimento no assunto; sentia que ali estava o caminho de sua cura.

Pegou o telefone e ligou para o consultório de seu novo amigo. A secretária a atendeu com carinho e logo a transferiu para o médico.

– Bom dia, Mara! Você já está em casa?

– Já sim, Adalton! Gostaria de ir com você ao seu lugar peculiar, estou ligando para cobrar sua promessa.

– Ótimo! Fico muito feliz que tenha se interessado. Hoje à noite teremos o Atendimento Fraterno, palestras evangélicas e muita conversa amiga; está convidada! Às 19:15 horas, eu e Salima passaremos em sua casa para pegá-la.

– Eu posso ir com meu carro, não quero dar trabalho.

– Não se preocupe, teremos prazer em sua companhia. Além do mais, assim eu garanto que na última hora você não desista.

Os dois amigos conversaram por mais alguns minutos e se despediram com alegria.

Adalton fez uma prece, agradecendo a Deus pela disposição de Mara, e aproveitou o momento oportuno para pedir por Vitor. Animado, decidiu que após sua última consulta passaria pela sala do amigo.

– Boa tarde, Vera! E nosso amigo, como está hoje?

– Parece que mais disposto. Apenas ainda persiste o olhar tristonho e a expressão de desânimo – respondeu Vera, demonstrando preocupação.

– Não se preocupe, tudo acontece da maneira que é necessária para nosso aprimoramento pessoal.

– O senhor se refere à história: se não vem pelo amor, vem pela dor?

– Mais ou menos. Eu acredito que tudo que nos acontece na vida é pelo amor, mesmo quando são sofrimentos decorrentes de nosso comportamento desequilibrado. Então, chego à conclusão que essa dor é oportuna, pois nos faculta a reflexão e um novo direcionamento em nossas atitudes.

– Eu tenho uma tia que é espírita, e ela sempre me diz essa frase como se fosse uma ameaça divina; por isso sou resistente ao Espiritismo.

– Digamos que você seja resistente a sua tia, porque você não conhece a Doutrina dos Espíritos o suficiente para resistir a ela. Realmente, alguns irmãos teimam em fazer da Doutrina Espírita o espelho do sofrimento na Terra, e isso é falso, pois na realidade é uma doutrina libertadora, que nos permite compreender cada momento que vivemos, tanto no plano dos Espíritos como no plano material.

ALDEIA DA ESCURIDÃO 57

– O senhor fala com mansidão e entusiasmo sobre esse assunto. Acredito que logo me convencerá a visitá-los.

– Seria muito proveitoso a você, minha amiga, pois pressinto que tem muito amor nesse coração para doar aos mais necessitados; e também auxiliaria nosso amigo Vitor, conversando com ele sobre o assunto. Ele passa por um momento de grande dor e conflito, e o atendimento dos Espíritos o beneficiaria sobremaneira.

– O senhor acredita que posso auxiliar Vitor dessa maneira?

Adalton a olhou com carinho e disse:

– Acredito, sim, pois posso enxergar em seus olhos o grande amor que lhe dedica.

Vera abaixou os olhos e enrubesceu, e disse baixinho:

– Por favor, ele não sabe disso. Eu não quero constrangê-lo.

– Um dia ele irá perceber a sorte que tem por você estar ao seu lado. E então, eu posso entrar?

– Sim, doutor. Só mais uma coisa: quando poderei ir ao centro que o senhor freqüenta?

– Se realmente está decidida, hoje à noite é o dia ideal.

– O senhor pode me passar o endereço?

– Você mora perto de minha casa, então faremos melhor: eu e Salima a pegaremos.

Sorrindo feliz, Vera agradeceu a boa vontade do amigo.

– Espero precisar de um carro maior essa noite – respondeu Adalton, bem-humorado.

Adentrou o consultório de Vitor em silêncio e o encontrou introspectivo, diante da janela. Ficou a observá-lo por segundos, e, triste, percebeu o sofrimento do amigo. Vitor, notando sua presença, virou-se devagar e sorriu quando o viu na porta.

– Boa tarde!

– Boa tarde, Vitor! Você está bem?

– Melhor, depois de nossa conversa parece que tirei um grande peso de minhas costas. Sei que me tem muito carinho e me conhece há muito tempo; então, não me julgará pelos meus pensamentos.

– É certo que não. Eu o tenho em alta estima, e sei que sofre terrivelmente com tudo que vem acontecendo a você. Por isso estou aqui, com o intuito de auxiliá-lo.

– Teve alguma idéia, ficou sabendo de algum tratamento milagroso?

– Tive uma ótima idéia, e se você confiou em mim para contar seus segredos mais íntimos, peço que confie também em meus conselhos.

Vitor olhou para Adalton bem-humorado e disse:

– Acredito que já sei do que irá falar, mas diferentemente do que você possa estar esperando de mim, eu acho que já estou reflexionando na possibilidade da existência desse mundo extracorpóreo de que tanto fala. Os últimos acontecimentos me deixaram perplexo, e então raciocinei: se esse mundo existir, eu posso explicar o que tem ocorrido comigo, inclusive as visões que tive; caso contrário, só me resta um triste diagnóstico: o da loucura. Então não estou tendo visões espirituais, e sim alucinações. Ponderando essas duas alternativas, prefiro pesquisar a primeira, pois me parece mais saudável – respondeu sorrindo.

– Graças a Deus! Então passarei em sua casa às 19:00 horas.

– Não precisa, é só me dar o endereço.

– Como já disse antes à Mara e à Vera, prefiro garantir esse primeiro contato com nossa amável doutrina, então pegarei todos vocês em casa.

– A Mara e a Vera também irão?

– Graças a Deus, parece que todo mundo está mais esperançoso e em busca de novas compreensões para a vida.

Dizendo isso, Adalton se dirigiu à porta e apenas disse:

– Não se esqueça, hein? Estarei em sua porta às 19:00 horas.

Chegando em casa, Adalton, feliz da vida, procurou por Salima.

– Boa noite, meu bem! Precisamos nos apressar, devemos sair de casa às 18:30 horas.

– Por que tão cedo? Nosso horário é às 20:00 horas.

– Sente-se aqui ao meu lado. Você não imagina como estou feliz: consegui convencer Mara, Vera e Vitor a irem conosco ao centro! E, para garantir que não desistam, nós iremos buscá-los em suas casas.

Salima, feliz, abraçou o marido e disse:

– Então, vá tomar um banho rápido e se arrumar, eu preparo uma vitamina para você.

Às 18:30 horas, Salima e Adalton saíram da garagem de sua casa. Primeiro pegaram Vera, depois Vitor e, por último, Mara.

Os cinco amigos conversavam animados enquanto se dirigiam à Sociedade Espírita Caminheiros de Jesus.

Nesse momento, no plano dos Espíritos, Ineque, dirigente espiritual da casa, e Ana, adorável amiga de nosso convívio, solicitaram a minha presença e a de Maurício em pequena sala reservada a reuniões.

– Boa noite, Vinícius! Boa noite, Maurício! – Ineque nos cumprimentou com amabilidade.

– Sejam bem-vindos! – completou Ana.

– Já estávamos saudosos de nossa adorável casa de socorro – falou Maurício.

– Porém – disse eu – nos ausentamos por um bom motivo. Esse período na Colônia nos propiciou abençoado estudo a respeito dos desequilíbrios em relação à parte genésica. Pude entender, com mais ponderação e menos críticas, o sofrimento de irmãos que ainda procuram no prazer desequilibrado da libido momentos tão efêmeros de realização, que na realidade não passam de tristes e doentes ilusões de mentes que ainda se comprazem na satisfação dos instintos primários.

– Esse estudo será muito bem-vindo nesse momento, pois somos chamados a atender um grupo de irmãos que sofrem conseqüências desses desequilíbrios. Adalton, antigo trabalhador na Seara do Senhor, está chegando nesse momento a casa, e traz consigo preciosa carga de irmãos em busca de esclarecimento – comentou Ana.

– Eles passarão pelo Atendimento Fraterno?

– Serão encaminhados no devido tempo. Enquanto esperam, ouvirão benéfica palestra sobre "O Conhecimento de Si Mesmo", lição magnífica do nosso *O Evangelho Segundo o Espiritismo*. Durante a palestra, intuiremos o palestrante a falar sobre nossos vícios comportamentais – disse Ineque.

– Um dos temas mais importantes do estudo de que participamos nos fala sobre a paciência que devemos ter para conosco mesmos, pois a renovação íntima, perante atitudes viciosas, em um primeiro momento, é bastante dolorosa, pois nos faculta o entendimento de quem realmente somos. E quando descobrimos nossas falhas de caráter, tendemos à autopunição, atitude extremamente improdutiva, pois só atrasa nossa evolução moral – analisou Maurício.

– Quem fará o primeiro atendimento desses irmãos? – perguntei.

– Vera será encaminhada à sala onde Sheila atenderá, enquanto Vitor e Mara serão encaminhados, separadamente, à sala de atendimento ocupada por Sandra – Ineque explicou.

– Pedimos ao amigo Maurício que acompanhe Sheila nesse atendimento, intuindo-a para que frise bem sobre a necessidade da perseverança, principalmente para que possa incitar Vitor a não desistir – falou Ana.

– Sabemos da implicação quando resolvemos mudar nossas atitudes morais, como desagradamos a alguns amigos ainda reticentes no bem, como essa infeliz comunidade se mobiliza para que não consigamos o nosso intento. Peço a você, Vinícius, que acompanhe Sandra nessa tarefa, pois deverá entrar em assunto bastante desagradável, tanto para Vitor como para Mara – disse Ineque.

– Enquanto os amigos nos auxiliam nessa tarefa, devemos nos encarregar de assistir ao plano dos desencarnados, que também sofrem por males semelhantes – completou Ana.

Nesse instante, uma senhora de aspecto bastante gentil e sereno nos pediu licença, pois precisava de nossa ajuda.

– Desculpem interrompê-los, mas tenho urgência de sua ajuda, pois o carro de Adalton apresentou defeito mecânico a caminho de nossa casa de socorro. Vitor se mostra impaciente, e já fala em deixar a visita para outro dia. Mara está próxima a uma crise de pânico; Vera e Salima procuram controlar a situação, e Adalton foi em busca de socorro – falou Serena.

– Então, vamos socorrê-los.

Dirigimo-nos ao local em que o carro de Adalton estava estacionado. No mesmo instante, o amigo chegava sorridente, dirigindo um outro carro, acompanhado de um senhor de meia-idade, bastante simpático.

– Não lhes disse que resolveria tudo em instantes? Esse é Roberto, antigo companheiro de trabalhos espirituais; lembrei-me que mora aqui perto. Ele tomará as providências para socorrer meu automóvel, e nos emprestou o dele. Então, tudo está resolvido! – comemorou Adalton.

– Eu acho que fico por aqui... me desculpe, mas perdi a vontade de acompanhá-los. Deixa para uma próxima vez – falou Vitor, meio desconcertado.

– De maneira alguma! – Vera atalhou. – O dr. Adalton não teve esse trabalhão todo para o deixarmos na mão. Você virá conosco, e não quero mais falar em desistências por aqui. – O tom de voz de Vera foi bastante firme, e ela, resoluta, pegou na mão de Vitor e o conduziu para o carro.

Vitor a olhou belicoso, ao que ela respondeu sorrindo, com doçura:

– Não tenho medo de cara feia. Se tivesse, não estaria trabalhando com você há cinco anos.

– Cinco anos, Vera? Trabalha comigo há cinco anos?

– Exatamente. Desde que montou seu consultório estou com você.

– Mas... quando você foi trabalhar comigo estava fazendo faculdade. Não terminou?

– Terminei, sim.

– Por que não trabalha em sua área? Aliás, o que foi que você cursou? Eu não me lembro – falou Vitor.

– Psicologia. E ainda não trabalho em minha área, pois não chegou a hora. Um dia poderei me dedicar a isso; até lá, tenho outras obrigações importantes – respondeu Vera.

– Não sabia que você trabalhava em outro lugar! – Vitor parecia curioso.

– E não trabalho.

– Mas falou em outras obrigações.

– Mas não são profissionais, são particulares – Vera esclareceu.

– Desculpe, não queria me intrometer em sua vida – comentou Vitor, de mau humor.

– Não se preocupe com isso, pois você é a razão para que eu não saia de seu consultório – respondeu Vera, sorrindo.

Adalton a olhou de lado e sorriu para Salima. Comentou baixinho:

– Parece que já está dando certo... Antes mesmo de chegarmos à sociedade, Deus ouviu as minhas preces.

Salima segurou firme na mão de Adalton e disse:

– "Tudo o que pedirdes com fé, em oração, vós o recebereis" (Mateus, V: 21 e 22).

CAPÍTULO VII

❧⊙ᵹ⊙☙

Desabafo

Bem-aventurados os Pobres de Espírito
O que se deve entender por pobres de Espírito
1. Bem-aventurados os pobres de espírito,
porque deles é Reino dos Céus.
(São Mateus, V: 3)

2. A incredulidade se diverte com essa máxima: "Bem-aventurados os
pobres de espírito", como com muitas outras que não compreende.
Por pobres de espírito, entretanto, Jesus não entende os tolos,
mas os humildes, e diz que o Reino dos Céus é destes,
e não dos orgulhosos.

O Evangelho Segundo o Espiritismo
– Capítulo VII – Bem-aventurados os Pobres de Espírito
– O que se deve entender por pobres de espírito – Itens 1 e 2.

Já passava das 20:00 horas quando voltamos à Casa Espírita Caminheiros de Jesus, depois de vencidos os pequenos obstáculos que teimavam em aparecer no caminho de nossos amigos.

Adalton, sorridente, pediu ao atendente da noite que encaixasse os três amigos no Atendimento Fraterno, explicando os motivos de serem retardatários, e bem-humorado e com simpatia voltou para perto dos visitantes.

As palestras foram sendo desenvolvidas com propriedade pelos amigos voluntários da casa. Enquanto isso, prestávamos atenção no comportamento de Vitor, que se mostrava impaciente e até vítima de certo desconforto. Do lado de fora do prédio que abrigava a casa de socorro, percebemos que seus companheiros espirituais se mostravam irritadiços e belicosos, e se uniam aos companheiros de Mara, já provocando arruaça e desequilíbrio, prontamente controlados por trabalhadores em vigilância.

Finalmente, chegou a vez do atendimento a Vitor, que foi encaminhado por um rapaz de aspecto sereno.

– Boa noite, meu nome é Sandra. E o seu?

– Me chamo Vitor.

– Por favor, entre e sente-se nesta cadeira. O que podemos fazer por você? – perguntou Sandra.

– Não sei bem como funciona o seu atendimento. Nem mesmo sei como me portar – respondeu Vitor.

– O Atendimento Fraterno de uma Casa Espírita visa ao esclarecimento moral sobre qualquer problema. Muitas vezes, em nossas experiências do dia-a-dia nos vemos envolvidos em situações que nos fazem sofrer, e que ao mesmo tempo nos agridem e nos incapacitam a uma ação evasiva, principalmente porque a emoção nos impede de equacionar de modo racional esses momentos de desequilíbrio. Os atendentes fraternos, juntamente com boníssimas equipes de Espíritos amigos, têm por objetivo auxiliar os que sofrem, por meio do aconselhamento de ação efetiva no autoconhecimento e na renovação íntima, capacitando-nos para a visualização de idéias novas, que nos tornarão espíritos renovados.

– Seria, então, como uma sessão de terapia? – Vitor indagou.

– Semelhante – respondeu Sandra.

– E, diante de qualquer problema, por mais torpe que seja, vocês não se alteram?

– Nada é tão torpe assim que não nos permita a reforma íntima. Esses são apenas momentos desequilibrados que vivemos, provavelmente por falta de esclarecimento suficiente, que nos convença a mudanças de atitude. Qualquer vício material sempre deriva de um vício moral, e os vícios morais são apenas espelhos da ignorância. Por isso não há motivos para críticas vãs, pois todos nós possuímos vícios, uns em determinado aspecto, outros em diferentes nuances; mas todos nós somos espíritos a caminho da perfeição – explicou Sandra.

– Você realmente acredita nisso? – perguntou Vitor.

– Acredito, sim, meu amigo. E você não imagina o que isso pode fazer por nós.

– Eu sou um pedófilo. O que me diz disso? – Vitor falou com agressividade.

– Que isso deve fazê-lo muito infeliz, pois você está aqui em busca de auxílio – disse Sandra, olhando nos olhos de Vitor com muito carinho.

– Você não entendeu o que eu disse? Eu sou um pedófilo! – repetiu Vitor, aumentando o tom de voz.

– Entendi, sim, Vitor. Você é pedófilo, isto é, alguém com desequilíbrios emocionais graves, e que sente prazer momentâneo em observar ou tocar sexualmente um menor... não é isso? – comentou Sandra, demonstrando compaixão pelo sofrimento do rapaz. – Sei também que, como todo desequilíbrio emocional, gera muita dor e sofrimento para quem o tem, principalmente quando já existe a compreensão do erro; mas também ainda existe a incapacidade de dominar os instintos.

Vitor a encarou e disse, com a voz embargada:

– Você deve ter nojo de mim, porque eu mesmo tenho!

– Não tenho, não! Estou aqui para auxiliar e não para julgar. Esse julgamento cabe a você, através de sua consciência. E me parece que você já o faz de maneira bastante acirrada e violenta, o que também não resolve seu problema, mas apenas o agrava.

– O que posso fazer? Por favor, me ajude! – pediu Vitor em prantos.

– Vitor, aqui não fazemos milagres, mas podemos orientá-lo a buscar esclarecimentos morais por meio de algumas terapias espirituais. Aconselho-o a se integrar a um grupo de estudos – que pode ser o das terças-feiras – em que estudamos o *Evangelho Segundo o Espiritismo* e *O Livro dos Espíritos*. São obras que nos abrem um novo caminho para a vida, por meio do entendimento do valor de cada oportunidade sobre este abençoado orbe – falou Sandra.

– Que terapias são essas?

– O passe, que propicia abençoada troca energética, a água fluida, que nos serve de apoio nos momentos de dor maior, o Evangelho no Lar, que nos faculta a presença de bons amigos espirituais e que nos auxilia na mudança energética de nosso trabalho, de nosso lar e, principalmente, de nosso ambiente mental, a continuidade com o atendimento fraterno até o momento em que controlará novamente sua mente e os estudos esclarecedores.

– Está dizendo que devo me tornar espírita?

– Não. Estamos lhe oferecendo uma oportunidade de se fortalecer e sair desse panorama mental em que se encontra. Quando mais liberto, poderá optar por continuar ou não freqüentando a casa. O importante é que aprenda a controlar suas vontades pela disciplina mental, e nada melhor do que entender o que nos acontece.

– Mas... Sandra, eu nem sei se acredito em espíritos, e esse negócio de outras vidas...

– Em Deus você acredita?

– Sim, acredito. Não sei explicar, mas sinto que há uma energia mais sábia cuidando de nós

– E, acredita que Deus é justo?

– Acredito, sim.

– Então, como explica a disparidade de qualidade de vida que assola a humanidade? Como você explica que uns nascem perfeitos, até mesmo de uma beleza desconcertante, e outros em corpos limitados, e outros ainda em estado de demência? Se não obedece a uma lei maior, de ação e reação, causa e efeito, como pode justificar a justiça divina?

– Não tenho resposta para isso, Sandra. – Vitor demonstrava curiosidade no olhar.

– Se Deus não é arrivista, mas sim justo, tudo isso que nos rodeia deve ter uma razão lógica e inteligível, você não acha? Ou devemos aceitar toda essa complexidade conflitante sem questionar? Se assim for, por que Ele nos dotou de uma mente inteligente?

– Nossa! Acho que você acaba de dar um nó em minha cabeça – falou Vitor, sorrindo.

– Que bom! Isso é ótimo, pois lhe dará material suficiente para ocupar a mente. Vou lhe presentear com um livro fantástico, *O Evangelho Segundo o Espiritismo*. E peço a você que adquira *O Livro dos Espíritos* também. Procure lê-los durante a semana, com paciência, devagar, para poder compreender um pouco desse mundo maravilhoso que nos rodeia.

– E o meu problema? Nós quase não falamos nele...

– Falamos, sim. Só não precisamos detalhá-lo. O que importa não é o problema, mas sim a disposição em resolvê-lo, e isso você já está fazendo. Quando pensamentos menos nobres despertarem em sua cabeça, recorra ao Evangelho, abra-o aleatoriamente, faça uma prece, e mude a direção de seu interesse.

– Sandra, eu sou médico pediatra oncologista, vivo cercado de crianças – disse Vitor, de cabeça baixa.

– Isso é muito bom, pois você, com certeza, escolheu essa profissão como prova e expiação, dessa maneira proporcionando a si próprio uma caminhada missionária, pois também auxilia muitos a vencer seus sofrimentos, não é isso?

Vitor acenou afirmativamente com a cabeça.

– Então – continuou Sandra –, antes de atender qualquer paciente, eleve o pensamento a Deus numa prece que venha do profundo sentimento de amor, e peça ao Pai proteção e ponderação em suas ações e em seus pensamentos. Sem dúvida, perceberá que será mais fácil conduzir seus objetivos.

– Adalton me disse, outro dia, que tudo isso pode ser conseqüência de uma outra vida, e que pode haver Espíritos desencarnados que me assediam e fazem com que pense tudo isso – disse Vitor.

– Pode ser, sim! Desequilíbrios vivenciados em outras encarnações, que o fizeram adquirir pesados débitos, e que nessa encarnação se transformam em provação, para que você supere, sem dúvida alguma, essa limitação que tanto o faz sofrer. E como somos Espíritos ainda imperfeitos, com débitos graves, com certeza temos ainda alguns adversários pretéritos que não admitem que possamos melhorar nossa qualidade emocional e moral. Mas não devemos nos esquecer, também, que eles apenas usam aquilo que ainda faz parte de nós.

– Você quer dizer que eu ainda sinto prazer em molestar crianças?

– Eu disse que antigas sensações que lhe traziam prazer ainda podem ser despertadas, e também que somente você mesmo pode inibi-las; e a melhor maneira é conhecendo o problema e o enfrentando, pela mudança de suas atitudes. Companheiros espirituais ignorantes moralmente podem as-sediá-lo, mas apenas aquilo que ainda está latente em você servirá de base a essa ação. Ninguém pode despertar ciúmes em alguém que não é ciumento. Entendeu?

– Acredito que sim. Mas será que tenho capacidade pa-ra dominar essas tentações e a sensação de necessidade que vem me dominando?

– E por que não? Desde quando isso acontece?

– Há mais ou menos um ano.

– E antes, como era? – perguntou Sandra.

– Nunca essas idéias passaram por minha cabeça.

– E como começou?

– Foi depois de um sonho maluco, em que eu estava em uma casa enorme, parecia um orfanato. Havia várias crianças brin-cando em um enorme jardim, e eu as observava, até que um garoto se aproximou de mim e me chamou para brincar. E eu senti uma excitação muito grande, que, naquele momento, des-pertou idéias absurdas em minha mente; mas, ao mesmo tempo, eu sabia que era aquilo que eu sempre fazia. Acordei apavorado. Levantei-me de minha cama, e corri para o banheiro. Sentia

ALDEIA DA ESCURIDÃO 71

nojo e náuseas, e vomitei a noite toda. Ao amanhecer, consegui dormir um pouco, e tive um novo pesadelo, com um homem e uma mulher muito deformados, e eu sentia que eram maus, riam e me apontavam, dizendo: "Agora, sim, nós te pegamos!".

– Depois desse sonho, você não consegue mais se controlar?

– Não. Às vezes, sinto que estou em paz; mas surge, de repente, um medo insano de que aconteça novamente, e as coisas pioram. Será que esse sonho foi um aviso?

– Quando dormimos, nós nos libertamos parcialmente de nosso corpo material. Então, o que realmente dorme é apenas a matéria, nosso perispírito, que é um corpo de energia mais sutil, se liberta e vai viver no mundo dos Espíritos. Acredito que seu sonho foi, na realidade, um momento que viveu durante esse desdobramento, e esses irmãos que descreveu podem ser antigos companheiros dessa encarnação, que recordou por alguns instantes.

Fazendo ligeira pausa, Sandra continuou:

– São muitas informações para um só dia. Façamos um acordo. Venha na próxima terça-feira, um pouco mais cedo, e nós conversaremos novamente. Até lá, faça O Evangelho no Lar e ore muito, inclusive por esses irmãos, vigie seus pensamentos e recuse padrões de baixa vibração, está bem?

– Eu me sinto melhor. Não entendo direito o que aconteceu aqui, mas me sinto melhor – Vitor revelou.

– E mais uma coisa, também muito importante: procure ajuda profissional. Um bom terapeuta poderá auxiliá-lo bastante.

– Mas... aqui não farei uma terapia?

– Fará uma terapia espiritual; mas também somos matéria, e os profissionais na área médica psicológica também poderão ajudá-lo bastante.

– Mas os dois tratamentos não irão conflitar? Afinal, é muito difícil encontrar um profissional que aceite a Doutrina Espírita.

– O bom profissional não interfere nas escolhas de seus pacientes. Além do mais, já existe uma linha de pensamento que considera o homem integral, ou seja, mente/corpo/espírito.

– Você poderia me indicar alguém?

– Acredito que Adalton possa fazê-lo, está bem?

Sandra se despediu do rapaz e solicitou ao atendente para que encaminhasse Mara.

CAPÍTULO VIII

❧❧❧

Segredos tortuosos

Bem-aventurados os Puros de Coração

Deixai vir a mim os pequeninos

1. Bem-aventurados os puros de coração,
porque eles verão a Deus.

(Mateus, V: 8)

2. Então lhe apresentaram uns meninos para que os tocasse;
mas os discípulos ameaçavam os que lho apresentavam.

O que, vendo Jesus, levou-o muito a mal, e disse-lhes:
"Deixai vir a mim os pequeninos, e não os embaraceis,
porque o Reino de Deus é daqueles que se lhes assemelham.

Em verdade vos digo que todo aquele que não receber
o Reino de Deus como uma criança, não entrará nele".

E abraçando-os, e pondo as mãos sobre eles,
os abençoava.

(Marcos, X: 13-16)

> 3. A pureza de coração é inseparável
> da simplicidade e da humildade.
> Exclui todo pensamento de egoísmo e de orgulho.
> Eis por que Jesus toma a infância como símbolo dessa pureza,
> como já a tomara por símbolo da humildade.
>
> O Evangelho Segundo o Espiritismo – Capítulo VIII
> – Bem-Aventurados os Puros de Coração
> – Deixai vir a mim os pequeninos – Itens 1, 2 e 3.

Enquanto Vitor estava sendo atendido, Sheila recebia em sua sala a secretária Vera.

– O que podemos fazer por você? – perguntou Sheila.

– Há tempos converso com o dr. Adalton sobre a Doutrina Espírita, e minha curiosidade vem sendo despertada. Eu trabalho com um médico há algum tempo, desde os dezenove anos, e acabei me afeiçoando a ele. No último ano, tenho percebido que ele anda atormentado; não sei bem o porquê, mas pressinto ser algo muito grave, pois sinto pânico ao pensar no assunto, como se algo muito grave fosse acontecer. Nos últimos dias, o dr. Adalton, que é amigo particular da família de Vitor, e tem consultório no mesmo andar, precisou socorrê-lo. Vitor anda como se fosse um fantasma, está emagrecendo bastante, e abatido demais... Percebo em seu rosto um desespero assustador – falou Vera.

– O principal motivo que a traz a nossa casa é auxiliá-lo?

– Não, não somente isso. Eu mesma ando questionando as coisas que vivo.

– Por exemplo?

– Quando fui trabalhar com Vitor, era apenas uma adolescente meio ingênua, que, no início, ficou deslumbrada com o homem que a contratara; mas, aos poucos, esse deslumbramento foi se transformando em admiração e amor. Porém, nunca tive coragem de expor meus sentimentos. Acredito mesmo que Vitor não consegue me ver como mulher; sou apenas a secretária, que está ali à disposição para o que precisa, e que resolve a maioria de seus problemas mais práticos, porque na realidade sou eu quem gerencia até a parte financeira de sua vida. Acredito que ele nem ao menos saiba qual é sua renda mensal, apesar de todo mês apresentar a ele relatórios detalhados.

Vera fez uma pausa, respirou fundo, e continuou:

– Nesse período em que trabalhei com ele, cursei a faculdade de Psicologia, e me formei há um ano; mas não tenho coragem de abandoná-lo, então, continuo trabalhando como sua secretária. Mas fico em dúvida.

– E como se sente em relação a isso?

– Muito mal, mal mesmo! Sempre tive sonhos a realizar, e um deles foi o curso de Psicologia, uma área de humanidades que sempre me encantou. Agora, apesar de estar formada, não consigo pensar na possibilidade de me afastar de Vitor, tenho receio de ir embora sem que ele ao menos saiba que um dia eu existi! – Vera, emocionada, entregou-se a aflitivo pranto.

– Acalme-se... respire fundo e me ouça – pediu Sheila.

– Devemos, sim, nos dedicar às pessoas que amamos, mas nunca devemos permitir que esse amor nos limite em nossa caminhada; porque dessa maneira esse amor adoece e nos prejudica seriamente, fazendo com que percamos nossa própria identidade. É um caminho muito fácil para a obsessão, pois em um primeiro momento nos limitaremos de modo agressivo, e esse é um lento e gradativo processo de auto-obsessão, que facultará a aproximação de Espíritos malfazejos, que aproveitarão o momento, aumentando as sensações já latentes, que muitas e muitas vezes se transformam em perigosos processos subjugatórios, levando mesmo as criaturas desavisadas à estagnação em uma existência.

– Já li sobre o assunto, mas o que você me aconselha?

– A Doutrina dos Espíritos nos orienta sempre a reflexionar sobre o que nos faz sofrer, avaliar o real valor do que estamos vivendo, se não houver outra maneira de realizarmos a tarefa a que nos propomos. Nossa primeira obrigação é com nosso espírito; pois se conseguirmos equilíbrio em nossas ações e sentimentos, também poderemos auxiliar o próximo com mais serenidade.

– Eu agradeço sua paciência para comigo. Poderei voltar na próxima semana? – Vera indagou.

– Teremos o maior prazer em recebê-la. Seja bem-vinda a nossa casa. Vou pedir ao sr. José, que fica no salão recepcionando os que chegam, para que a oriente sobre os trabalhos da casa, O Evangelho no Lar e os dias dos passes.

– Agradeço muito. Até a próxima semana.

Mara, por sua vez, foi encaminhada à sala de atendimento e recepcionada por Sandra.

– O que a incomoda? – perguntou Sandra.

– Há cerca de um ano venho tendo sensações e pensamentos estranhos a minha personalidade. Sinto-me extremamente insegura quanto a minha vida e ao meu trabalho. Parece que nada mais tem importância, que o futuro não mais existe para mim, tudo é muito... fatal. A sensação que tenho é de impotência, como se não controlasse mais minha vida, nem mesmo minha mente. Sinto que nada do que possa fazer irá mudar meu destino. É como se já estivesse tudo pronto, independentemente de minha vontade – Mara demonstrava em suas atitudes um desconsolo doentio.

ALDEIA DA ESCURIDÃO 77

– Aconteceu algo para que esse processo se iniciasse, alguma situação traumática?

– Nada, Sandra, nada! Eu não entendo isso. É como se eu tivesse dormido e, ao acordar, me visse transformada em outra pessoa. Nada do que faço me traz satisfação; não me interesso nem mesmo pela minha profissão, que sempre foi para mim motivo de alegria e realização!

– Qual sua profissão?

– Eu sou psicóloga, trabalho com crianças vitimadas. Desde a infância tenho esse objetivo; porém, agora, tudo me parece sem graça. E o pior são meus pensamentos: por mais que tente controlá-los, eu não consigo, e isso tem me feito muito mal – Mara abaixou a cabeça.

– Quer falar sobre isso? – perguntou Sandra.

– Não sei. Já pensei até em suicídio! Cheguei a abrir a janela de meu consultório e considerei acabar com tudo. Não sei como explicar, mas não concretizei meus intentos, pois ouvi uma voz serena e melodiosa em meu ouvido... foi como se alguém muito querido chegasse de mansinho e murmurasse baixinho palavras de consolo e incentivo. Aí, eu me afastei da janela.

– Você foi beneficiada com a interferência de um bom Espírito, provavelmente alguém que lhe quer muito bem. Agradeça a Deus por esse auxílio que recebeu. O suicídio é uma das piores atitudes que podemos tomar. Ninguém deve terminar uma encarnação de maneira tão violenta, pois as conseqüências são terríveis.

– Como assim? Não entendo muito sobre os conceitos religiosos espíritas.

– A Doutrina Espírita não tem apenas o aspecto religioso, que está diretamente relacionado à moralidade de nosso entendimento sobre a vida, mas também nos complementa o entendimento por meio da filosofia e da ciência – explicou Sandra.

– Mas... me fale mais sobre as conseqüências do suicídio – pediu Mara.

– O suicídio é considerado como a falta mais grave que um Espírito pode cometer contra si mesmo, pois por esse ato desvairado é violada uma das Leis Divinas, a de conservação, força de que todos nós somos dotados, e que visa ao aprimoramento moral do ser na vivência de múltiplas experiências, que podem ser serenas e felizes, ou de dor e provação. Esse instinto primitivo de lutar pela própria existência nos dá força e vontade de superar os momentos mais traumáticos de nossa vida. O suicídio é ato considerado criminoso, que provoca conseqüências graves para nosso Espírito. Se o intuito é se livrar de um problema que nos consideramos incapacitados para resolver, após o suicídio adquirimos novos e graves débitos perante a nossa consciência. As causas para que a criatura recorra a esse ato insano, de autodestruição, são variadas: dificuldades econômicas, perda de entes queridos, frustrações várias, culpas e remorsos, vícios aos quais não consegue resistir...

– É isso que não consigo entender. Eu estou financeiramente bem, tenho a profissão que escolhi, não tive perdas afetivas, não tenho vícios. Estava em um bom momento de minha vida e, da noite para o dia, tudo se perdeu.

– É a segunda vez que você se expressa dessa maneira – comentou Sandra.

– De que maneira?

– No início de nossa conversa, você disse que foi dormir como uma pessoa e acordou como outra, e agora disse que tudo se modificou da noite para o dia. O que aconteceu para que isso a marcasse dessa maneira? Uma noite ruim, povoada de pesadelos?

Mara olhou curiosa para Sandra, e disse:

– Tem razão, eu tive um pesadelo horrível há cerca de um ano... Pensando bem... foi após essa noite que as coisas começaram a ficar esquisitas.

– E você se lembra desse sonho?

– Algumas lembranças estão voltando a minha mente. Lembro que estava em um casarão antigo, da época do império. Havia um jardim muito grande e bonito. Eu estava em pé, debaixo de uma árvore, conversando com um rapaz. Havia muitas crianças brincando no local; não sei se era uma escola ou outro tipo de instituição. Mas a sensação que tinha era de malícia, sentia-me excitada com a conversa que mantinha com esse rapaz. Então, aproximou-se de nós um garoto bastante bonito, entrando na puberdade, e eu sei que nós o levamos para um lugar reservado... e não gosto de lembrar dos atos que praticamos. Mas, durante o sonho, sentia muito prazer. Quando acordei, as sensações ainda eram bem fortes, e eu não conseguia controlá-las. Chorei muito, pois não entendo como minha mente conseguiu produzir tamanha aberração. Depois desse sonho, eu sempre preciso me controlar diante de meus pacientes, pois meus pensamentos parecem criar vida própria, e eu me sinto muito mal com tudo isso, vai contra tudo aquilo que acredito ser certo. E eu não sei o que fazer! – Mara caiu em pranto.

Sandra mostrou-se pensativa, olhou para Mara com carinho e perguntou:

– Mara, você foi trazida a nossa casa pelo Adalton?

– Tenho consultório no mesmo prédio que ele. Aliás, um outro colega, que tem me ajudado bastante, veio conosco: o Vitor. E, nos últimos dias, eu tenho apresentado sintomas de crises convulsivas, mas os exames clínicos e patológicos não sugerem nada, pois todos estão normais. Os médicos me aconselharam um tratamento psiquiátrico e psicológico – Mara revelou.

– Peço-lhe que faça parte de nosso Atendimento Fraterno com constância e persistência. E que participe de nosso grupo de estudos das terças-feiras, no qual estudará *O Evangelho Segundo o Espiritismo* e *O Livro dos Espíritos*. Também indicarei algumas outras terapias espirituais. No dia de seu atendimento fraterno, nós conversaremos e esclareceremos suas dúvidas. Por favor, leia com muita atenção um livro que fala sobre obsessão; assim, você poderá ter uma idéia do que pode nos acontecer quando a invigilância é um hábito de nossa ignorância. Eu lhe garanto que, a partir do momento em que procurar acordar a fé dentro de seu coração, isso lhe fará muito bem.

O atendimento continuou, e nós – eu, Ineque e Ana – nos dirigimos a um pequeno jardim que circundava a casa de socorro espiritual.

– Ineque, você tem algumas informações que nos esclareçam mais o caso, para que o entendamos melhor, com a intenção de melhor auxiliar? – perguntei.

– As histórias de Mara e Vitor se entrelaçam na época do Império de Portugal no Brasil. Eram os anos de 1650, e nossos amigos receberam a incumbência de dirigir uma instituição recém-criada. Devido às lutas sangrentas entre colonos, índios, negros e senhores de engenho, muitas crianças viam-se privadas da presença de seus paizinhos; então, fez-se necessária a formação de uma casa para abrigar esses pequenos, abandonados a sua própria sorte. Mara e Vitor, casal que recebia favores de ricos senhores, foram encarregados de dirigir o local. Porém, Espíritos de moral ainda deficiente, viram nessa oportunidade a chance de enriquecer desviando recursos financeiros; e como Espíritos de instintos ainda selvagens que eram, procuravam satisfazer suas necessidades físicas de prazeres sensuais no contato com esses infelizes irmãozinhos. Dessa maneira, endividaram-se perante as Leis de Deus e fizeram muitos inimigos – falou Ineque.

– Parece-me que antigos adversários os encontraram há cerca de um ano, pois os dois relatam sonhos semelhantes – comentou Ana.

– São antigos companheiros que compartilhavam a direção do orfanato, de mesma índole moral. Não se recusaram ao suborno material e à participação nos conluios sensuais; porém, muito ambiciosos, passaram a chantagear Mara e Vitor, exigindo cada vez mais dinheiro, e acesso a crianças cada vez mais jovens. O casal viu-se oprimido pelo assédio de Heitor e Clarissa, e, temerosos de ser denunciados, recorreram ao assassinato de ambos, que foram violentamente esfaqueados e depois enterrados em cova cavada em terras de um campo atrás da casa grande. Após o desencarne, o ódio os dominou, e desde então seu único objetivo é a vingança – informou Ineque.

– Parece-me que Vitor e Mara têm se esforçado para melhorar. E deduzo que essa encarnação não deve ser a primeira após essa experiência infeliz – comentei.

– Realmente, apesar de vagarem pelos sítios de dor durante longo período, arrependidos, atenderam ao chamamento do Pai, aceitaram socorro, prepararam-se para outras experiências na carne, as quais foram benéficas aos dois. Nesta presente oportunidade, propuseram-se a prova de resistir aos relacionamentos doentios e de se redimirem com alguns Espíritos com os quais se comprometeram naquela oportunidade – disse Ineque.

– Oremos, então, pedindo ao Pai fortalecimento para que esses irmãos consigam cumprir com seus compromissos – falei, já elevando meu pensamento a Deus, pois sentia em meu íntimo a dor que maltratava a mente desses irmãos, e sentia que procurava entender, por meio da criação empática mentalizada em direção a eles, os sofredores desse momento de reajuste.

CAPÍTULO IX

❦

Reflexões sobre o suicídio

Bem-aventurados os Mansos e Pacíficos

Injúrias e Violências

1. Bem-aventurados os mansos, porque eles possuirão a Terra.

(Mateus, V: 4)

2. Bem-aventurados os pacíficos,
porque serão chamados filhos de Deus.

(Mateus, V: 9)

3. Ouvistes o que foi dito aos antigos? Não matarás, e quem matar
será réu no juízo. Pois eu vos digo que todo o que se ira contra seu irmão
será réu no juízo, e o que disser a seu irmão: raca, será réu no conselho;
e o que disser: és louco, merecerá a condenação do fogo do inferno.

(Mateus, V: 21-22). – O Evangelho Segundo o Espiritismo
– Capítulo IX – Bem-aventurados os Mansos e Pacíficos
– Injúrias e violências – Itens 1, 2 e 3.

Encerrados os trabalhos da noite, os encarnados voltaram a seus lares. Todos os que foram atendidos receberam o necessário ao seu reequilíbrio, para a oportunidade de reavaliar e reflexionar sobre sua vida, tornando assim benéfica a oportunidade que haviam recebido.

– Vinícius, estou aqui pensando sobre os casos de Mara e Vitor, tão desarvorados com seus problemas, tão vítimas de si mesmos, e erroneamente até pensando em pôr término à vida como encarnados, vendo nesse ato tresloucado a solução para seus vícios – falou Ana.

– Meus pensamentos seguiam o mesmo rumo. Lembro de advertência de nosso mestre lionês, Allan Kardec, sobre os suicidas: "Se excetuarmos os [suicídios] que se verificam por força da embriaguez e da loucura, é certo que, sejam quais forem os motivos particulares, a causa geral é sempre o descontentamento" – comentei.

– A admirável companheira Joanna de Angelis, em uma de suas obras, *Após a Tempestade*, reflexiona sobre o tema, e nos leva ao entendimento de que o suicida é alguém muito ferido em seu orgulho e que, diante de uma situação de descontentamento, recorre ao autocídio, como forma de fuga a sua dor latente. Ela faz o seguinte comentário sobre a vontade desse desistente da luta enobrecedora, dizendo que o intuito do infeliz irmão é "destruir Deus, mas como isso não é possível, ele destrói a si mesmo, que é a mais sublime criação de Deus" – complementou Ineque.

– Seguindo esse raciocínio, podemos deduzir que o suicídio, em síntese, torna-se uma vingança do infeliz contra Deus, o qual considera, naquele momento de desajuste, um desertor, pois não atende passivamente a suas exigências!? – eu disse, abismado com a conclusão a que havia chegado. Olhei para meus companheiros e percebi um sorriso triste nos lábios de Ineque, e teimosas lágrimas escorriam pelo rosto angelical de Ana.

– Podemos reflexionar sobre o assunto, lembrando da questão nº 957 de O *Livro dos Espíritos*: "As conseqüências do suicídio são as mais diversas. Não há penalidades fixadas, e em todos os casos, elas são sempre relativas às causas que o produziram. Mas uma conseqüência à qual o suicida não pode escapar é o desapontamento. De resto, a sorte não é a mesma para todos, dependendo das circunstâncias. Alguns expiam sua falta imediatamente, outros numa nova existência, que será pior do que aquela cujo curso interromperam.

Há, porém, as conseqüências que são comuns a todos os casos de morte violenta; as que decorrem da interrupção brusca da vida. Observa-se a persistência mais prolongada e mais tenaz do laço que liga o Espírito ao corpo, porque esse laço está quase sempre em todo o vigor no momento em que foi rompido.

Na morte natural, ele enfraquece gradualmente e, às vezes, se desata antes mesmo da extinção completa da vida. As conseqüências desse estado de coisas são o prolongamento do estado de perturbação, seguido da ilusão que, durante um tempo mais ou menos longo, faz o Espírito acreditar que ainda se encontra no número dos vivos.

A afinidade que persiste entre o Espírito e o corpo produz, em alguns suicidas, uma espécie de recuperação do estado do corpo sobre o Espírito, que assim se ressente dos efeitos da decomposição, experimentando uma sensação cheia de angústias e de horror. Esse estado pode persistir tão longamente quanto tivesse de durar a vida que foi interrompida.

Em alguns casos, o suicida não se livra das conseqüências da sua falta de coragem e, cedo ou tarde, expia essa falta de outra maneira. É assim que certos Espíritos, que haviam sido muito infelizes na Terra, disseram haver se suicidado na existência precedente e estar voluntariamente submetidos a novas provas, tentando suportá-las com mais resignação."

Após a reprodução desse texto nobilíssimo, Ineque continuou a reflexão:

– Lembremo-nos de que o processo de recuperação de um suicida pode ser descrito em três dolorosas etapas, ou seja, a expiação na Erraticidade, que se reflete no sofrimento logo após o seu ato tresloucado, a Reencarnação Compulsória, que geralmente é curta, com o objetivo de refazimento de seu perispírito, e a Reencarnação Probatória, oportunidade em que o devedor espiritual deverá superar condições limitadoras e semelhantes às que não superou e que foram a razão de seu suicídio.

– É importante que compreendamos que não existem faltas iguais, mas situações semelhantes; pois nos momentos de provação para antigas atitudes viciosas, antes tivemos a oportunidade da educação e do planejamento encarnatório, que já nos possibilita mais firmeza diante das situações estafantes para nosso Espírito imperfeito – falou Ana.

– Cada caso sempre é único, e devemos também reflexionar sobre as causas que motivaram esse ato impensado, que podem agravar ou atenuar a culpa: o tipo de suicídio, se foi espontâneo ou induzido, por patologias psíquicas ou graves obsessões. Allan Kardec faz o seguinte comentário sobre o tema: "O suicídio mais severamente punido é aquele que resulta do desespero, que visa à redenção das misérias terrenas.

Não se pode chamar de suicida aquele que devidamente se expõe à morte para salvar seu semelhante. O louco que se mata não sabe o que faz. As mulheres que, em certos países, voluntariamente se matam sobre os corpos de seus maridos obedecem a um preconceito, e geralmente o fazem porque são forçadas a isso, não por vontade própria. Acreditam cumprir um dever, o que não é característica do suicídio".

Emocionado com as lições que sempre encontramos nessas magníficas literaturas espíritas, continuei:

– Enfim, é sempre um mundo de sofrimento e dor, no qual as criaturas se vêem envolvidas e não conseguem enxergar além das sensações frustrantes de impotência. São irmãos tão necessitados que me despertam a compaixão, e sinto grande vontade de auxiliá-los a encontrar um novo caminho, para uma nova vida.

Ineque se aproximou de mim e, afetuoso, abraçou-me com carinho, e disse:

– Sinto-me muito feliz em poder compartilhar com o nobre amigo esse trabalho. Seu carinho pela criatura de Deus me emociona e incentiva à terapia do trabalho. Então, vamos em busca de labor, pois o tempo é tesouro inestimável a todos nós.

Ana, sorridente, estendeu-nos as mãos e, unidos pela alegria de nosso objetivo cristão, voltamos ao interior do prédio que abrigava nossa amorosa casa de socorro.

Assim que adentramos a casa, Alberto veio em nossa direção. Notei que aparentava aflição.

– Boa noite, Alberto! O amigo me parece bastante aflito – falei.

– Realmente, sinto-me bastante ansioso! Venho juntamente com Maurício da residência de Vitor, que se encontra sob o domínio de entidades malfazejas. Sinto que nosso irmão está próximo de uma crise nervosa, pois, apesar de sair daqui mais sereno e esperançoso, logo que chegou em casa viu-se envolvido por densas energias, e a frustração não demorou a lhe roubar as frágeis resoluções de se manter a salvo das implicações doentias. Perambulou pela residência sem parar, mas não resistiu ao assédio infeliz, e logo estava à frente das famigeradas páginas que exibem dolorosos panoramas do desequilíbrio moral. Sinto-me entristecido e frustrado e, mesmo sabendo que já não possuo um corpo denso, sinto-me suarento e cansado – desabafou nosso amigo, em linguagem bastante emotiva, com a fisionomia demonstrando sofrimento.

E continuou, ansioso:

– Diga-me, caro amigo, o que devo fazer para levar à mente de tão desgastado Espírito a lúcida e brilhante idéia de fugir a esse inoportuno momento?

– Alberto, peço que se acalme, pois um vício comportamental que está enraizado em uma mente há tantos séculos leva algum tempo para ser extirpado com segurança. Hoje foi um primeiro momento; outros virão que fortalecerão Vitor, para que em futuro próximo ele reflita com mais segurança e consiga se firmar em suas próprias escolhas – respondi, com paciência e, confesso, com certo humor diante do apavoramento de nosso companheiro.

– Espero paciência da parte dos amigos que já têm experiências que os sustentem na calma e na ponderação. Ainda sinto-me esbaforido, na urgência de atender e resolver esses entraves – disse Alberto.

– Vamos ao encontro de Vitor, com a intenção de socorrê-lo. Peço a você, Maurício, e a você, Ana, que façam uma visita a Mara, pois se Vitor se encontra sob ataque das forças maléficas, nossa amiga deve estar sofrendo o mesmo processo – pediu Ineque.

– Não seria interessante convidarmos nossos companheiros Adalton e Salima para esse mister? – perguntei.

– Bem pensado, Vinícius! Passaremos na residência do amoroso casal e os convidaremos a nos acompanhar.

– E eu? A quem irei acompanhar? – Alberto perguntou.

– Nós o convidamos – respondi, bem-humorado.

CAPÍTULO X

Irmãos obsessores

Bem-aventurados os Misericordiosos

Perdoai para que Deus vos perdoe

1. Bem-aventurados os misericordiosos porque
eles alcançarão misericórdia.

(Mateus, V: 7)

2. Se perdoardes aos homens as ofensas que vos fazem,
também vosso Pai celestial vos perdoará os vossos pecados.
Mas se não perdoardes aos homens, tampouco vosso Pai
vos perdoará os vossos pecados.

(Mateus, VI: 14-15)

3. "Se teu irmão pecar contra ti, vai e corrige-o
entre ti e ele somente; se te ouvir, ganhado terás a teu irmão."
Então, chegando-se Pedro a ele, perguntou:
"Senhor, quantas vezes poderá pecar meu irmão contra mim,
para que eu lhe perdoe? Será até sete vezes?"

Respondeu-lhe Jesus: "Não te digo que até sete vezes,
mas até setenta vezes sete vezes".

(Mateus, XVIII. 15, 21, 22) – O Evangelho Segundo o Espiritismo
– Capítulo X – Bem-aventurados os Misericordiosos
– Perdoai para que Deus vos perdoe – Itens 1, 2 e 3.

Dirigimo-nos ao nosso destino, acompanhados de Adalton e Salima. Assim que adentramos a residência de Vitor, percebemos a malignidade presente na energia do local. Tudo nos pareceu escuro e triste. Adentramos uma pequena saleta, que servia de escritório. Vitor, sentado à frente do computador, parecia alheio a tudo ao seu redor. Um gato sentado aos seus pés miava ininterruptamente, porém ele não o ouvia. Seus olhos, fixos em tristes telas de depravação sexual que exibiam pequenos nus em atitudes sensuais, o absorviam completamente. Aproximamo-nos e, munidos de pequenos aparelhos que nos permitiam escutar os pensamentos mais íntimos, dedicamo-nos ao trabalho de observação.

"O que faço aqui? Por que não consigo desistir dessa prática que me causa repulsa? Em uma hora estou cuidando desses pequenos, para no momento seguinte os explorar dessa maneira hedionda. Não mereço a ajuda que me oferecem, mereço queimar no inferno, pagando meus pecados".

Os pensamentos iam e vinham em posições opostas: num momento, Vitor se culpava, e o remorso o fazia sofrer dores morais atrozes; no momento seguinte, sentia prazer na observação das imagens que corriam pela tela de seu computador e ganhavam formas em seu pensamento.

Enquanto procurava entrar em sintonia mental com nosso amigo e auxiliá-lo a resistir às tentações do vício, Ineque e Alberto se tornaram visíveis aos olhos dos irmãos obsessores. Adalton e Salima, em prece constante, emanavam amorosa energia, o ectoplasma característico dos encarnados e tão necessário nos labores socorristas. Por meio da hipnose benéfica, conduzi Vitor, que abriu uma página de informativo mundial, e sua atenção foi atraída para uma matéria sobre uma quadrilha que enriquecia com páginas semelhantes às que ele visitava.

Curioso, passou à leitura da matéria, que informava ter sido descoberta uma quadrilha que aliciava menores por meio das inocentes páginas de bate-papo, com conversas muito bem elaboradas e nas quais seduziam crianças a partir de oito anos a participar de práticas sensuais exibicionistas. Propunham a pedófilos que se associassem a eles mediante pagamentos mensais, para que pudessem ter livre acesso ao horror que ali se praticava. A Polícia Federal havia descoberto que os mentores e os menores explorados moralmente possuíam polpudas contas em paraísos fiscais; dessa maneira, alimentavam o vício pernicioso e enriqueciam à custa da imoralidade, pervertendo a educação, tão importante na infância, e adquirindo pesados débitos diante da responsabilidade por despertar antigas sensações viciosas ainda latentes na consciência desses Espíritos ainda beneficiados na idade infantil, dessa maneira frustrando a abençoada oportunidade de resgate por meio de uma Encarnação Probatória, ou mesmo Expiatória. Esses Espíritos ainda ignorantes das Leis Morais endividavam-se mais uma vez com práticas imorais, angariando terríveis débitos, dos quais um dia, em um futuro abençoado, suas consciências cobrariam a reparação, momento em que, por intermédio de terríveis conflitos morais, entre as necessidades do prazer e a prática equilibrada da moral, elegeriam as conseqüências de um futuro mais feliz ou não.

Alberto e Ineque passaram ao Atendimento Fraterno para aqueles que ali se encontravam em desequilíbrio, dessa maneira facilitando o despertar de Vitor para a gravidade do que vivia.

– Alberto, passemos à conversa edificante com esses Espíritos desavisados de suas responsabilidades morais. Conversemos com eles como se fossem nossos filhos amados, aconselhando-os a retomar um caminho mais feliz – falou Ineque.

Alberto, emocionado pela tarefa a ele destinada, encaminhou-se em direção a um grupo de jovens, que apresentavam a aparência característica da adolescência.

– Boa noite, meus filhos! – falou Alberto.

– Sai dessa, tio! Não atrapalhe nossa diversão – respondeu um jovem de aparência frágil e doentia.

– Não os quero atrapalhar, mas percebi que não estão bem, me pareceram doentes. Fiquei penalizado e resolvi oferecer ajuda – Alberto respondeu.

– Não amola! A gente tá do jeito que quer, sempre vivemos assim! – disse o mesmo jovem.

– Desculpe o descaso, nem mesmo me apresentei a vocês. Meu nome é Alberto, e em minha última encarnação fui professor de literatura da língua portuguesa. Trabalhava com jovens assim como vocês.

– Sai dessa! Nem quando estava vivo eu gostava de escola, sempre fugi para me divertir... – respondeu uma jovem com debilidades físicas e mentais.

– Digam-me seus nomes – pediu Alberto.

– Nome a gente não tem, tem apelido – respondeu a jovenzinha.

– E quais são seus apelidos? – indagou Alberto.

– Eu sou o Tanque, essa é Belinha, esse o Coisa e o Palhaço, ele tem o nariz vermelho – falou o jovem, debochando de seu amigo.

– E vocês não se lembram de seus nomes? – perguntou Alberto.

– Às vezes me lembro de uma mulher jovem debruçada sobre um berço, que dizia assim: "Minha criança bela, não devia se chamar Júlia, mas sim Bela, a minha Belinha" – falou a jovem, demonstrando certa emoção na voz. – Por isso eu quis que meu apelido fosse Belinha.

– Que história bonita, menina! E quem era essa jovem senhora? Você se recorda?

– Eu fui criada na rua, não tinha mãe. Nós quatro vivíamos em uma favela e éramos obrigados a pedir esmola e vender drogas, senão apanhávamos.

Ineque se aproximou e pediu licença a Alberto, a fim de interferir na conversa e convidar os jovens para um passeio esclarecedor.

– Eu posso convidá-los a me acompanhar? – perguntou.

Alberto, animado, respondeu:

– Claro que sim, meu amigo. Esse senhor é meu companheiro de aventuras. Seu nome é Ineque.

– Você quer nos levar aonde? – indagou Tanque, com o olhar demonstrando insegurança.

– A uma residência. Acredito que vocês ficarão muito felizes com o resultado de nosso passeio – disse Ineque.

Ineque os orientou na caminhada, e logo adentravam uma agradável residência de classe média. Dirigimo-nos a um quarto onde uma senhora, sentada em uma cama infantil, chorava silenciosa, olhando para a foto de uma linda criança.

– Ah! Belinha, que saudade! Onde será que você está? Agonia-me não saber de seu destino... Já se foram mais de trinta anos, e eu nunca consegui encontrá-la. Que triste sina a minha, viver sem seu lindo sorriso, sem saber se pelo menos você está bem cuidada.

Belinha foi se aproximando devagar e se ajoelhou aos pés da senhora chorosa.

– Esta é minha mãe, senhor? – perguntou, olhando para Ineque.

– É sim, Belinha! Ela sempre a amou muito e nunca a esqueceu.

– Mas por que ela me deu para aqueles loucos?

– Ela não a deu a ninguém. Num dia de verão muito quente, ela a colocou sobre um lençol no chão da varanda, um lugar fresco e agradável da casa, e se sentou a seu lado, lendo um livro. O telefone tocou e ela foi atender. Quando voltou, não mais a encontrou: você foi levada para outra cidade e vendida ao grupo de meliantes que a criou. Sua mãe nunca desistiu de encontrá-la, até hoje esse é o objetivo de sua vida – explicou Ineque.

Belinha, emocionada, debruçou-se no colo de sua mãe, que se calou, fechou os olhos e depositou o porta-retratos na cama. Bastante emocionada, pressentiu a presença de sua filha querida e passou a entoar linda canção infantil. Ao final da melodia, comentou, comovida:

– Oh! Meu bem, você não é mais desse mundo? Ah, minha Belinha, como eu a amo! Peço a Deus que a ampare em seu amor ilimitado. Se seu coraçãozinho sofre, estenda as mãos ao Criador e vá em paz, minha Belinha!

Belinha chorou convulsivamente e disse:

– Como ela sabe que eu estou aqui? Como ela sabe que eu morri?

– Sua mãe, desde o seu desaparecimento, procurou conforto na Doutrina dos Espíritos. Possui admirável sensibilidade, que sempre a conforta, pois confia nos desígnios de nosso Pai e acredita em sua capacidade mediúnica – explicou Ineque, também emocionado.

– Moço, se a Belinha foi raptada, nós também podemos ter sido? – indagou o jovem que respondia pelo apelido de Coisa, e percebemos em sua voz débil uma ponta de esperança.

– Todos vocês foram retirados de suas famílias! Todos sempre foram amados, e os seus nunca desistiram de encontrá-los.

– Eu tenho mãe? – quis saber o jovem que se autodenominava Palhaço.

– Tem sim, meu filho! – respondeu Ineque.

Nesse momento, amigos socorristas se fizeram presentes.

– Vejam esses jovens amigos; eles irão encaminhá-los ao lugar certo para o seu esclarecimento e refazimento. Entreguem-se nas mãos de Deus, que tudo se resolverá da melhor maneira possível.

Emocionados, os jovens se abraçaram, e depois de muito tempo conseguiram sorrir com esperança e acreditar que algo de bom estava para acontecer em sua vida; então, foram encaminhados a uma nova morada pela bondade de Deus.

Vitor, mais tranqüilo e menos envolvido em energias nefastas, conseguiu se levantar da cadeira. Revoltado, pegou o centro de processamento de dados de seu computador e o arremessou contra a parede, dizendo com firmeza:

– Enquanto não souber dominar meus instintos, não terei mais a minha disposição esse veículo de minha perdição! – e saiu do escritório em direção ao banheiro.

Agradecemos ao Pai esse momento de entendimento para Vitor, embora ainda espelhado no descontrole: o gesto de arremessar o computador contra a parede demonstrou sua incapacidade de fazer escolhas totalmente conscientes, então destruiu o objeto que julgou responsável por sua instabilidade. Feliz será o momento em que puder ligar o seu computador e escolher de maneira saudável o que verá em sua tela, transformando, assim, esse objeto em meio de enriquecimento de conhecimentos e também de crescimento moral.

Assim que Vitor se dirigiu ao banheiro, o casal de adversários se entreolhou e, raivosos, partiram em sua direção, com a intenção de atacá-lo, e dessa maneira provocar sensações de desconforto físico, novamente enfraquecendo o ânimo de nosso amigo. Nesse momento, intuímos Vitor a elevar o pensamento a Deus e orar em seu próprio benefício. Ao se aproximarem de Vitor, os infelizes Espíritos sentiram terrível fraqueza, que os arremessou ao chão, doloridos e sofridos. Nesse momento, nós nos fizemos visíveis.

– Boa noite! Os amigos precisam de auxílio? – perguntei.

– Não sei o que está acontecendo! Eu estava bem, mas agora me sinto fraca – respondeu uma senhora com terríveis deformações no sistema genésico.

– Não fale com eles, Clarissa! Não percebe que são do outro lado? – falou rapidamente o senhor que a acompanhava, também portador de tristes deformações.

– Mas... eu me sinto muito mal, quem sabe eles não podem me ajudar – tornou Clarissa.

– Ignore-os, já disse! Se não me obedecer, provará novamente de minha ira. – ameaçou Heitor.

– Qual é seu nome, querido irmão? – perguntou Ineque.

O rapaz tomou atitudes de alheamento, forçando-se a nos ignorar. Clarissa nos olhava disfarçadamente e, quando percebeu que voltávamos nossa atenção a um ferimento profundo em seu ventre, colocou a mão em cima, e mentalmente nos pediu auxílio. Imediatamente, postei-me ao seu lado e, mentalizando energia curativa, logo fui auxiliado por Adalton e Salima, que direcionaram uma nuvem ectoplasmática que serviu como curativo para a ferida dolorida.

Clarissa fechou os olhos e percebemos que aproveitava o instante de auxílio para refazer as forças. Seu companheiro Heitor, percebendo a intenção de Clarissa, violentamente a arrancou de seu ensimesmamento e a obrigou a acompanhá-lo em disparada, para fora de nosso alcance. Maurício e sua equipe os aguardavam fora do apartamento. A um pedido mental de Ineque, interpelaram-nos com amabilidade.

– Clarissa, você sentiu há pouco um bem-estar que fazia muito tempo não sentia, não é verdade? – Maurício indagou.

– É, sim, mas temo a reação de Heitor. Ele é violento demais, e também não quero abandoná-lo.

– Fique quieta, mulher! Não sabe o que posso fazer? – ameaçou Heitor.

– E você, Heitor? Já sofre há tanto tempo! E agora não age por conta própria, mas apenas obedece a ordens, e não se liberta porque tem medo da punição, da mesma maneira que faz a Clarissa. Não está na hora de mudar suas atitudes? – perguntou Maurício.

– O que sabe de minha vida? Acredita mesmo que Deus me receberá de braços abertos e esquecerá tudo que fiz? O que me resta é apenas essa vida de servidão, para que nada pior me aconteça. Pelo menos a serviço do maior comandante estou a salvo dos torturadores! – falou Heitor.

ALDEIA DA ESCURIDÃO 99

– Deus já o perdoou! Agora você precisa perdoar a si mesmo e aceitar, com humildade, o auxílio que lhe é ofertado. Nosso Pai Maior não nos pune, mas permite que nossa consciência nos cobre a reparação do mal praticado. Entendendo isso, qual a desculpa que o irmão arranjará para não aceitar a oferta dos trabalhadores do Senhor? – argumentou Maurício.

Heitor segurou na mão de Clarissa e apenas olhou no rosto de Maurício. O seu olhar era súplica silenciosa, que todos nós respeitamos. Então, Maurício se pôs a caminho da Casa Espírita Caminheiros de Jesus, e o casal o seguiu de cabeça baixa.

Ineque fez breve prece de agradecimento e lembrou que precisávamos ir ao encontro de Ana e Maurício no apartamento de Mara.

Lá chegando, encontramos nossos amigos iniciando uma sentida e amorosa prece em agradecimento ao auxílio recebido. Informaram-nos que no início da noite, quando se dirigiram à casa de Mara, logo perceberam que o lugar mantinha elevado padrão vibratório, não permitindo a interferência de Espíritos maldosos; dessa maneira, quando solicitado auxílio, puderam nos atender com tranqüilidade.

Após a prece nos dirigimos ao Posto de Socorro da Casa Espírita Caminheiros de Jesus com a intenção de trocar impressões dos momentos recém-vivenciados.

Quando adentramos a casa de socorro, percebemos que intenso movimento de trabalhadores e atendidos acontecia, e nos informamos sobre as últimas ocorrências.

– Irene, poderia nos colocar a par da razão desse intenso movimento fora da normalidade? – perguntou Ineque.

– Enquanto os amigos cuidavam de nossos atendidos, percebemos grande movimentação na entrada de nossa casa.

Reforçamos a rede de isolamento e passamos à triagem dos que aqui aportavam. Então, triste irmão, em avançado estágio de demência, foi socorrido, e no ato seu mentor o acompanhou, informando-nos que uma falange bastante numerosa foi contratada para interferir em nosso trabalho. Solicitamos auxílio ao plano superior, e logo grandes veículos aportaram em nossa casa, trazendo equipes treinadas para esse socorro – Informou-nos Irene.

– E, pelo que vemos, está tudo sob controle, e precioso trabalho adveio desse desequilíbrio – comentei, feliz.

– Nada se perde no mundo de Deus; tudo é aproveitado para o bem – Maurício disse.

– Foi muito bom você ter vindo aqui, nesse momento, Maurício. Há um grupo de Espíritos viciados em drogas, desde os alcoólicos aos derivados da cocaína, que necessitam ser encaminhados aos lares de desintoxicação – avisou Irene.

– Eles estão nas enfermarias? – indagou Maurício.

– Sim, na enfermaria da ala azul, destinada aos adictos. Recebem os primeiros socorros, mas precisamos de alguém que os acalme.

– Não se preocupe, pedirei a meus amigos de trabalho que venham em nosso socorro. Agora, se me dão licença, vou começar esse bendito atendimento – falou Maurício com enorme alegria.

Continuamos a conversar e a trocar idéias, enquanto nos encaminhávamos às áreas de socorro imediato da casa, colocando-nos à disposição das equipes já em ação. Admirado, descobri que todos os espaços estavam tomados por irmãos em desequilíbrio, que ora choravam sentidos, ora blasfemavam na ignorância do mal que a si mesmo faziam. Lembrei-me de que, quando nos ausentamos, havia vários lugares vagos, apesar dos atendimentos da noite. Emocionado, agradeci ao Pai essa bênção, em forma de dor e cansaço, que possibilitou a tantos a aceitação de uma nova vida.

CAPÍTULO XI

❧✦❧

Reflexões acerca da obsessão

Amar o Próximo como a Si Mesmo

O maior mandamento

*1. Mas os fariseus, quando ouviram que Jesus tinha feito
calar a boca aos saduceus, juntaram-se em conselho.
E um deles, que era doutor da lei, tentando-o, perguntou-lhe:
"Mestre, qual é o maior mandamento da lei?" Jesus lhe disse:
"Amarás o Senhor teu Deus de todo o teu coração,
e de toda a tua alma, e de todo o teu entendimento, este é o maior
e o primeiro mandamento. E o segundo, semelhante a este,
é: Amarás o teu próximo como a ti mesmo.
Estes dois mandamentos contêm toda a lei e os profetas".*

(Mateus, XXII: 34-40) – O Evangelho Segundo o Espiritismo
– Capítulo XI – Amar o Próximo como a Si Mesmo
– O maior mandamento – Item 1.

Como todos os dias, no Reino de Meu Deus, o sol glorioso
iluminava todos os cantos onde sua claridade era permitida habitar. A natureza esplendorosa nos brindava com seu

colorido ímpar. Ajoelhamo-nos em sinal de humildade perante tanta quietude e beleza e, emocionados, fizemos nossa prece matinal, do alto da torre de observação do prédio espiritual da Casa Espírita Caminheiros de Jesus.

Após as orações matinais, Ineque nos convidou a visitar um belíssimo portal de entrada do plano espiritual, localizado em magnífico bosque, no centro da cidade de Ribeirão Preto.

Já havia ouvido falar das belezas desse local, mas, admirado, percebi que não existem palavras nem semelhanças em nosso mundo material para descrever tamanha perfeição. Então, apenas me calei e desfrutei desse momento singular em minha vida.

Sentados em um confortável banco de jardim, plasmado em material brilhante e morno, passamos a uma produtiva palestra.

– Estou aqui admirado de tantas belezas e também abismado por tantas situações que presenciei nos últimos dias. Confesso que, protegido pelo labor de mestre, não havia ainda atentado para a gravidade do processo da obsessão – falou Alberto.

– Podemos considerar esse momento histórico que vive nosso amado planeta como epidêmico, pois as doenças morais se alastram e dificultam o aproveitamento de oportunidades oferecidas a tantos necessitados, comprometidos por seus passados delituosos – eu disse, pensativo.

– Consideremos também a responsabilidade de cada um de nós perante a própria consciência, e as escolhas que fazemos livremente – comentou Maurício, que acabara de chegar.

– Eu questiono esse "livremente", pois o que observei foi assédio obsessivo grave que não permite o livre pensar a muitos – falou Alberto.

– Alberto, lembre-se que toda obsessão se inicia primeiro com a auto-obsessão. No *Livro dos Médiuns*, item 252, Allan Kardec nos alerta que "...as imperfeições morais dão azo à ação dos Espíritos obsessores" – argumentou Ana.

– E no Evangelho de Marcos – reflexionei – há uma passagem de Nosso Mestre Jesus: "Estais de sobreaviso, vigiai e orai; porque não sabeis quando será o tempo" (Marcos, V 13:33). Temos como primeira causa da obsessão a invigilância, pois nada é criado, mas sim aproveitado por nossos adversários; sabemos que somente fazem uso daquilo que ainda somos.

– A obsessão grave, ou mesmo a subjugação, começa dentro de nós, com as nossas imperfeições, com o tédio que muitas vezes nos domina e não nos permite uma ação mais firme e meritória em nossas opções de pensamentos e, conseqüentemente, na manifestação desses pensamentos por meio de nossas atitudes. A responsabilidade do obsedado repousa principalmente no momento em que cede aos vícios comportamentais, que são reflexo, pálido até, de nossos vícios morais – Ineque falou.

– Então, não temos desculpas nem atenuantes diante de nossos erros – comentou Alberto, entristecido.

– Nossas desculpas e atenuantes são diretamente proporcionais ao nosso grau de entendimento, ou seja, a nossa ignorância das Leis Morais – respondi.

– Existe uma diferença muito sutil entre conhecer e desconhecer? – Maurício quis saber.

– Essa resposta, meu amigo, apenas a nossa consciência poderá nos fornecer. Aliás, existe um abismo enorme entre adquirir conhecimento e praticar esse conhecimento. Sempre comentamos sobre o célebre alerta de nosso amigo Allan

Kardec de que o mundo se modificará pela educação dos Espíritos que aqui habitam, e educação nada mais é do que o conhecimento aplicado – falou Ineque.

Após alguns instantes, Ineque retomou a palavra:

– Voltando ao assunto da obsessão, podemos ressaltar que o assédio inicial é bastante sutil, pois os Espíritos que se dedicam a esse triste labor nos conhecem e nos vigiam, e não devemos esquecer que muitas vezes são antigos conhecidos, cuja vibração nos é familiar. Dessa maneira, a sintonia entre as mentes se concretiza com certa facilidade, devido, sobretudo, às deficiências morais somadas à invigilância. No início são idéias familiares, não muito nobres, que vão sendo sutilmente alimentadas, enfraquecendo, aos poucos, nosso ânimo, e com o tempo essa infiltração vai se tornando mais e mais agressiva – não raras vezes, nos fazendo perder o controle de nossa mente.

– Essa estratégia de batalha é dolorosa para os dois lados, obsessor e obsedado. A um cabe o papel da vítima sofredora, arremessando-o a tristes panoramas de dor e passividade, enquanto ao outro, que o ódio corrói, cabe o papel do algoz, também sofrido e passivo diante de propósitos que o despersonalizam. Conhecemos casos de obsessão em que, com o passar do tempo, o infeliz vingador não se lembra mais dos motivos que o iniciaram nessa prática hedionda, sobrando apenas uma vaga idéia de que precisa se vingar, permitindo, assim, a escravidão mental que muitas vezes é aproveitada por falanges dedicadas a propagar o desequilíbrio e a dor – comentei, entristecido.

– Essa despersonalização pode levar o desavisado Espírito a padrões tão doentios que possibilitam a negação do Espírito, fazendo com que perca a forma humana, presa fácil da hipnose atormentada, que o tipifica na zoantropia, na licantropia e também na ovoidização – falou Ana.

– Esses casos de transformação perispiritual são encontrados com mais freqüência nos Espíritos desencarnados, mas também temos notícia de casos ocorridos entre encarnados, em que o corpo material passa a apresentar deformações sutis, acompanhando a nova forma do perispírito. Na *Revue Spirit*, é descrito um caso famoso no plano material: a vida de Nabucodonosor, que passou a apresentar deformações físicas, que mais e mais o faziam se assemelhar a um lobo. Com o tempo, seu comportamento também foi se transformando, e o próprio doente afirmava sentir-se como uma fera – comentou Ineque.

– Temos notícias – disse eu – de prática mutilatória nos dias atuais, por meio de tatuagens e objetos estranhos colocados por procedimentos cirúrgicos, embaixo da epiderme, com o propósito de imitar chifres e outras aberrações. Há alguns dias visitamos um local onde vendem esses serviços, e observamos entristecidos irmãos que deliberadamente deformam a própria face com a intenção de imitar figuras mitológicas que representam o mal. Pudemos observar um rapaz e uma moça de pouca idade, aproximadamente vinte anos; ele se assemelhava a um felino, e a moça transfigura a aparência de demônio. Então, foi-nos sugerido observar o perispírito e auscultar os pensamentos de ambos. Abismados, percebemos que o corpo perispiritual já possuía as deformações que tentavam imitar na matéria, e as sensações que notamos é que um se sente como um felino e a outra como um demônio.

– Então, podemos entender que na realidade essas deformações praticadas por livre vontade já existem em nível perispiritual e que, na verdade, a manifestação física é apenas representação do que já existe? – perguntou Ana, com expressão de admiração no rosto.

– Sabemos que toda ação não meritória produz marcas em nosso perispírito, mas primeiro elas existem em nossa mente. Nas encarnações temos a possibilidade de sanar essas marcas por meio de novas e saudáveis atitudes, mas elas lá estão; nosso livre-arbítrio é que determinará se elas serão sublimadas ou intensificadas. A ação inversa também existe: tanto podemos refazer o perispírito como danificá-lo mais. Ninguém irá se transfigurar em um demônio se não se sentir como um. Caso contrário, haveria um sentido de aversão por tal prática – argumentei.

– A prática da tatuagem é negativa? Pergunto isso porque existem povos que a praticam não com o intuito de mutilação, mas como costume social, muitas vezes como tributo a figuras consideradas divinas. Podemos citar as práticas aborígenes – falou Maurício.

– Depende do grau evolutivo do Espírito – respondi. – Não devemos esquecer que quanto mais evoluído o Espírito, menos necessidade de manifestações materiais ele terá. A psicologia terrena considera mutilação toda deformação provocada no corpo material. E sabemos que toda manifestação material provoca uma marca no perispírito. Sabemos, também, que todo efeito obedece a uma causa. Assim, é possível deduzir que o efeito está diretamente ligado à intenção do ato.

– Podemos entender que há uma obsessão na prática dessas mutilações? – Ana indagou.

– Primeiro devemos lembrar que nada será reforçado se não houver a auto-obsessão; então, todo desequilíbrio tem início dentro de nós mesmos. E justificar nossos atos pela necessidade do outro é hipocrisia do próprio Espírito, pois a prova de amizade está na fidelidade de nossos sentimentos, e não na manifestação mediante de atitudes materiais. A negação em praticar uma ação não necessária pode auxiliar o companheiro que insiste no caminho errado a ter um novo entendimento das prioridades da vida e da educação. Por outro lado, acompanhá-lo somente prova que ainda necessitamos daquele ato tanto quanto ele, isto é, ainda dividimos o mesmo padrão vibratório. Há também aqueles que o fazem por vontade própria, porque gostam de tais manifestações. Isso não quer dizer que são maus ou bons, mas que ainda estão mais presos aos instintos do que à razão. São Espíritos ainda primitivos, apesar de já civilizados em alguns aspectos. Lembremo-nos de nossos aborígenes, como exemplificou Maurício, que utilizam o ato de tatuar para representar fidelidade a um deus, que com certeza representa algo bom para eles – falei.

– Então, voltamos a um velho conceito, sobre o qual debatemos constantemente: na realidade, há uma neutralidade em tudo; a utilidade que damos é que o transformará em bom ou mau – disse Ineque.

– Isso mesmo. E quanto mais evoluído se torna o Espírito, mais equilíbrio existirá em suas ações, pois estas obedecerão a um padrão de pensamento mais elevado. Quanto mais elevarmos nossa vibração, menos instintivos seremos, e, portanto menor a necessidade das manifestações materiais. Joanna de Angelis analisa essas necessidades materiais, as mutilações como a intenção de tornar mais atraente nosso invólucro material, como demonstração da insatisfação com o que somos. O ideal seria que dirigíssemos essas energias para o exercício do autoconhecer, com a intenção de praticar o auto-renovar – comentei.

– E não podemos deixar de comentar as graves conseqüências da obsessão, quando passa do caráter de simples influenciação e assume o aspecto de subjugação ou mesmo possessão, que obscurece dramaticamente a personalidade do doente moral. Em muitos casos, esse relacionamento doentio se manifesta mesmo no corpo denso, em forma de doenças orgânicas, desequilíbrios mentais próximos à demência, e também distúrbios da personalidade. Há casos gravíssimos em que o suicídio é resultado desse doloroso processo, no qual obsedado e obsessor saem bastante comprometidos, até mesmo dando continuidade a esse triste estado no mundo dos Espíritos, a perseguição implacável – falou Maurício.

– Uma das piores conseqüências, nos dias atuais, principalmente para a população jovem, é cair na dependência das drogas, viciação que lesa a matéria com terríveis comprometimentos em nível perispiritual. Porém, a pior conseqüência para os adictos é a dependência psicológica, ou seja, a necessidade de satisfazer sensações que são difíceis de superar e os mantêm presos ao plano material, como se ainda pudessem usufruir das mesmas sensações em um corpo orgânico – completou Ana.

– Nesse processo de viciação, inicia-se também o terrível fenômeno da vampirização, pois o desencarnado, ainda carente de fortes sensações provocadas pelo consumo de substâncias tóxicas, recorre à absorção desses fluidos unindo-se a outros viciados, e passa assim a partilhar as densas energias – observei.

– Responsabilidade muito grave, pois aquele que vampiriza também induz o parceiro ao consumo cada vez mais freqüente de substâncias alucinógenas, e a quantidade será aumentada, porque não atenderá somente a um consumidor, mas a vários outros – comentou Ineque.

– Não nos esqueçamos também das viciações sensuais, que produzem sensações tão inebriantes e enganadoras que levam ao desavisado usuário a dependência grave, pois o organismo físico reage aos estímulos liberando hormônios que produzem reações químicas que encarceram a mente do infeliz – falei.

– E para o portador de mediunidade não será mais difícil todo esse processo? – indagou Alberto.

– Devemos ter bastante cuidado em avaliar esses processos, pois doenças limitadoras, em nível mental e moral, não devem ser confundidas com mediunidade. Principalmente porque mediunidade é compromisso de trabalho cristão, não doença. Com certeza, para aquele que possui mais facilidades no intercâmbio entre os dois planos, as sensações são mais fortes e perceptíveis, e o médium invigilante, sem educação no labor, torna-se presa fácil ao assédio doentio. Porém, aquele que tratar com seriedade seus compromissos, tiver ponderação nas escolhas e equilíbrio nos relacionamentos dolorosos, tiver o hábito salutar da prece e fizer de sua fé caminho seguro, a salvo estará das influenciações desequilibradas; por conseguinte, viverá melhores conseqüências. Aqui voltamos ao sábio conceito da Lei de Ação e Reação – completei o raciocínio com alegria, por perceber que já conseguia desenvolvê-lo.

– Para o medianeiro de Jesus – prossegui –, a fascinação é grave empecilho à evolução moral, pois as conseqüências são mais sérias. O pensamento do médium é controlado pelo obsessor, sua lucidez é comprometida e seu raciocínio anulado, e ele não consegue avaliar racionalmente o conteúdo das comunicações que recebe. O médium fascinado não acredita na falsidade do Espírito ignorante que o domina, não consegue perceber o embuste no qual se acha envolvido. Sua confiança no companheiro espiritual é cega, e avaliza qualquer comunicação que recebe. Se algum colega de labor tenta alertá-lo, distorce a intenção do amigo, e o julga pela inveja. A incapacidade de avaliar a qualidade da comunicação muitas vezes o priva da coerência na análise da linguagem, que não raro se torna rebuscada demais, desnecessariamente, ou mesmo vulgar. Assim, afinidades se desenvolvem entre ambos, e o terrível processo simbiótico se efetiva. O medianeiro desavisado estima o Espírito obsessor, que se faz passar por entidade de alta envergadura moral, que toma de empréstimo nomes de grandes vultos de nossa história. O obsessor, nesses casos, possui grandes habilidades no tratar o seu hospedeiro, possui astúcia em seus projetos e prima pela hipocrisia. Consegue esconder suas verdadeiras intenções atrás de panoramas mentais que alimentam o orgulho e a vaidade do médium. Quando está acompanhando o seu obsedado no labor da Doutrina Espírita, vale-se do estudo sistemático dessas obras, e utiliza sempre mensagens baseadas na caridade, na humildade e no amor a Deus. Mas, para os vigilantes e que questionam o verdadeiro valor das obras espiritistas, acaba deixando transparecer inferioridade moral.

– Então é muito difícil tratar um médium fascinado? – perguntou Alberto.

– Na Seara do Senhor, não há nada tão difícil que a solução seja apenas uma quimera. A fascinação é difícil de ser aceita pelo obsedado, pois este não consegue enxergar além de sua própria orientação moral; e realmente o doente recusa tratamento, porque não sente os sinais de perigo. A fascinação é como uma doença silenciosa, que quando apresenta os primeiros sinais já se encontra avançada, então, a recuperação é mais dolorosa e lenta. O fascinado acredita que está certo, e todos que o contrariam é que estão envolvidos em obsessão. Eles, geralmente, se afastam da comunidade à qual pertenciam, atendendo, assim, à vontade do companheiro espiritual. São aqueles médiuns que vagam de casa em casa, nunca se fixando em nenhum grupo, pois sempre rejeitam a opinião de seus companheiros. Muitas vezes, acabam fundando novas casas, nas quais se intitulam dirigentes, e passam a fazer tudo da maneira que consideram correta, não levando em conta nem mesmo os aconselhamentos das Obras Básicas. Não as rejeitam, mas dão a elas o entendimento que os favorece. É a antiga história de cegos conduzindo cegos – respondi.

– Há alguns anos – Ineque começou –, acompanhamos um caso muito interessante e que nos serviu de abençoado aprendizado. Um magnânimo companheiro ainda encarnado, e dirigente de tradicional casa espírita, desencarnou. Porém, antes do desenlace, percebendo seu curto tempo no mundo dos encarnados, passou a auxiliar alguns membros da casa para que se preparassem para substituí-lo na direção. Algum tempo após o seu desencarne, começou a sentir algum desconforto vindo em forma de sensações emocionais. Desconfiado de que algo não ia bem, solicitou-nos auxílio; então, nos dirigimos a sua antiga casa de trabalho. Nossa primeira visita foi durante um trabalho de desobsessão. Estupefatos, descobrimos que os atuais dirigentes não conseguiam se li-

ALDEIA DA ESCURIDÃO 113

bertar da lembrança do antigo companheiro, e o invocavam em todos os trabalhos da casa, sempre solicitando orientação e aval às decisões tomadas, permitindo, assim, que uma equipe de Espíritos pseudo-sábios ali se instalasse em nome de nosso amigo. Os medianeiros desequilibrados por orgulho e vaidade excessivos aceitavam essa invasão, e dessa maneira eram dirigidos por meio de comunicações psicográficas e psicofônicas, que atribuíam ao desencarnado.

– E o assunto foi resolvido? – perguntou Alberto.

– Não totalmente! – tornou Ineque. – A vaidade de alguns trabalhadores alimenta esse padrão comportamental, visto que o antigo dirigente é figura respeitada e conhecida da comunidade espírita do lugar; então, ser seu intermediário também o faz respeitado e popular entre os freqüentadores. Além disso, esses intermediários têm uma opinião bastante condescendente a respeito de si mesmos.

– Mas esses trabalhadores não conseguem perceber o embuste do qual estão sendo alvo? – perguntou Ana.

– São conhecedores e estudiosos da Doutrina Espírita, e se houver questionamento perceberão que algo está errado. Nosso amigo desencarnado sempre mostrou equilíbrio em seu período como dirigente encarnado da casa, e não seria capaz de burlar as Leis de Deus e tomar o lugar dos atuais coordenadores, pois se assim fizesse reconheceríamos a característica do apego doentio – e esse seria obsessor da casa, não trabalhador. Mas tudo tem seu tempo, e um dia a consciência será acordada espontaneamente. Se isso não acontecer, as conseqüências virão – eu respondi.

– Mas... terminou nosso tempo de lazer, precisamos voltar aos trabalhos de socorro. Podemos marcar um horário para discutir tão fascinantes assuntos, o que nos facultará mais conhecimento que, lucidamente utilizado, nos facilitará o labor de socorro – falou Ana.

Após breve palestra para avaliarmos nossos compromissos socorristas, decidimos acompanhar Mara e Vitor naquele novo dia e observar suas atitudes durante as horas de labor terreno.

Alberto e Ineque ficariam ao lado de Mara, enquanto eu e Maurício acompanharíamos Vitor. Ana e Irene, que se juntava a nosso pequeno grupo, iriam visitar a família de Mário, paciente de Mara, que foi vitimado por um pai alcoólatra e portador de graves desvios comportamentais.

CAPÍTULO XII

❧

Família em desequilíbrio

Amai os Vossos Inimigos

Pagar o mal com o bem

*1. Tendes ouvido o que foi dito: Amarás ao teu próximo
e aborrecerás ao teu inimigo. Mas eu vos digo:
Amai os vossos inimigos, fazei bem ao que vos odeia,
e orai pelos que vos perseguem e caluniam,
para serdes filhos de vosso Pai, que está nos céus,
o qual faz nascer o sol sobre bons e maus, e vir chuva sobre justos
e injustos. Porque se não amardes senão aos que vos amam,
que recompensa haveis de ter? Não fazem os publicanos também assim?
E se saudares somente aos vossos irmãos, que fazei nisso de especial?
Não fazem também assim os gentios?
– Eu vos digo que, se a vossa justiça não for maior
e mais perfeita que a dos escribas
e fariseus, não entrareis no Reino dos Céus.*

(Mateus, V: 20, 43-47) – O Evangelho Segundo o Espiritismo
– Capítulo XII – Amai os Vossos Inimigos – Pagar o mal com o bem – Item 1.

Quando Ana e Irene adentraram a residência bastante simples que acolhia a sofrida família, perceberam denso padrão energético, e logo identificaram a causa de tal anomalia. Sônia e os dois filhos, Mário e Teresa, encontravam-se encolhidos a um canto do pequeno dormitório, apavorados e ameaçados pelo pai armado de um revólver, enraivecido pela idéia de ter sido traído pela família que estava escondida dele, ação proposta pela própria lei social que os protegia.

Após denúncia de maus-tratos, a família foi encaminhada a uma nova vida; porém Adamastor, o pai desequilibrado, não cedeu aos bons conselhos e continuou em triste fixação mental, considerando-se traído pelos familiares e alimentando a idéia de vingança.

– Quietos, se abrirem a boca de novo, sou capaz de matar os três! – gritava ele em descontrole.

Imediatamente, Ana nos solicitou ajuda. Estávamos chegando à casa de Vitor quando recebemos a comunicação telepática, e mudamos o rumo de nossa caminhada.

Ao chegarmos à residência, logo identificamos o problema, e percebemos que Mara, acompanhada por Ineque e Alberto, se aproximavam da residência de Sônia. Preocupados, comunicamo-nos mentalmente com nossos amigos, que nos acalmaram, pois Mara havia sido intuída do perigo que a família corria. Curiosa, com as idéias que assomavam a sua mente, fez contato telefônico com Sônia.

– Bom dia, Sônia! É Mara, a psicóloga de Mário. Está tudo bem?

– Está sim, Mara! Mas hoje vai ser impossível levar o Mário ao seu consultório – falou Sônia com voz trêmula.

– Mas ele não tem horário marcado para hoje. Aliás, eu não atendo aos domingos – respondeu Mara.

– Eu sei disso, mas mesmo assim ele não irá hoje, porque nós temos visita.

Nesse momento, Mara escutou um estalido, como se fosse o barulho de uma bofetada. Sônia gemeu e disse:

– Desculpe, mas eu me machuquei. Depois nós conversamos.

Mara, apreensiva e desconfiada, ligou imediatamente para a Delegacia da Mulher e pediu auxílio. No mesmo instante, trocou de roupa e se dirigiu à casa de Sônia. Ineque e Alberto a intuíam a esperar a chegada da viatura de polícia, pois se entrasse na residência, com Adamastor em total desequilíbrio, poderia desencadear uma tragédia maior.

Passamos a atuar no campo energético de todos os envolvidos na dramática contenda que se desenrolava. Aproximei-me de Adamastor e percebi que havia vários irmãos envolvidos, todos empenhados em fazê-lo sentir cada vez mais raiva. Os olhos dele estavam paralisados; a hipnose fazia-se efetiva e roubava os últimos resquícios de lucidez de nosso irmão.

Solicitamos o auxílio de equipe socorrista especializada em trabalhar nessas situações traumáticas, e logo nos vimos amparados. Fomos aconselhados a reunir energias contrárias e direcioná-las ao desvairado pai, e assim o fizemos. Todos os trabalhadores presentes, em um só momento, focalizaram a atenção na mente de nosso irmão, e abençoada descarga energética, poderoso choque anímico, o enfraqueceu. Suas pernas cederam ao peso do corpo, e Adamastor tombou inconsciente.

Mara e dois policiais adentraram a residência e passaram a socorrer a todos. O policial solicitou resgate médico para Adamastor, e a família, trêmula e chorosa, ficou sob o amparo de Mara.

– Mara, obrigada por nos socorrer! Rezei muito a Deus para que você tivesse entendido o pouco que pude dizer. Por que ligou para nós? – falou Sônia, abraçada aos dois filhos.

– Quando me levantei, o primeiro pensamento que tive foi para vocês, e na hora eu senti uma agonia muito forte, como um pressentimento de que algo não estava bem. Ainda relutei e pensei que era coisa de minha cabeça. Tomei um banho e preparei meu café, mas a sensação se tornava cada vez mais forte. Então, resolvi ligar, e logo percebi que algo estava errado. – passando a mão delicadamente pelo rosto de Sônia, onde havia uma marca de agressão.

Mara continuou:

– Quando ouvi um estalido, semelhante ao barulho de um tapa, e você gemeu, eu tive certeza de que o senhor Adamastor estava aqui. Liguei para a delegacia da mulher e pedi auxílio, e vim imediatamente para cá – relatou Mara.

– Um pouco antes de você chegar, eu orei com muita fé a Deus, pedindo amparo e proteção para meus filhos. Senti grande paz, e tive certeza de que tudo daria certo. Continuei a orar, e percebi que Adamastor é apenas um doente, que precisa de ajuda mais do que nós. E, então, olhei para ele e senti, ou vi, não sei bem descrever o que aconteceu, mas foi como se uma grande quantidade de luz, muito forte, fosse arremessada sobre ele! Nesse momento, ele cambaleou, e seu olhar apagou. Caiu e ficou lá, desacordado. Vocês entraram, e o resto você sabe.

– Sônia, por alguns dias vocês ficarão sossegados. Mas não sei como vai ser... Ele estava armado, então a coisa agora é mais grave. Possivelmente, Adamastor ficará detido. Mas... precisamos pensar em um novo local para vocês morarem, está bem?

– Ah! Mara, eu já estou tão cansada disso tudo. De ficar me escondendo como se fosse uma criminosa! Meus filhos não podem fazer amigos, porque sempre mudamos de um lugar para outro – queixou-se Sônia.

– Eu sei, Sônia, mas é preciso. Um dia tudo isso acaba – consolou Mara.

– Não vejo saída, Mara. Adamastor nunca nos deixará em paz.

– Crianças, poderiam nos deixar conversar sozinhas um pouquinho? – pediu Mara com carinho.

Mário e Tereza se dirigiram à sala. Então, Mara olhou com carinho para Sônia e disse:

– Que tal a possibilidade de mudar de estado?

– Para onde eu iria? Não conheço ninguém, não tenho família. Minha família são meus filhos. Você sabe que eu fui criada em um orfanato.

– Sei, sim. Estou pensando no estado de Santa Catarina. Meus pais moram lá e poderão ajudá-la no início, com escola para as crianças, um emprego para você e uma casinha para ser seu novo lar – disse Mara.

– Fugir de novo? – perguntou Sônia, de cabeça baixa.

– Sônia, não é fugir, mas sim procurar um bom lugar para viver em paz e criar seus filhos. Aqui será difícil, pois mais cedo ou mais tarde Adamastor será liberado – falou Mara.

– Não sei mais o que fazer. É tanta dor e tanto trauma que às vezes me sinto incapacitada. Já até me passou pela cabeça a idéia de dar meus filhos para adoção. Mas eu ficarei louca longe deles, então me sinto uma egoísta.

– Seus filhos a amam demais, Sônia. Então, nem pense nisso! Eles já são grandes, têm idade para opinar e ajudá-la a recomeçar.

– Quando me lembro dos maus-tratos dos quais foram vítimas, e eu não conseguia reagir por medo... Adamastor ameaçava as suas vidas, e até de mutilá-los, e eu cedia. Quando penso que foram violentados pelo próprio pai, não me conformo. Como pude deixar chegar a esse ponto? Como não percebi os olhares maliciosos em cima de meus filhos? Deveria tê-lo matado antes que os machucasse e os traumatizasse a esse ponto! – disse Sônia.

– Violência não resolve a situação, pois se você o matasse, hoje estaria presa; e seus filhos, onde estariam? – falou Mara.

– Aquele dia ele chegou drogado em casa. Percebi que estava diferente. Quando ficava bêbado, sua reação era violenta, agressiva, mas naquele dia não. Ele ficou nos rodeando, fazendo piadas imorais para as crianças, e quando me distraí, ele me bateu, amarrou-me na cadeira e me amordaçou. Gritava como louco... agarrou as crianças e bateu nelas, e depois praticou atos insanos. Ameaçou-nos de morte com uma faca nas mãos. Então, deitou no chão e adormeceu. Mário, todo machucado, conseguiu se levantar e me desamarrar. Então, fugi com meus filhos e fui à delegacia. Ele foi preso, e nós ficamos livres durante algum tempo. Agora o soltaram, e começou tudo de novo – terminou Sônia, com a cabeça entre as mãos.

Mara abraçou-a com carinho, nós nos aproximamos e passamos a tratá-la com energia calmante. Sônia, notando nossa presença, levantou a cabeça, respirou profundamente e falou:

– Sinto a mesma sensação de paz de há pouco; tenho certeza de que as coisas se resolverão. Eu vou falar com as crianças sobre a sua idéia. Você não sabe como lhe sou grata.

Saímos da casa de Sônia e nos dirigimos ao apartamento de Vitor. Nós o encontramos sentado na sala, de cabeça baixa, os olhos úmidos de lágrimas. Ao auscultarmos seus pensamentos, percebemos obsessivo padrão mental, em que nosso irmão alimentava sentimentos de culpa e remorso, que iam progressivamente anulando-lhe a vontade e destruindo seu ânimo para resistir à tentação das imagens que teimavam em habitar sua mente. Percebemos a presença de um irmão que insistia em criar telas mentais, imagens de verdadeiro descontrole emocional, liberadas em relacionamentos promíscuos e doentios.

Os olhos do hipnotizador liberavam densa energia de cor vermelha intensa, que atingia o córtex cerebral de Vitor e invadia o centro de seu cérebro. Tal energia girava em alta velocidade e era absorvida pela glândula pineal, que transmitia imagens em movimentos rápidos, semelhantes à linguagem subliminar utilizada pelos encarnados. A razão acolhia as informações, que eram habilmente passadas pelo coração e voltavam ao cérebro, causando sensações em todo o corpo físico.

Vitor levantou-se do sofá e se dirigiu à cozinha. Serviu-se de uma garrafa de água gelada. Olhou para a garrafa de água, franziu o cenho e se lembrou dos conselhos recebidos no atendimento fraterno.

Voltou à sala, pegou *O Evangelho Segundo o Espiritismo*, abriu o livro e leu o seguinte trecho:

"...É indulgente para as fraquezas alheias, porque sabe que ele mesmo tem neces sidade de indulgência, e se lembra dessas palavras do Cristo: 'Aquele que está sem pecado que atire a primeira pedra'.

Não se compraz em procurar os defeitos dos outros, nem a pô-los em evidência. Se a necessidade o obriga a isso, procura sempre o bem que pode atenuar o mal.

Estuda as suas próprias imperfeições, e trabalha sem cessar em combatê-las. Todos os seus esforços tendem a permitir-lhe dizer, amanhã, que traz em si alguma coisa melhor que na véspera..." (*O Evangelho Segundo o Espiritismo* – Capítulo XVII – Sede Perfeitos – Item 3 – O Homem de Bem.)

– Meu Deus, sei que não sou digno de que me ouça, mas eu imploro por socorro, pois estou sentindo que não serei forte o bastante para superar esses pensamentos repulsivos que insistem em tomar conta de minha mente. Na sexta-feira, eu ouvi falarem sobre assédio, sobre obsessão, sobre nossa responsabilidade em atos que praticamos, até mesmo a responsabilidade em alimentarmos maus pensamentos. Então, se houver algum Espírito ao meu lado que esteja provocando essa situação, eu peço que pare, porque eu não quero mais viver dessa maneira. Estou infeliz, eu não sou assim.

Fez ligeira pausa, e continuou.

– Talvez eu tenha sido e praticado loucuras, mas agora não quero mais. Então, se prejudiquei alguém dessa maneira, eu imploro perdão.

Vitor estava ajoelhado no chão frio. Suas mãos tremiam, as lágrimas abundantes escorriam por seu rosto atormentado. Sentimo-nos emocionados com a sinceridade de seus sentimentos, e brilhante luz começou a emanar de seu coração e expandir-se pelo ambiente. O irmão, antes tão próximo, sentiu-se arremessado para longe e, irritado, saiu em disparada daquele lar, gritando impropérios e ameaçando vingar-se da humilhação sofrida.

Vitor levantou-se do chão e, cambaleante, dirigiu-se ao sofá, onde se sentou pesadamente. Tomou a garrafa de água nas mãos e, levantando os olhos para o alto, fez sincero pedido para que o líquido fosse fluidificado. Bebeu lentamente da água; então, serena sonolência dominou-o. Deitou-se no sofá e adormeceu de imediato.

Sublime figura feminina se fez visível a nossos olhos e, sorrindo, disse:

– Boa noite, amigos! Meu nome é Maria Clara!

– Boa noite, sra. Maria Clara. Podemos auxiliá-la? – perguntou Ineque.

– Já o fazem cuidando de Vitor, para que ele possa superar suas fragilidades morais. Essa será uma abençoada encarnação que, se conduzida de maneira equilibrada, propiciará a nosso irmão oportunidade de evolução moral pela superação de vícios antigos, que ainda o fazem sofrer nesse bendito momento de provação – falou Maria Clara.

– A irmã é a dona da bendita voz que salvou Vitor e Mara de terrível ato de autocídio? – perguntei.

– Meu compromisso para com esses irmãos é responsabilidade que assumi antes de seu renascer. Eu os acompanho como a mãe amorosa que procura amparar seus filhos – respondeu Maria Clara.

– Então, hoje é um dia de muita alegria para a irmã, pois acabamos de presenciar um momento de reflexão e superação para Vitor. Apesar do assédio que sofria, por parte de hipnotizador treinado e capacitado para exercer essa função, ele conseguiu lembrar-se dos aconselhamentos recebidos de Sandra, durante o atendimento fraterno – eu disse.

– Estou muito feliz, pois o amparo que recebem surte efeito benéfico. Mas, agora, tenho autorização de encaminhar Vitor a edificante palestra em nosso plano. Gostariam de me acompanhar? – indagou Maria Clara.

Felizes, aceitamos o convite amável dessa sublime entidade. Aportamos em belíssima construção do plano espiritual. Curiosos, indagamos ao simpático senhor que nos recepcionou:

– Boa noite! Meu nome é Vinícius, e estamos acompanhando a senhora Maria Clara no atendimento a um irmão encarnado. Esse belo prédio abriga qual instituição?

– Boa noite, meus amigos! Sejam bem-vindos a nossa casa de socorro. Vejo que suas mentes estão repletas de questões que exigem respostas; então, coloco-me a sua disposição. Temos ainda algum tempo, até o momento em que devemos despertar Vitor. E meu nome é Inácio – respondeu o senhor, muito bem-humorado.

– Poderia nos dizer que lugar é esse? – perguntou Ineque.

– Estamos próximos à Colônia da região, e aqui é um hospital psiquiátrico. Nosso objetivo é acolher irmãos que desencarnam em desequilíbrio, auxiliando-os para que não atinjam estados de demência grave. E também socorremos Espíritos encarnados, com a intenção do esclarecimento cristão, evitando assim desgastes desnecessários que com certeza dificultarão o aproveitamento dessa oportunidade – explicou Inácio.

– Já ouvi falar dessa instituição, e sinto-me feliz em poder conhecê-la e entender como funciona – Ineque comentou.

– Vitor será nosso paciente a partir de hoje. Será acolhido pela intercessão de Maria Clara. Durante o período de sono, nós o desligaremos parcialmente e o traremos para cá, onde será acompanhado por uma equipe de psicólogos. Fará parte de um grupo de irmãos que estão vivenciando expiações e provas semelhantes – explicou Inácio.

– Esse trabalho psicológico tem tempo determinado? – perguntei.

– Não, determinado não, mas será avaliado com seriedade o resultado, pois sabemos da necessidade de cada um em con-

ALDEIA DA ESCURIDÃO 125

tribuir em sua própria melhora. Mas, se observarmos a mais sutil diferença, para nós representará esperança – disse Inácio.

– Como é determinada a necessidade desse tipo de tratamento? – Ineque quis saber.

– Nossos trabalhadores são treinados para avaliar cada caso. As solicitações nos chegam de variadas maneiras. Algumas formas de pedido são: por intermédio dos atendimentos fraternos das casas espíritas, intercessão de mentores ou antigos companheiros de outras experiências, deliberação antes do reencarne etc. O que fazemos aqui é um atendimento fraterno mais amplo, pois no desdobramento pelo sono podemos acessar memórias antigas que podem estar bloqueando ou mantendo esses Espíritos estagnados em momentos traumáticos do passado – respondeu Inácio.

– Há muitos casos semelhantes ao de Vitor? – perguntou Ineque.

– Sim. Infelizmente, os desequilíbrios emocionais e morais nos arremessam a situações doentias de prazer, que inicialmente propiciam prazeres indescritíveis e atormentados, que levam os desavisados a panoramas de viciações variados. No caso dos prazeres sensuais, há a agravante de outras viciações, pois muitas vezes, para calar a consciência, esses irmãos recorrem às substâncias alucinógenas, que derrubam as barreiras da contenção comportamental – respondeu Inácio.

– Vitor já recorre às drogas? – indaguei.

– Aos alcoólicos, e às escondidas, pois se envergonha do novo hábito, visto sempre ter condenado o vício. E os alcoólicos também são drogas. Que não se engane a humanidade por encontrar esse produto ao lado de outros tão necessários à manutenção da vida orgânica, como a água, que também nos serve de veículo de fluidificação – disse Inácio.

– Uma curiosidade, meu amigo, se me permite... – comecei; e sorrindo largamente, Inácio se adiantou na resposta:

– Há, sim, muitos espíritas a serem socorridos por nosso pequeno hospital psiquiátrico, que nos são trazidos pela culpa, pelo remorso ou quando percebem que não conseguiram praticar o que falaram; mas nada em caráter epidêmico, pois são irmãos que logo voltam às lides cristãs, com vontade renovada e esperança imperecível. Até me alegro quando chegam alguns deles, são ótimos palestrantes para matar as saudades de tempos idos nesse labor terreno. Na ocasião de minha passagem, vi-me também assoberbado pelas cobranças de minha consciência, até que um bom amigo me chamou à razão, dizendo que parecia não precisar de obsessores, pois fazia muito bem o trabalho sozinho.

Inácio riu, bem-humorado, e continuou:

– Percebi que cobrava muito de meu Espírito, e que ainda era passível de erros, ainda imperfeito. Parei a cobrança e voltei ao trabalho.

– Mas... há casos graves? – eu quis saber.

– Claro que sim. E não só de espíritas, mas de qualquer segmento religioso. O problema não está nessa ou naquela filosofia, mas sim na nossa ignorância do que realmente é verdadeiro. Ontem mesmo, recebemos uma senhora desencarnada há mais de uma década e que não aceitava o socorro, pois lhe fora prometido o céu dos justos. Ela enlouqueceu ao entrar no templo que freqüentava, durante toda sua encarnação, e ter sido tratada como demônio e expulsa a pauladas. Então, sentiu-se injustiçada, pois sempre se considerara trabalhadora incansável de sua crença. Nada mais triste do que se ver traída na própria fé, sem rumo e sem onde descansar a mente, sempre em movimento de dor – respondeu Inácio.

– E são muitos os que aqui chegam nesse ambiente de desesperança? – perguntou Ineque.

– Muito mais do que possam imaginar – falou Inácio. – Nosso pequeno hospital abriga uma pequena comunidade; estamos ampliando nossos serviços. Temos o projeto de instalar em cada casa espírita que tiver vibração condizente um posto de socorro, não para remediar o que já aconteceu, mas sim para um atendimento preventivo, antes que o mal progrida.

– Seria como a medicina preventiva da Terra? – eu indaguei.

– A idéia é semelhante. Mas a nossa intenção é tratar a mente. Por meio do esclarecimento durante o desdobramento pelo sono, formaríamos grupos de afinidades que se uniriam em atividades terapêuticas. A propósito, se a medicina psiquiátrica e psicológica não fosse entendida com tanto preconceito, diversos males seriam evitados... Fico aqui a matutar em nossa ignorância, pois de bom grado visitamos o clínico geral, o oftalmologista, o gastroenterologista, o urologista, o ginecologista e tantos outros, assim evitando e até curando graves males; mas quando se fala em nosso cérebro, nós nos envergonhamos, como se fosse algo que precisasse ser escondido ou ignorado. E não raciocinamos que a saúde mental é que dá origem à energia de todo o nosso organismo! Por isso o dito popular: mente sã em corpo são – reforçou Inácio.

– Lembrando do atendimento a que você se referiu, permita-me um comentário em busca de esclarecimento: nem todos são espíritas; e para aqueles que não professam essa admirável doutrina? – perguntei.

– Nem todos são espíritas, mas todos são Espíritos – disse Inácio, com o olhar maroto.

Precisei matutar um pouco para entender o que nosso amigo quis dizer. Ineque olhou para mim e sorriu, dizendo:

– Inácio, são muitas informações ao mesmo tempo! Deixemos nosso amigo Vinícius pensar um pouco. Já o conheço o bastante para saber que quando olha meio de lado precisa deglutir as novas idéias.

Sorri, animado, e olhei para os dois palestrantes. Pensei, feliz, na oportunidade de aprendizado que tinha a minha frente.

– Bom! Está na hora de acordar Vitor – falou Inácio, já se dirigindo à sala contígua.

Adentramos uma sala parcamente mobiliada, com apenas um catre, onde repousava Vitor, uma poltrona na qual se encontrava Maria Clara em vigília, uma janela na parede direita, que dava vista a amplo jardim florido. Três quadros de paisagens belíssimas enfeitavam as paredes nuas. Aproximamo-nos devagar. Inácio segurou com delicadeza a mão de Vitor e o chamou mansamente:

– Vitor, acorde!

CAPÍTULO XIII

❧❦❧

A importância de superar os vícios

Que a Mão Esquerda Não Saiba o que Faz a Direita

Fazer o bem sem ostentação
1. Guardai-vos, não façais as vossas boas obras diante dos homens,
com o fim de serdes vistos por eles; de outra sorte não tereis
a recompensa da mão de vosso Pai, que está nos céus.
Quando, pois, dás a esmola, não faças tocar a trombeta diante de ti,
como praticam os hipócritas nas sinagogas e nas ruas,
para serem honrados os homens; em verdade vos digo que eles
já receberam a sua recompensa. Mas, quando dás a esmola,
não saiba a tua esquerda o que faz a tua direita; para que a tua esmola
fique escondida, e teu Pai, que vê o que fazes em segredo, te pagará.

(Mateus, VI: 1-4) – O Evangelho Segundo o Espiritismo
– Capítulo XIII – Que a Mão Esquerda Não Saiba o que Faz a Direita
– Fazer o bem sem ostentação – Item 1.

Vitor lentamente abriu os olhos, e confuso observou o ambiente a sua volta.

– Eu passei mal? Onde estou? Parece ser um hospital... – falou Vitor, com a voz lenta e ainda pastosa.

– Meu nome é Inácio, e sou responsável por essa casa de socorro. Você está sendo atendido no plano dos Espíritos. Seu corpo adormecido permitiu a parcial libertação de seu Espírito – esclareceu Inácio.

Vitor olhou para Inácio e respondeu:

– Não sei por que, mas o que me diz faz algum sentido, é como se já esperasse esse acontecimento.

– Que bom! Então nossa pequena palestra terá melhores resultados – respondeu Inácio.

– Estou aqui para ser auxiliado?

– O motivo é esse mesmo. No Atendimento Fraterno de que você participou na Casa Espírita Caminheiros de Jesus, narrou a Sandra um sonho, lembra-se?

– Lembro, sim. Até pude identificar como esse o momento em que tudo ficou confuso em minha vida – respondeu Vitor.

– Hoje, nossa conversa terá como tema central lembranças de outras oportunidades no plano material. Oportunidades que não foram aproveitadas de maneira saudável, e que lhe trouxeram muitos débitos a ser resgatados – comentou Inácio.

– Então, aquele sonho é verdadeiro? São lembranças de outra vida? – Vitor mostrou certo espanto.

– Exatamente.

– Aquele casal que vi no sonho e ria com sarcasmo, e que ouvi dizendo que havia me encontrado, faz parte daquela vida?

– Provavelmente. O que mais você sente em relação a essas lembranças? – quis saber Inácio.

– Muito medo de relembrar alguns fatos que hoje rejeito. Chego a sentir náuseas de certas lembranças e sensações que consigo perceber. Eu não quero rememorar, pois sei que irei me envergonhar dos atos que praticava, mas ao mesmo tempo sinto uma grande ansiedade, quase uma excitação de prazer. Vitor fez uma pequena pausa, e depois continuou.

– Tudo é muito confuso para mim, não sei o que fazer ou pensar de mim mesmo!

– Nós vivemos em um mundo baseado na Lei de Ação e Reação; então, todo ato praticado produz em nossa vida uma conseqüência, que pela lei obedecerá ao padrão com que foi executado. Atos originados em bons pensamentos nos facultarão boas conseqüências, assim como atos maus terão igual padrão conseqüencial. Como nada se perde, toda essa energia passa a fazer parte de nossa psicosfera, e chega um momento em que tal energia terá de ser trabalhada por cobrança de nossa consciência. E esse fato se dá quando entendemos a gravidade de nossos atos desequilibrados e decidimos refazer o caminho.

– Você quer me dizer que todo esse conflito que estou vivendo é de livre vontade? Que minha consciência me cobra a reparação do erro?

– Exatamente. E quando chega esse momento, nós fazemos um planejamento encarnatório e nos preparamos para ele – tornou Inácio.

– Isso quer dizer que estou vivendo aquilo que eu mesmo escolhi para reparação? Então, por que me sinto tentado à prática dos mesmos atos? Por que não me sinto mais fortalecido e preparado para isso?

– No processo reencarnatório, passamos por um período de perturbação da mente. Nesse momento, esquecemos conscientemente aquilo que vivenciamos em outras oportunidades. Porém, essas informações fazem parte de nosso acervo de recordações, e passam a se manifestar como intuição ou mesmo sentimentos. E nossas conquistas morais, que se aproximam estreitamente de virtudes, são diretrizes que não nos permitem o retrocesso na moralidade. Quando estamos prestes a resvalar por novos e tão antigos padrões comportamentais, nossa consciência nos arremessa a doloroso conflito, que nos alerta sobre o perigo e também nos serve como diretriz para a necessidade de modificar nossas atitudes – Inácio explicou.

– Acho que estou entendendo – disse Vitor.

– O amigo Vitor vive esse momento, e precisa apenas olhar para si mesmo e encarar as suas limitações morais, enxergando-as não com a atitude da crítica destrutiva, mas sim como oportunidade de crescimento moral e de poder interiorizar as suas novas descobertas.

– Então, lembranças desses tristes momentos de loucura são bem-vindas, pois também esclarecem aquilo que ainda sinto, mas já não gosto.

– Isso mesmo, meu amigo. Não temas as provas e expiações que se aproximam, pois o saldo na superação será de grande valia para o futuro e favorecerá aqueles com quem se comprometeu nessa oportunidade.

– Poderia me auxiliar a relembrar essas situações que vivi? Se assim for, isso não ajudaria a esclarecer o compromisso que assumi nessa vida? – perguntou Vitor.

– Teremos novas oportunidades. Hoje, o objetivo de trazê-lo aqui foi apenas esclarecer o motivo para tanta dor e conflito, e dessa maneira possibilitar ao amigo maior tranqüilidade na superação dessa prova.

– Agora eu estou aqui, lúcido e repleto de novas esperanças, pois as informações que recebi estão claras em meu consciente. Mas e quando acordar? Eu me lembrarei desses momentos? – Vitor indagou.

– Intuitivamente. No momento em que acordar, a lembrança será a de um bom sonho, que persistirá em forma de tranqüilidade e paz para seu Espírito – falou Inácio.

– Seria mais fácil lembrar como um acontecimento do dia-a-dia, por exemplo – falou Vitor.

– Mas não faria sentido como provação. Somente livres de antigas viciações e com possibilidades ilimitadas poderemos realmente modificar atitudes – Inácio disse sorrindo, e continuou: – Estou muito feliz em poder auxiliá-lo nesse momento aflitivo. Lembre-se sempre de Deus, alimente sua fé no futuro e procure aproveitar cada instante de aprendizado. Agora você precisa voltar, mas logo voltaremos a nos encontrar. Vá com Deus em sua mente e em seu coração.

Vitor voltou a adormecer profundamente, recebendo ainda energias vitalizantes. Então o ajudamos a retornar ao corpo material.

Enquanto Vitor e Inácio conversavam, eu, Ineque e Maria Clara permanecemos em silêncio e sempre com o pensamento voltado a Deus, solicitando auxílio para nosso atendido.

Confesso que a emoção, sempre presente, banhou nossos olhos com lágrimas de alegria. Embevecido pela energia do ambiente, senti-me abençoado a cada instante.

Já há algum tempo no mundo dos Espíritos, e também acompanhando equipes de socorro em diversas moradas, ainda me sinto admirado quando me é permitido acompanhar atendimentos fraternos e presenciar transformações energéticas de maneira tão simples, e entender que nada é complicado, mas tudo muito simples e espontâneo no Mundo de Deus. Mais uma vez, admirei-me em perceber como apenas uma palavra de carinho e de amor pode fazer uma grande diferença para aquele que a escuta. Nos momentos mais aflitivos, se soubéssemos como podemos – com um simples gesto ou uma simples palavra – transformar energias densas em bálsamos curadores, ou nos momentos de desequilíbrio, transformar oportunidade em terríveis débitos, que sempre são mais e mais difíceis de ser recuperados, agiríamos com maior ponderação e equilíbrio em nossos sentimentos, evitando, assim, dolorosos momentos de expiação e provação. Mas o que mais me encanta, à medida que o tempo se vai em trabalho e aprendizado, é entender que sempre é um novo dia, e cada novo dia nasce repleto de novas e benditas oportunidades.

Antes de retornarmos ao apartamento de Vitor, Inácio nos orientou a trazer Mara na próxima noite, e também nos solicitou que a auxiliássemos a adormecer, pois ela, nos últimos dias, apresentava grave quadro de insônia; e nos esclareceu que ela mesma provocava esse sintoma, pois o medo de sonhar novamente a deixava em pânico.

Um novo e glorioso dia se iniciava, anunciando ao mundo dos encarnados que era hora de voltar ao corpo denso para continuar projetos tão necessários à nossa evolução. Outros chegavam aos seus lares, para o descanso merecido, iniciando assim momento de refazimento para a matéria, e momentos de esclarecimento e trabalho para os Espíritos do Senhor.

Sabemos que tudo que vivemos depende de nossa sintonia vibratória, mas o direcionamento normal e saudável é aquele com o qual contamos em nossas pequenas conversas. Estou me esforçando a treinar em minha mente o otimismo, sem imediatismo, pois preciso interiorizar a crença de que o mal é sempre pálido reflexo do bem; mas ainda me vejo revoltado quando presencio tristes panoramas mentais que persistem em habitar a mente dos desavisados do amor e do perdão. Então, o esforço é meta diretiva em minha vida imortal.

Vitor acordou bem disposto, e pensou, sereno:

– Hoje, sim, será um novo e bom dia, tenho certeza!

Levantou-se, tomou um rápido banho, alimentou-se e alegre se dirigiu ao hospital público da cidade, para a ala infantil, destinada aos portadores de neoplasias malignas, aqueles pequenos sem chance de cura para a matéria, mas em abençoada oportunidade de refazimento para o perispírito, pois doenças cármicas, principalmente na infância, são indícios da necessidade de recompor a forma perispiritual.

Vitor destinava algumas horas de seu tempo para o trabalho voluntário, assistindo a esses sofredores da carne. Desdobrou-se para atender todos os que lhe foram destinados, e, feliz, conversou e brincou com as crianças. Sentia-se diferente, sua mente estava límpida e seu ânimo renovado. Ao meio-dia, parou para breve momento de descanso, e também para se alimentar. Sentou-se a uma mesa encostada na janela do refeitório. Pensativo, olhava o movimento no jardim, onde pacientes e trabalhadores daquela casa aproveitavam a sombra das frondosas árvores, e observou que o mundo lhe parecia diferente: parecia que voltava a ter as mesmas cores que antes tinha a capacidade de enxergar. Sorriu feliz e fez uma breve e agradável prece de agradecimento.

Felizes pelos novos rumos que a mente de nosso amigo elegia por panorama mental, resolvemos visitar Mara.

Logo nos vimos em seu consultório, e ela se encontrava ao telefone, em agradável conversa com sua genitora.

– Obrigada pela ajuda e pela compreensão, mãe. Hoje mesmo falarei com Sônia sobre suas idéias. Acredito que ela e as crianças ficarão muito felizes, pois é uma grande esperança para essa família – falou Mara.

– Eu também ficarei muito feliz, pois terei ajuda de uma pessoa de confiança. Sinto a falta de Jennifer. Ela era o nosso braço direito no restaurante, mas se casou, e o marido arranjou um bom emprego no Tocantins. Eles ganharão melhor e terão uma casinha só para eles. Então, preciso alegrar-me pelos dois amigos tão queridos – disse dona Cláudia, mãe de Mara.

– Bom, mãe, agora eu preciso desligar. Tenho apenas quarenta minutos para comer alguma coisa, pois preciso atender um paciente. Até à noite. Dê um beijo no meu pai e em meu irmão, diga-lhes que estou com muitas saudades.

As duas se despediram, reafirmando o amor que sentiam uma pela outra, e desligaram felizes pelos breves instantes de conversação. Mara pensou:

– Graças a Deus, parece que tudo se encaminha. Preciso passar pela casa de Sônia logo mais à tarde. Mas... penso que ela ficará feliz. Realmente, parece-me que estamos recebendo auxílio: nunca as coisas foram tão harmônicas, mesmo em momentos tristes como os que vivemos. E eu me sinto muito bem, consigo controlar meus sentimentos e já não permito que idéias que só me fazem sofrer tenham guarida em minha cabeça.

Sorrindo, Mara dirigiu-se à porta, com a intenção de comer alguma coisa. Encontrou-se com Vera na porta do elevador. Sorridentes, as duas moças se abraçaram.

– Vera, lembro de você falar que terminou o curso de psicologia! É isso mesmo?

– É, sim! Preciso me mexer um pouco e mandar alguns currículos, pois decidi que quero trabalhar nessa profissão o quanto antes. Quero ver se mudo minha vida.

– Eu gostaria muito de conversar com você, saber como encara a psicologia, se há afinidade com a linha que sigo – disse Mara.

– Fiz alguns cursos complementares, que visam principalmente ao atendimento a crianças.

– Não acredito... Mas é coincidência demais! Eu trabalho com crianças, especificamente as vitimadas. É uma área bastante difícil, pois encontramos muito sofrimento e dor – comentou Mara.

– Nossa, é mesmo muita coincidência, pois estava pensando em me especializar nessa área. E também procurar esclarecimento quanto a crianças vitimadas por doenças graves, e mesmo terminais, pois percebo um grande vácuo nesse aspecto. Você sabe que trabalho com Vitor há vários anos, e muitos dos pacientes dele certamente se sentiriam mais fortalecidos e seguros com acompanhamento psicológico; afinal, são apenas crianças vivenciando momentos dolorosos. Além do mais, muitas vezes percebo que a família sofre e não consegue apoiar o doente da maneira necessária – falou Vera.

– Outro dia, no Atendimento Fraterno, conversando com a Sandra, ela me orientou sobre algumas literaturas espíritas, que podem de maneira segura nos aclarar o entendimento sobre a razão de tanto sofrimento. Ela me falou sobre escritores espirituais, desencarnados, que têm livros editados na linha da psicologia moderna, e que vêem o homem de maneira mais completa. Tenho uma lista de livros que pretendo adquirir e estudar... você não gostaria de fazer esse estudo comigo, Vera?

– Adoraria! O Adalton também já havia me falado sobre o assunto, e a esposa dele, Salima, convidou-me a estudar com eles, pois também gostam muito desse assunto. Podemos fazer um grupo maior. E nós, leigos nesse novo direcionamento do assunto, teremos o apoio de amigos que já possuem compreensão mais lúcida, e nos auxiliariam. O que acha?

– Muito bom! Você poderia combinar com eles, e perguntar se também posso fazer parte desse grupo – falou Mara.

– Com certeza ficarão felizes. O Vitor também vai participar – disse Vera, com os olhos brilhantes.

– Vera, o Vitor sabe desse seu amor por ele? – perguntou Mara sorridente.

Vera enrubesceu e abaixou a cabeça. Mara continuou:

– Não se envergonhe de amar, apenas permita que ele saiba desse amor – aconselhou a amiga.

– Eu ainda tenho receio, pois se não for correspondida posso perder o amigo.

– Não acredito que Vitor deixe de ser seu amigo. Além do mais, se essa for a razão de seu silêncio, você pode estar perdendo momentos preciosos ao lado da pessoa que ama, e que, por sinal, continuaria sendo seu amigo e também seu namorado. Acredito mais que fará muito bem a ele saber-se amado por uma pessoa tão especial como você!

– Obrigada pela força! Vou ver se crio coragem e conto a ele sobre meus sentimentos. Estou apenas esperando conseguir um novo trabalho e descobrir o momento certo – Vera sorriu.

– Se nós entrarmos em um acordo, você já conseguiu um novo trabalho. Convido-a para trabalhar comigo. Preciso, com urgência, de uma assistente, pois estou percebendo que não consigo mais acompanhar meus pequenos da maneira correta. Vamos conversar sobre o assunto?

Vera, emocionada, apenas a abraçou, enquanto lágrimas de alegria assomavam a seus olhos. As amigas continuaram a conversar, enquanto se sentavam à mesa de uma agradável lanchonete.

CAPÍTULO XIV

❦

O adorável trabalho de auxílio

Honra a Teu Pai e a Tua Mãe

*1. Sabes os mandamentos: Não cometerás adultério;
Não matarás; Não furtarás; Não dirás falso testemunho;
Não cometerás fraudes; Honrarás teu pai e tua mãe.*
(Marcos, X:19; Lucas XVIII: 20; Mateus, XIX: 19)

*2. Honrarás teu pai e tua mãe, para teres uma dilatada vida
sobre a Terra que o Senhor teu Deus te há de dar.*
(Decálogo, Êxodo, XX:12) – O Evangelho Segundo o Espiritismo
– Capítulo XIV – Honra a Teu Pai e Tua Mãe).

Aproveitando esses abençoados momentos de serenidade, resolvemos visitar nosso amigo Inácio, para maiores esclarecimentos sobre o projeto de filiação de algumas casas espíritas no atendimento preventivo e de apoio a espíritos adoentados, ou seja, desequilíbrios relacionados a disfunções mentais e comportamentais como reflexo dos desequilíbrios morais.

ALDEIA DA ESCURIDÃO 141

– Bom dia, Inácio! Esperamos não estar incomodando o amigo com nossa solicitação de palestra – falou Ineque.

– Já previa a curiosidade dos amigos, somada à boa vontade em auxiliar o próximo. Fico muito contente por terem voltado a nossa pequena casa de trabalho cristão – disse Inácio.

– Realmente, nós nos interessamos pelo assunto e solicitamos ao amigo que nos esclareça sobre esse projeto, pois nos pareceu bastante importante à evolução moral de cada necessitado, beneficiando, assim, o próprio clima energético do planeta – falou Ineque.

– Percebo que o amigo já possui uma visão mais ampla do todo. Pois o antigo ditado popular "uma andorinha não faz verão" torna-se falso perante o entendimento da responsabilidade individual diante do todo. Uma andorinha em busca de novas paisagens, por mais dificultoso que se mostre o caminho, exemplifica o poder que adquirimos por meio do esforço e da luta individual, muitas vezes contaminando com o otimismo um grupo todo – respondeu Inácio.

– Isso me lembra célebre frase de um piloto de carros de corrida. O caso foi este: durante uma entrevista, o repórter comentou com o dito piloto que ele tinha muita sorte, pois sempre vencia seus desafios. O piloto respondeu a ele que quanto mais ele se esforçava e treinava, mais a sorte dele aumentava – comentei.

– A idéia geral é essa mesma. Não estamos criando nada novo, mas apenas ampliando um atendimento, um trabalho que já existe. E como temos a nossa disposição um quadro excelente de profissionais treinados pelo nosso plano e ávidos por trabalho de auxílio, então pensamos em uma maneira de "popularizar" essa ação; dessa maneira, atuamos em benefício da humanidade, e como membros dela também seremos agraciados com a bênção do trabalho cristão – comentou Inácio.

– Gostaríamos que o amigo visitasse nossa humilde casa de trabalho, e se formos adequados a esse projeto, nos colocamos à disposição para o treinamento necessário – falou Ineque.

– Ótimo! – exclamou Inácio, com alegria e animação. – Agende com os trabalhadores de seu sítio para que possamos combinar e programar algumas reuniões de esclarecimento, e já vou avisando: teremos muito trabalho, não só na agenda terapêutica, mas também em estudos, que são muito importantes para a formação de nossas equipes.

Agradecemos a oportunidade que o grato amigo nos oferecia e nos dirigimos à Casa Espírita Caminheiros de Jesus.

Logo que chegamos à casa de socorro, solicitamos reunião com nossos companheiros de trabalho. A data foi marcada com ligeireza e entusiasmo. Inácio foi avisado do dia, e então nos restava apenas aguardar o tão esperado encontro. Estávamos realmente entusiasmados com o novo segmento de trabalho e entendimento do singelo serviço que prestávamos àquela comunidade de espíritos encarnados e desencarnados.

Confesso a vocês a minha ansiedade de colocar em prática tudo o que apenas conseguia vislumbrar, o benefício de trazer a nossa pequena casa de auxílio irmãos em tristes conflitos existenciais, em momentos de desequilíbrio, que poderia mesmo comprometer o desenrolar saudável de uma encarnação. Como disse Inácio, não criaríamos nada, apenas ampliaríamos esse atendimento – muitas vezes a irmãos sem noção alguma da vida imortal – se conseguíssemos durante esses momentos de desligamento do corpo denso levar espe-

ALDEIA DA ESCURIDÃO 143

rança, por meio do sentimento de bem-estar, que ficaria em suas mentes. O alcance do amor infinito do Pai seria chama bendita a iluminar consciências.

Os dias passaram com certo equilíbrio. Tudo parecia caminhar com serenidade. Mara, Vitor e Vera se tornaram freqüentadores assíduos da Casa Espírita Caminheiros de Jesus. E durante a semana conseguiram reservar algumas horas para o estudo sistemático da Doutrina Espírita, com o apoio de Salima e Adalton, e nessas oportunidades acrescentaram obras sérias sobre a psicologia segundo os ensinamentos de Jesus.

Perceberam que sua vida ia se modificando e ganhando novos valores morais e emocionais. Tudo parecia bem!

Em um fim de semana prolongado por um feriado, Mara combinou com Sônia e seus dois filhos a mudança da família para a cidade de Florianópolis, onde residiriam com seus pais.

Alegres, cada um ocupou seu assento no carro de Mara. A viagem transcorria em clima de harmônica alegria.

Fizeram rápida parada em um restaurante à beira da estrada, e foi feita ligeira refeição. Sentaram-se em um banco de madeira embaixo de frondosa mangueira carregada de pequenos frutos. A sonolência se fez presente, e resolveram tirar breve cochilo antes de voltar à estrada.

Mara via-se à beira de um riacho cristalino e observava pequenos peixes que nadavam com rapidez. Sentiu ligeira vertigem e sentou-se na grama úmida. Um homem de aspecto ferino se aproximou e disse com voz ríspida:

– Já está dormindo, sua preguiçosa! Ponha-se de pé já!

Assustada, Mara se desculpou com o senhor de aspecto belicoso.

– Desculpe-me, meu pai! Estava cansada, precisei me sentar para não cair...

– Não quero saber de melindres. Não me afronte com essa barriga, carregas apenas mais um trabalhador para essas terras!

– Tenho medo! Se souberem o que me aconteceu, serei punida por todos!

– O único que pune aqui sou eu! Então, mexa-se, senão sentirá a força de meu braço.

Mara levantou-se do chão úmido e, em prantos, correu pela campina. As lágrimas abundantes escorriam por seu rosto infantil. Sua mente febril procurava alguma saída para sua dor. Ela se sentia presa àquela situação, e sabia que se não obedecesse ao seu algoz o castigo seria terrível.

Sabia que esperava um filho, e seu pai lhe dizia que era obra do demônio, culpando-a e acusando-a por ter pensamentos impuros.

Mara sentiu-se suja e pecadora. O sentimento de culpa a devorava. Precisava conversar com o padre do povoado ali perto, mas não sabia como faria para sair escondida, pois certamente seu pai não permitiria que se ausentasse da fazenda. Dizia a ela que estava envergonhando a sua casa, e não admitiria que soubessem de seu pecado mortal.

Mara sentia muitas dores, sentia como se seu ventre fosse explodir a qualquer momento. Pediu ajuda à escrava que cuidava da casa. A mulher saiu correndo em busca da parteira.

Mara lembrava-se de sua mãe, uma mulher delicada, até franzina, de voz doce e melodiosa, sempre cuidando dela com carinho. Sentia saudades da mãe; sabia que havia morrido, mas não entendia o porquê. No dia de seu desencarne, Mara lembrava-se de seu pai gritando como louco e também ouvia o barulho de coisas sendo jogadas e quebradas.

No dia seguinte, a escrava veio ao seu quarto, arrumou-a com a melhor roupa que tinha e disse a ela que precisava acompanhar o velório de sua mãe, pois ela havia morrido na noite anterior. A menina era jovem, tinha uns treze anos, e não entendia por que sua mãe a havia abandonado. Lembrava-se dela entrando em seu quarto na noite anterior, antes da briga com seu pai. Nervosa, ordenara a ele que saísse dali e que deixasse a sua filha em paz. Indagava-se, nesse momento de dor, se seria a culpada pela morte de sua mãe.

A dor aumentava, e desesperada chamou o nome de Adélia, sua mãe. Fechou os olhos e sentiu uma mão suave tocando com delicadeza seus cabelos. Aliviada, relaxou e a dor diminuiu.

A parteira adentrou correndo pelo quarto, a tempo de receber a criança em seus braços, e começou a gritar, apavorada:

– É um demônio! A menina pariu um demônio!

Apavorada, Mara abriu os olhos e recebeu nos braços uma criança com terríveis deformações físicas. Em seu rosto não havia nariz, e a boca possuía enorme abertura por onde se podia ver a garganta. Um grito sentido se ouviu; o pequeno ser urrava como se mil demônios o perseguissem, e a escrava murmurava entre os soluços, sentindo que saíam de seu peito arquejante.

– É castigo para o sinhozinho... Ele pecou contra Deus quando fez maldades com a menina!

Mara acordou, recostada no banco de madeira. Seu corpo todo tremia, e um suor gelado banhava sua fronte. Começou a chorar – soluços sentidos sacudiam-lhe o peito.

Sônia, apavorada, tentava acalmá-la, quando Teresa, nos seus sete anos, apontou para o nada e disse:

– Foi aquele moço que fez a Mara chorar. Ele fez a Mara assistir a um filme feio.

Mara olhou para a menina e perguntou:

– Do que está falando, Teresa?

– Que foi aquele moço que te assustou, você não vê? Ele é mau, está rindo do seu susto!

Mara olhou para Sônia, e ambas passaram a orar. O medo as fazia esquecer a prece que acabavam de começar. Mário levantou-se, foi em direção ao ponto que Teresa apontava, e disse:

– Agora não, meu senhor... Agora não! Ela é boa pessoa e não vai ouvi-lo, e nós vamos rezar pelo senhor.

Mário passou a recitar com emoção o Pai Nosso. Quando terminou, olhou para a mãe e para Mara e disse com firmeza:

– O que estamos esperando? Quero logo chegar a essa cidade de Florianópolis e ver o mar pela primeira vez.

Resoluto, dirigiu-se ao carro, abriu a porta e sentou-se. Então, as duas mulheres deram as mãos para Teresa e o imitaram. Teresa, então, perguntou:

– E o senhor, nós vamos deixá-lo aqui sozinho? Ele parece tão triste!

O triste irmão olhou com muita raiva, e, cheio de revolta, sumiu em meio a densa névoa. Um grito terrível foi ouvido no silêncio da tarde.

Agradecidos ao Pai, oramos em silêncio, pois sempre estamos cercados pelo seu amor.

No mesmo instante, Vitor sentiu-se desfalecer. Estava almoçando na casa de Adalton, acompanhado por Vera e por Salima. Levou a mão à cabeça e gemeu. Olhou para Adalton e disse:

– Estou me sentindo muito mal... acredito que vou perder a consciência.

Prontamente, Adalton levantou-se de seu lugar e passou a aplicar passes em Vitor. Nesse momento, seu rosto se transformou em uma máscara de ódio e dor. Fez menção de se levantar, porém foi contido pelo anfitrião, que, pacientemente, passou a conversar:

– Boa tarde, meu irmão! No que poderemos ajudá-lo? – perguntou Adalton.

– Ajudar-me? Quem precisa de ajuda são vocês. Estou aqui da maneira que quero, e farei o que quiser! – respondeu a entidade, que passou a se manifestar por intermédio de Vitor.

– Desde que Nosso Pai Maior o permita, então também concluo que o irmão está entre nós nesse momento por alguma boa razão, pois confio em Deus e sei que nada acontece sem sua permissão – disse Adalton.

Enquanto Adalton conversava com a entidade, ainda desconhecida, Salima orientou Vera para que se mantivesse em prece e com o pensamento voltado a Deus, para que nada pudesse alimentar o desequilíbrio do triste comunicante.

– Você é muito crédulo. Não percebe minha força? Estou aqui em sua casa, tomei de assalto o corpo desse infeliz, e você me vem com a história que somente estou aqui porque o seu Deus permitiu?

– E o amigo, acredita em quê? – indagou Adalton.

– Em meu poder! Eu faço o que quero porque aprendi como fazer. Estou nessa luta pela justiça há tempo demais. Preparei-me para isso, e não é um serviçal do cordeiro covarde que irá me impedir.

– Jesus é nosso guia e nosso mestre. O que o amigo chama de covardia nós, os seus seguidores, entendemos como coragem, pois apesar do sofrimento da matéria, ele perdoou seus algozes e ainda lhes prometeu o Reino dos Céus. Conseguiu que através dos tempos idos, desde a sua partida, entendêssemos que a vida é sempre oportunidade de refazimento, e que nós, os aprendizes de seu Evangelho Sagrado, somos Espíritos imortais e dotados da chama divina, que nunca se apaga, mesmo quando temos a mente envolta na escuridão.

– Não me afronte! Não me afronte!

– Percebo que o irmão não tem como contestar a veracidade do amor, da bondade e do perdão; apenas ainda não consegue praticá-los. Mas também percebo que a raiva e a louca intenção de ferir tem origem na própria dor do amor mal compreendido – tornou Adalton.

– Nada tenho mais a falar! Vim apenas para lhes provar a minha força, e vou embora, prometendo vingança cruel a todos os que me traíram! – falou com raiva o irmão em descontrole.

– Sentimo-nos felizes por sua presença, pois temos em nosso coração a intenção da paz entre todos nós.

O Espírito se afastou de Vitor, que, confuso, olhou a seu redor.

– Vitor, você está bem? – perguntou Adalton.

– Não sei... Sinto uma ligeira vertigem. O que aconteceu? Eu desmaiei?

– Você não lembra de nada?

– Não... não sei. Parecia que estava falando, mas não tinha controle sobre meus pensamentos e a minha boca. Tudo está muito confuso.

Então, Adalton contou-lhe o acontecido.

– Um Espírito aproximou-se de seu campo vibratório e conseguiu ligar-se aos seus pensamentos, e dessa maneira estabeleceu sintonia mental; ou seja, por alguns instantes comunicouse pela fala. Isso se chama psicofonia, uma característica mediúnica que possibilita a um Espírito desencarnado comunicar-se através da caridade de um médium – falou Adalton.

– Então, eu sou um médium de psicofonia? – Vitor indagou.

– Provavelmente. Isso pode continuar, é lógico, com equilíbrio, adquirido por meio do estudo e controle mental, ou pode ter sido apenas uma comunicação conseguida por sintonia de Espírito familiar – explicou Adalton.

– Estou perplexo. Nunca imaginei que pudesse me acontecer algo assim!

Adalton riu alto, e disse com bom humor:

– Agora, sim, é que tudo vai se acertar! Mais um trabalhador na Seara do Senhor! Façamos uma prece de agradecimento e, como nem só de energia nós vivemos, Graças ao Bom Pai, ainda somos matéria, e hoje tem uma coisa que gosto muito: lasanha. Hoje vou cometer o pecado da gula.

– Mas você me prometerá que falaremos mais sobre o assunto, estou muito curiosa – falou Vera.

– Ah, Não! A mediunidade é minha e você é que fica curiosa? – brincou Vitor, abraçando espontaneamente Vera, que o olhou encantada.

Os quatro amigos voltaram seu pensamento a Deus, e curta e sincera prece de agradecimento pelo auxílio recebido foi proferida por Salima.

CAPÍTULO XV

❦

A força inegável de vidas passadas

Fora da Caridade Não Há Salvação

O necessário para salvar-se

1. Mas quando vier o Filho do Homem na sua majestade,
e todos os anjos com ele, então se assentará sobre o trono
de sua majestade; e serão todas as gentes congregadas diante dele,
e separará uns dos outros, como o pastor que aparta dos cabritos
as ovelhas; e assim porá as ovelhas à direita, e os cabritos à esquerda;
então dirá o rei aos que hão de estar à sua direita: "Vinde, benditos
de meu Pai; possuí o reino que vos está preparado desde o princípio
do mundo; porque tive fome, e destes-me de comer; tive sede,
e destes-me de beber; era hóspede, e recolhestes-me; estava nu,
e cobristes-me; estava enfermo, e visitastes-me; estava no cárcere,
e viestes ver-me". Então lhe responderão os justos, dizendo:
"Senhor, quando é que nós te vimos faminto e te demos de comer;
ou sequioso, e te demos de beber? E quando te vimos hóspede,
e te recolhemos; ou nu e te vestimos? Ou quando te vimos enfermo,
ou no cárcere, e te fomos ver?" E respondendo o rei, lhes dirá:

"Na verdade vos digo que quantas vezes vós fizestes isto a um destes meus irmãos mais pequeninos, a mim é que o fizestes". Então dirá também aos que hão de estar à esquerda: "Apartai-vos de mim, malditos, para o fogo eterno que está aparelhado para o diabo e para os seus anjos; porque tive fome, e não me destes de comer; tive sede e não me destes de beber; era hóspede e não me recolhestes; estava nu, e não me cobristes; estava enfermo no cárcere e não me visitastes". Então eles também lhe responderão, dizendo: "Senhor, quando é que nós te vimos faminto, ou sequioso, ou hóspede, ou nu, ou enfermo, ou no cárcere, e deixamos de te assistir?" Então lhes responderá ele, dizendo: "Na verdade, vos digo que quantas vezes o deixastes de fazer a um destes mais pequeninos, a mim o deixastes de fazer". E irão estes para o suplício eterno, e os justos para a vida eterna.

(Mateus, XXV: 31-46) – O Evangelho Segundo o Espiritismo – Capítulo XV – Fora da Caridade Não Há Salvação – O necessário para salvar-se – O bom samaritano – Item 1.

Naquela mesma noite, fomos visitar Mara, que já se encontrava na casa de seus pais. Adentramos uma casa bastante ampla e também muito simples. Observamos o cuidado dos moradores em cada pequeno detalhe: tudo estava muito limpo, e vasos de variados tamanhos com belíssimas plantas adornavam a residência, cercada por amplo jardim, e nos fundos se misturava a pequeno pomar e horta.

Sentimo-nos confortáveis. A energia que a tudo envolvia era alimentada pelo amor e pela boa vontade de seus moradores.

Fomos em busca de Mara, e a encontramos já acomodada em sua cama. Auxiliada por seu mentor, ela dormia serenamente. Aproximamo-nos e a auxiliamos a se desprender do corpo denso; assim que nos identificou a presença, mostrou relativa consciência de nosso propósito.

– O que está acontecendo comigo? – questionou, direcionando seu olhar para o corpo que descansava sobre a cama.

– É o fenômeno que identificamos como desdobramento. Quando dormimos, temos a oportunidade de nos desligar parcialmente do corpo material e voltar a transitar pelo mundo dos Espíritos – respondi.

– Já tinha ouvido falar do fenômeno, mas sinto como se essa fosse a primeira vez que acontece comigo e que consigo identificar conscientemente esse momento.

– Eu sou Vinícius, e este companheiro é Ineque. Nós estamos aqui com o propósito de acompanhá-la a uma sessão terapêutica em abençoada casa de socorro de nosso plano.

– Agradeço muito, pois realmente estou necessitada desse auxílio. Têm acontecido muitas coisas novas em minha vida, e confesso que não sei lidar com algumas delas.

– Não se preocupe. Confie em Deus, pois sua bondade ilimitada coloca em nossas mãos recursos que nos auxiliam nos momentos mais difíceis – disse Ineque.

– Podemos nos colocar a caminho? – indaguei.

Sorrindo, Mara nos respondeu:

– Estou em suas mãos.

Ao chegarmos à casa de socorro, Inácio já estava a nossa espera.

– Sejam bem-vindos – cumprimentou-nos com sua habitual alegria e serenidade.

– Poderemos participar do atendimento a Mara? – perguntou Ineque.

– Depende de nossa irmã – respondeu Inácio.

– Por mim não há problema algum. De todo modo, não sei realmente o que irá acontecer – Mara comentou.

ALDEIA DA ESCURIDÃO 153

– Nosso Atendimento Fraterno visa ao esclarecimento e fortalecimento moral e mental de irmãos presos à matéria, e que vivenciam momentos traumáticos, devido ao acordamento de sensações que remontam a antigos delitos praticados em nossa ignorância. Esses momentos são denominados de provação – esclareceu Inácio, convidando-nos a adentrar a mesma sala de outra oportunidade.

– Atendimento Fraterno? Como o que vivi na Casa Espírita Caminheiros de Jesus? – perguntou Mara.

– Semelhante ao que já vivenciou. Porém aqui, no plano dos Espíritos, temos a oportunidade de relembrar uma quantidade maior de fatos vividos por nosso Espírito, em variadas experiências na matéria, pois estamos livres da matéria densa, e dessa maneira nossa visão se alarga e os fatos de nosso passado voltam a nossa consciência, e de forma mais lúcida – falou Inácio.

– Essas provações são experiências que decidimos viver nessa encarnação, quando ainda vivíamos no plano espiritual, são escolhas feitas em nosso planejamento encarnatório? – Mara quis saber.

– Vejo que andou estudando com afinco a nossa adorável Doutrina. Você definiu bem o que são momentos probatórios – disse Ineque.

– O que faremos aqui, hoje, é uma sessão de terapia psicológica? – perguntou Mara.

– Semelhante ao trabalho que a irmã faz no planeta, com algumas diferenças sutis – Inácio respondeu. – Usamos um método que é denominado no mundo dos encarnados de Terapia de Regressão a Vidas Passadas – pois muitas das provações e expiações que vivenciamos na experiência presente têm explicação em nosso pretérito.

– Desde que me propus a estudar a Doutrina dos Espíritos, percebo uma certa tendência a identificar sensações de maneira diferente. Durante a tarde de hoje, aconteceu-me algo muito singular – Mara comentou.

– Gostaria de contar suas lembranças e sensações desse evento? – perguntou Inácio.

– Sim, sem dúvida! E peço que depois me explique esse acontecimento, para que eu possa entender e assimilar a sua importância. Aconteceu após almoçarmos em um posto de estrada a caminho de Florianópolis. Senti profunda sonolência e acabei cochilando; a sensação que tive foi de não estar acordada, mas também não estar dormindo... Essa sensação parecia dominar tudo a minha volta. Tinha perfeita percepção dos acontecimentos! Vi-me à beira de um lago ou regato muito cristalino. Sentia-me bastante dolorida e cansada, então sentei na grama úmida. – Mara fez uma pequena pausa, e depois comentou: – Engraçado, pois se me firmar nesse pensamento, sinto a maciez da grama nas mãos e também a umidade... De súbito, um homem de aparência rancorosa se aproximou intempestivamente de mim, gritando e dizendo que eu não podia ficar ociosa. Nesse instante, percebi que estava grávida, mas eu era apenas uma jovem de aproximadamente doze ou treze anos. Lembro que senti muito medo. Voltei correndo para casa; aí, me pareceu que se passaram alguns dias. Sentia muitas dores e saudades de minha mãe, que já havia desencarnado – e pelo que pude deduzir, foi assassinada por aquele homem, que também soube ser meu pai. Depois ficou tudo meio confuso: ao que tudo indica, ele havia me importunado sexualmente, e minha mãe, ao descobrir isso, interferiu em meu favor. Lembro de sentir culpa pela morte dela. Após a sua partida, as coisas

ALDEIA DA ESCURIDÃO 155

pioraram, pois tenho certeza de que o filho que carregava em meu ventre era resultado da violência cometida por meu pai.

O pior desse pesadelo foi o parto: a criança era deformada, parecia um pequeno monstro, mas também me lembro da sensação de amor ao recebê-la em meus braços.

– E agora, nesse momento, o que sente em relação a essa história? – Inácio indagou.

– Tristeza e angústia profundas, e também a sensação de saudade, mas um medo terrível de encontrar novamente aquele senhor, pois logo que voltei a mim, ou acordei, não sei definir bem, Teresa e Mário se comportaram de maneira estranha, como se estivessem vendo alguém que eu e Sônia não conseguíamos enxergar.

– E você sabe de quem eles falavam?

– Em minha cabeça, eu via o senhor de meu pesadelo, como se estivesse ali, à espreita, e a sensação que tive foi de pânico. Sônia e eu tentávamos orar e não conseguíamos; então, Mário o fez, e o que mais me causou espanto foi que, na hora em que ele orava, eu o via como adulto e com outra aparência – falou Mara.

– O que você pode deduzir disso tudo em relação a sua atual encarnação, aos momentos que vive hoje? – quis saber Inácio.

– Há mais ou menos um ano, tive outro pesadelo, e depois disso as coisas ficaram muito confusas para mim. O que tinha como certo para minha vida começou a ficar conturbado e trazer insegurança naquilo que sempre gostei de fazer: atender crianças vitimadas por violência em suas famílias, ambientes familiares, etc. Sinto-me envergonhada de falar sobre o assunto, mas também percebo que é muito importante esclarecer tudo isso.

– Não se acanhe nem se envergonhe, pois todos nós, como Espíritos ignorantes, fizemos algumas artes em nosso pretérito – Inácio sorriu com amabilidade.

– A Doutrina Espírita tem me dado a oportunidade de entender todo esse processo de evolução moral, mas ainda sinto culpa e remorso diante de certas lembranças. Voltando ao pesadelo, lembro-me de estar em um grande jardim, parecia um orfanato, e estava acompanhada por um rapaz. Nossa obrigação era administrar aquela instituição, mas acredito que molestávamos aquelas pobres crianças. Depois desse pesadelo, tenho tido idéias terríveis em relação a meus pequenos pacientes. Várias vezes precisei interromper uma sessão de terapia, pois percebia que, se continuasse, faria alguma coisa horrível, da qual me arrependeria amargamente. Em outras ocasiões, chego a perder a consciência, tão brutal é a luta que travo para conseguir controlar meus instintos – Mara prorrompeu em sentido pranto, e fez uma pausa em seu relato.

– Acalme-se e vamos raciocinar a respeito, está bem? – pediu Inácio.

– Desculpe, mas a emoção me desequilibra e eu não consigo esse controle que preciso para analisar racionalmente todas essas informações.

– Muito bem, temos então uma lembrança em que foi abusada por um pai desequilibrado, e que resultou em uma gravidez traumática, com o nascimento de uma criança em triste estado de deformação física; depois, uma lembrança em que o abuso era praticado por você, antes a vítima passiva. Se você fosse analisar esse caso como psicóloga, a que conclusão chegaria?

– Trauma profundo provocado por violência, seguido de sentimento de revanche ou mesmo indiferença, assumindo que não há como resistir ao arrastamento da dor. Na verdade, um acomodamento a uma realidade que o paciente não consegue se impor; então, o mais fácil, naquele momento, é partilhar comportamentos e, dessa maneira, deixar de ser vítima.

– Então, seguindo esse raciocínio, seria um ato de defesa? – perguntou Inácio.

– Se seguirmos essa linha de pensamento, sim. Mas se analisarmos o pesadelo, havia também sensação de prazer, e isso é o que mais me incomoda.

– Quando possuímos um corpo material, ele está sujeito a sua fisiologia. O que comanda o nosso querer é nosso Espírito, onde está a nossa inteligência, que por sua vez está condicionada ao nosso avanço moral. De tudo isso, podemos deduzir que direcionamos nossas energias comandando nosso veículo carnal de acordo com nosso avanço moral; ou seja, o uso que fazemos de nosso corpo está condicionado ao nosso entendimento do que é certo ou errado. Agimos e pensamos de acordo com o que consideramos certo para o momento. Então, analise tudo o que conversamos sobre esse aspecto.

– Se seguir essa linha de pensamento dedutivo, entendo que nada está errado, pois estamos agindo de acordo com o que sabemos? É isso? – indagou Mara, e a expressão de seu rosto mostrava surpresa.

– Exatamente, mas também precisamos entender que, apesar de estarmos sempre fazendo o melhor para o momento, isso não nos desobriga de viver as conseqüências de nossos atos.

– Mas... eu já sei que é errado, então por que as sensações ainda são tão fortes? Por que ainda sinto, em determinados momentos, que não vou resistir e cederei à tentação?

– Todo aprendizado, em um primeiro momento, é teórico, mas com o exercício persistente e constante ele passa a fazer parte de nós como algo natural e espontâneo. Muitas vezes nós nem raciocinamos e a ação acontece naturalmente. O aprendizado moral se processa da mesma maneira: primeiro identificamos a falha, então nos predispomos a superá-la. Primeiro vem a expiação, e depois nos preparamos para a provação; passado o período de provação, isso nos possibilita a libertação de nossas viciações e a conquista de virtudes – explicou Inácio.

Mara mostrou-se introspectiva e, levantando os olhos úmidos pela emoção, disse:

– Como posso agradecer a ajuda que venho recebendo?

– Aproveitando essa oportunidade no exercício do autoconhecimento e, por conseqüência, mudando atitudes para ser mais feliz, e assim fazendo aos seus mais felizes; e também auxiliando aos mais necessitados. Dessa maneira, resgata débitos com trabalho cristão – respondeu Inácio.

– Eu vou lembrar alguma coisa do que conversamos?

– Na medida em que precisar, terá sensações que deverá analisar e usar com equilíbrio. Serão idéias intuitivas despertadas pela necessidade do momento – respondeu Inácio.

– Eu voltarei aqui? – Mara indagou com ansiedade.

– Até o momento em que conseguir caminhar sozinha.

– Sozinha? – Mara se mostrou espantada.

Inácio deu uma sonora gargalhada e disse:

– Consciente, sem precisar estar escorada nesse velho médico, que também está aqui atrás do prejuízo – respondeu, bem-humorado.

– Sem dependência, como ensina a psicologia terrena – concluiu Mara.

– Isso mesmo, minha filha. Apoiando-nos uns nos outros, com a consciência de que somos irmãos caminhando na mesma direção, e cabe àqueles com melhor entendimento estender a mão para quem se encontra na retaguarda – Inácio tinha lágrimas nos olhos.

– Você me faz acreditar que o futuro pode ser melhor.

– E você, minha filha, me faz acreditar que tudo tem solução, e então faz com que meu Espírito seja alimentado pela esperança. Isso dá uma vontade danada de trabalhar!

Mara levantou-se da poltrona em que estava acomodada e se dirigiu a Inácio, abraçando-o com carinho.

– Obrigada – disse, emocionada. – Eu só posso agradecer nesse momento, mas chegará um dia em que eu também poderei estar aqui, auxiliando.

– Não espere tanto tempo. Lá no planeta abençoado há uma fila imensa de necessitados. Intensifique seu trabalho. E agora, com o entendimento cristão de nossa amorosa doutrina, poderá compreender com mais clareza as dores de seu próximo, e também auxiliar de maneira mais ampla para que aqueles que a procuram possam agir com mais consciência. Agora vá, é hora de retornar ao seu corpo. Vá e leve com você essas impressões que agora a envolvem. Deus a abençoe, minha filha.

CAPÍTULO XVI

❦

Uma questão delicada

Servir a Deus e a Mamon

Salvação dos Ricos

1. Nenhum servo pode servir a dois senhores,
porque ou há de aborrecer um e amar o outro,
ou há de entregar-se a um e não fazer caso do outro;
vós não podeis servir a Deus e às riquezas.

(Lucas, XVI:13) – O Evangelho Segundo o Espiritismo – Capítulo XVI
– Servir a Deus e a Mamon – Salvação dos ricos – item 1.

Adalton se achava em sua residência, quando chegou Cláudio, seu filho de 32 anos, que ainda se encontrava solteiro.

– Boa noite, pai! E a mamãe, está em casa? – perguntou Cláudio.

– Não, ela foi à Casa Espírita. Integrou-se a um grupo de iniciantes. Ela e Nelson são os responsáveis em dirigir esse estudo.

– Muito bom! A mamãe se realiza nesse tipo de trabalho.

– Por isso, quando não precisamos mais de sua contribuição financeira para o sustento da casa, conversamos e decidimos que ela deveria se afastar do trabalho como secretária, e então passou a se dedicar ao trabalho voluntário.

– E eu sei que ela tem ajudado bastante. Outro dia mesmo encontrei aquela moça, psicóloga, que também é voluntária no orfanato, e ela me disse que eles agradecem muito o trabalho de mamãe em benefício das crianças e também na organização financeira da instituição.

– Você se refere à Mara? Ela tem estudado conosco, aqui em casa, às quartas-feiras – falou Adalton.

– Parece que ela realmente descobriu a Doutrina Espírita, senti que está encantada com o que vem aprendendo – falou Cláudio.

– E você, filho? O que o traz aqui no dia de hoje?

– Preciso ter uma conversa séria com você e mamãe; é a respeito do Toni.

Adalton abaixou a cabeça e perguntou:

– Pode ser comigo primeiro?

– Eu até prefiro, mas depois precisamos falar com mamãe. Eu acredito que você já saiba do assunto, mas sinto que é importante conversarmos a respeito, principalmente para ajudar o Toni.

– Pode falar, meu filho, eu apenas desconfio do que seja.

– Pai, você sabe que o meu irmão sempre foi diferente. Às vezes, eu atribuía suas esquisitices ao fato de ele ser temporão. Hoje ele conta com vinte e três anos, e eu já tenho trinta e dois, são nove anos de diferença. Quando ele nasceu foi uma festa, pois nós já estávamos bem crescidinhos, então todos o mimamos bastante... Não parecia nosso irmão mais novo, mas sim responsabilidade de todos nós.

– E o menino era arteiro, como era danado! Nós não podíamos descuidar um só segundo dele, pois já estava aprontando – Adalton comentou.

– Ele era levado da breca, como dizia a vovó Antônia, mas não era maldoso. Gostava de aventuras. Mas agora estou preocupado demais com ele. Você sabe que ele nunca teve uma namorada que durasse mais de uma semana? Outro dia, ele chegou em casa muito nervoso, e desde que foi morar comigo, há dois anos, para ficar próximo da faculdade, essa foi a primeira vez que o vi descontrolado.

– É de fato preocupante, pois o Toni é bastante calmo e somente toma decisões após pensar muito no assunto. Mas por que você fez o comentário de que os namoros de seu irmão não duram?

– Porque esse foi o motivo de sua irritação. Ele me disse, depois que insisti muito em saber o que estava acontecendo, que seus amigos de faculdade andam fazendo pilhérias com ele, justamente por não ter namorada. Disseram a ele que deve ser homossexual. Não nessas palavras, mas com termos de deboche.

– Meu Deus! Isso deve tê-lo magoado muito – falou Adalton.

– Por terem dito a ele que é homossexual?

– Não, pela falta de respeito da qual foi alvo. Toni leva muito em conta esse aspecto em seus relacionamentos, sejam de que tipo for.

– Pai, eu vim até aqui porque receio que realmente o Toni tenha tendências homossexuais. Por favor, não me leve a mal, eu só quero o bem de meu irmão, o senhor sabe o quanto nós o amamos. – Cláudio demonstrou constrangimento.

– Por que o receio, meu filho?

– Por que o receio? Ora, o senhor sabe que a homossexualidade é um desvio grave!

– O que sei é que a homossexualidade é uma anomalia comportamental do espírito que pode se manifestar por várias razões, todas ligadas às deficiências morais, devido a desvios desta ou de outras encarnações. O que sei é que precisamos entender que o Toni passa por momentos de expiação e de provação como todos nós; apenas suas dificuldades despertam atitudes preconceituosas de outras pessoas – respondeu Adalton.

– Pai, eu não tenho preconceito contra meu irmão, apenas estou querendo ajudá-lo...

– Eu sei de suas boas intenções. Vamos fazer uma comparação: lembra quando a Leia, sua irmã, durante a adolescência, manifestou tendências à maledicência?

– Lembro, sim. Nós conversamos sobre o assunto, quando o senhor nos pediu ajuda, dizendo que ela precisava de nosso apoio e compreensão, não de nossas críticas agressivas.

– O que há de diferente no caso de Toni? – perguntou Adalton, olhando nos olhos de seu filho.

– Mas... pai, o caso é totalmente diferente, agora é assunto moral grave!

– E a maledicência? Não é também um vício moral grave?

– É diferente! É que a sociedade cobra muito esse tipo de comportamento, enquanto a maledicência...

– A maledicência pode até passar despercebida, não é? Então, nós não nos vemos expostos à opinião alheia, e como resultado nosso orgulho não é ferido. Por outro lado, ter um homossexual na família soa como defeito de todos, e isso nos deixa extremamente envergonhados.

– O senhor está sendo duro comigo...

– Estou dizendo alguma bobagem, filho?

– Não, pai, mas para mim é difícil ver nosso pequeno Toni dessa maneira. Gostaria que ele fosse forte o bastante para sublimar as necessidades físicas.

– E, dessa maneira, livrá-lo do vexame? Sublimar é ação de Espírito mais esclarecido, e pouquíssimos de nós, ainda necessitados de experiências reencarnacionistas, temos a capacidade de sublimar sensações tão fortes – comentou Adalton.

– Eu ainda não entendo por que se expor a uma encarnação de tanto conflito, no caso da troca de sexo, e como isso poderá auxiliar um Espírito que não conseguiu superar viciações naquilo que já lhe era familiar – questionou Cláudio.

– Cada caso é um caso. Nunca poderemos avaliar o resultado de um trabalho reencarnacionista baseado no resultado de outro. Todos nós temos características de personalidade próprias, desenvolvidas conforme vivenciamos e sentimos tudo o que experienciamos, tanto no plano material como no plano espiritual. O que sei, sem sombra de dúvida, é da bondade de Deus e da confiança que tenho no plano dos Espíritos melhores, e que, não raras vezes, nos deliberam experiências que apenas visam a quebrar padrões viciosos. Um dos casos mais comuns é a troca compulsória do sexo, que em um primeiro momento pode mostrar-se traumática e dificultosa, mas que também nos leva a sofrimentos atrozes, que nos obrigam a questionamentos morais.

– Por que sublimar seria tão difícil?

– Somente um Espírito de elevação moral superior conseguiria essa sublimação, pelo redirecionamento da energia concentrada no centro genésico, que é energia de criação.

Atualmente, podemos citar dois exemplos de dignidade moral: Divaldo Pereira Franco, que redirecionou essa bendita energia para a oratória, e Chico Xavier para a psicografia, e ambos são responsáveis por uma quantidade de obras especialmente importantes para a humanidade. E você acredita, meu filho, que um Espírito ainda ignorante teria a capacidade de sublimar a energia sexual que cobra a satisfação de necessidades físicas por meio do contato material?

– Você tem razão, pai, mas ainda é muito difícil para mim ver meu irmão dessa maneira.

– Bom!? Então, podemos deduzir que você tem um problema?

Presenciávamos essa conversa entre pai e filho quando percebemos a entrada de um irmão na sala. Procuramos nos aproximar, e nos fizemos visíveis.

– Boa noite, meu irmão! Podemos auxiliá-lo de alguma maneira? – perguntei.

Ele nos olhou de maneira sarcástica, e apenas se limitou a nos encarar com a intenção da hipnose. Eu e Alberto nos mantivemos firmes, com o pensamento voltado a Deus, e insistimos:

– O irmão nos parece bastante alterado e sofrido. Gostaríamos de auxiliá-lo – falou Alberto.

Novamente se limitou a nos olhar fixamente; então nos voltou as costas e, belicoso, dirigiu-se a Cláudio, insultando-o.

– Pai, estou sentindo mal-estar – disse Cláudio.

Adalton levantou os olhos em direção ao lugar onde se encontrava o infeliz adversário de si mesmo, e falou:

– Oremos, meu filho, pois aqueles que nos querem o desequilíbrio são os mais necessitados do amor do Pai.

Alberto voltou-se para mim e perguntou:

– Adalton é médium vidente?

– Ele possui a faculdade da dupla vista – respondi ao amigo.

– Confesso ainda não entender perfeitamente esse fenômeno mediúnico.

– A dupla vista se manifesta no estado de vigília, pois há um afastamento natural do perispírito, característica desse tipo de faculdade mediúnica. A visão do Espírito é tão lúcida quanto o grau e o entendimento que possa ter da vida e do fenômeno. O médium consegue ver, ouvir e sentir além dos sentidos ordinários, ou seja, os cinco sentidos normais a todos os encarnados – expliquei.

– Essa característica depende também de predisposição orgânica? – perguntou Alberto.

– Com certeza, como qualquer faculdade mediúnica – respondi.

– O amigo poderia falar sobre o assunto?

– Sabemos que ao planejarmos uma encarnação, nós nos responsabilizamos pela escolha da organização do futuro corpo a ser nosso veículo de movimentação no mundo material, que deverá ser adequado a nossos compromissos. Na mediunidade, há determinadas exigências nessa organização, para que o cérebro material possa registrar as percepções do Espírito; daí a necessidade de determinadas características, como a glândula pineal, ou pituitária, que terá a forma lapidada como um diamante, que espelhará as imagens do mundo invisível, mais ou menos nítidas, dependendo de quantas faces terá – falei.

– Isso possibilitará ao portador dessa faculdade percepções mais nítidas do mundo dos Espíritos? – Alberto indagou.

– Exatamente. Imagine um globo feito por vários e pequenos espelhos que refletem o ambiente à sua volta. Esta é a sensação dos portadores da dupla vista. Dependendo do grau de irradiação da alma do médium, ele poderá ter a faculdade da presciência, desde a perspicácia de perceber com mais lógica o encadeamento dos fatos até o pressentimento de acontecimentos futuros.

– Essa faculdade está sempre presente, sem descanso para o médium?

– Em *O Livro dos Espíritos*, na questão 448, Kardec pergunta aos Espíritos superiores se essa faculdade é permanente, e recebe a seguinte resposta: "A faculdade sim, o exercício não. Nos mundos menos materiais que o vosso, os Espíritos se desprendem mais facilmente e se põem em comunicação apenas pelo pensamento, sem excluir, entretanto, a linguagem articulada; também a dupla vista é para a maioria uma faculdade permanente; seu estado normal pode ser comparado ao dos vossos sonâmbulos lúcidos, e essa é também a razão por que eles se manifestam a vós mais facilmente do que os encarnados de corpos mais grosseiros" – respondi.

– Fico aqui matutando sobre a responsabilidade e o equilíbrio necessários ao portador da dupla vista, já que o planeta é habitado, em sua maioria, por Espíritos imperfeitos e muitas vezes, ainda, maldosos. Como se sentirão o amigo Adalton e outros tantos? – Alberto argumentou.

– Não se esqueça, meu amigo, que a prova e a expiação nunca serão tão difíceis para os seus executores. Para tudo que vivemos, nós nos preparamos; dependerá do esforço e da boa vontade de cada um. Com certeza, os médiuns portadores da dupla vista se prepararam para vivenciar esse fenômeno, que bem direcionado será importante ferramenta de crescimento moral.

– E o irmão perseguidor consegue perceber isso em nosso amigo Adalton?

– Consegue, sim, mas isso não quer dizer que ele possa influenciá-lo. Adalton consegue manter-se em alto padrão vibratório, característico de sua moral.

– Pareceu-me que Adalton possui controle sobre as suas percepções mediúnicas – comentou Alberto.

– Resultado de sua persistência nos estudos e nas práticas mediúnicas: desde a mocidade se dedica à educação moral de seu Espírito, sempre com boa vontade e alegria. Hoje é merecedor de uma vida equilibrada e feliz.

– Ah! Feliz humanidade quando descobrir o valor das Leis Morais! – disse Alberto.

Durante nossa conversação, percebemos que o irmão invasor se interessava disfarçadamente por nosso colóquio. Então me dirigi a ele com carinho.

– O irmão tem alguma dúvida acerca do assunto sobre o qual discorremos? – perguntei eu.

Ele apenas me olhou com um sorriso sarcástico e se foi, deixando atrás de si densa nuvem energética, que foi facilmente transformada em dúlcidas e formosas partículas de luz pelas orações que brotavam dos corações amorosos de pai e filho.

Voltamos para a Casa Espírita Caminheiros de Jesus. O Atendimento Fraterno das noites de sexta-feira se iniciava. Aproximamo-nos de Ineque e Ana.

– Boa noite, amigos, chegaram na hora certa! O filho de Adalton, o Toni, será atendido por Sandra. Ele vem em busca de orientação para um problema que o aflige desde tenra idade – falou Ineque.

– Acabamos de chegar da casa de Adalton. Seu filho Cláudio foi até lá com o propósito de conversar sobre os problemas do irmão – eu disse.

– Toni é um excelente rapaz, responsável nos estudos, e segue o mesmo caminho do pai: estuda medicina. É dotado de um grande e amoroso coração, porém vive intenso conflito nesta existência. Esta é a segunda encarnação em um corpo masculino, depois de várias experiências no sexo feminino, no qual desfrutou de prazeres doentios e persistiu nesse desequilíbrio em várias oportunidades; e, apesar das oportunidades recebidas, não conseguiu vencer viciações ligadas às sensações sexuais, inclusive de abuso para conseguir vantagens financeiras e de poderio. Deliberou-se, então, com a intenção de quebrar processo estagnado junto a um companheiro de jornada, a troca do sexo. Ele se preparou para esse exercício, porém, novamente resvalou no erro, adquirindo comportamentos ambíguos e direcionados ao mesmo propósito de outras oportunidades – disse Ana.

Ana fez uma breve pausa, e depois prosseguiu:

– Ele até se encontrou com o companheiro de delitos, e voltaram a se envolver, reconhecendo um no outro a energia familiar característica de cada um no pretérito. Desencarnaram doentes e agravaram deformações perispirituais já existentes na área genésica. Novamente, nova oportunidade lhes foi permitida, dessa vez ambos em lares espíritas e com larga preparação no campo moral para vencerem a tentação do erro.

– Com toda essa preparação e afinco por parte de amigos superiores, percebo certo merecimento – falou Alberto.

– Realmente, são Espíritos que conseguiram evolução em vários aspectos, porém alguns continuaram deficitários. Mesmo em pretérito longínquo, por exemplo, na encarnação que Vitor e Mara partilharam como dirigentes de instituição de caridade, foram adversários ferozes dos desmandos dos dois, pois, apesar de serem meliantes, também eram bondosos voluntários no trato infantil, e se revoltavam com a prática da pedofilia. Na encarnação pretérita seguinte, dedicaram-se às causas humanitárias; porém, a maneira como utilizaram sua vida para alcançar benefícios era questionável, e quando os dois se encontravam tudo se agravava – esclareceu Ineque.

– Eram bondosos e meliantes? O amigo poderia explicar-me como duas características tão opostas podem conviver? – perguntou Alberto.

– Toni e Afonso dedicaram-se a causas humanitárias, porém a maneira de conseguir proventos para financiar esses benefícios era questionável, pois recorriam ao estelionato, à fraude, ao furto e até à chantagem. Lembra-me a lenda de Robin Hood: tirar dos ricos para dar aos pobres. Boas intenções realizadas de modo desequilibrado – respondeu Ineque.

– E nessa encarnação? Os dois terão a oportunidade de se encontrar? – indaguei.

– Afonso é o nome do rapaz nessa encarnação. Divide sala de aula com Toni, e novamente a atração que sentem um pelo outro se manifesta de maneira intensa. Toni, nesta encarnação, graças à educação moral espírita que vem recebendo desde o momento em que passou a se familiarizar com os seus, vive abençoado conflito, pois o que sente em relação ao seu antigo companheiro e aquilo que acredita são idéias completamente antagônicas. Hoje, veio em busca de auxílio, e será atendido por Sandra – disse Ana.

ALDEIA DA ESCURIDÃO 171

– E Sandra está preparada para essa conversa? – perguntei.

– Acreditamos que sim. Ela é uma atendente consciente e equilibrada, que não se deixa envolver por seus próprios sentimentos, mas que procura falar em nome da Doutrina dos Espíritos. Consegue tal equilíbrio esforçando-se em estudos sistemáticos, no labor mediúnico e na oração constante. Vamos acompanhá-la nesse atendimento. Pedimos aos amigos, Vinícius e Alberto, que nos auxiliem socorrendo Afonso, que estará adormecido. Maurício também os acompanhará, pois percebemos energia característica de vícios adictícios – Ineque falou.

– Somente um esclarecimento: Afonso também não teve a felicidade de nascer em lar espírita? – perguntei a Ineque.

– Sua família é espírita ativa em formosa casa em cidade do centro-oeste do país; porém, o menino sempre rejeitou os ensinamentos cristãos, furtando-se aos estudos evangélicos. No entanto, como nada é perdido no Mundo de Deus, com certeza todas essas novas idéias morais um dia brotarão em sua consciência, e farão uma grande diferença para ele.

Nós nos dirigimos ao apartamento ocupado por Afonso e mais dois colegas. Assim que adentramos o ambiente, percebemos densa energia característica de ambientes impregnados pelos vícios, irmãos em estado de demência provocada pelo consumo de drogas. Ali estavam largados pelos cantos, depressivos e tristes. Três rapazes de aparência frágil se drogavam diante da tela de uma televisão que exibia filmes pornográficos.

O mesmo irmão que víramos em casa de Adalton sentava-se confortavelmente em meio à balbúrdia, com expressão de quem estava dominando a situação. Mais uma vez nos aproximamos dele e oferecemos auxílio, e novamente a mesma expressão de escárnio. Ele se levantou da poltrona e se desmaterializou de imediato, e saiu calmamente pela porta de entrada, não sem antes se dirigir a nós, dizendo:

– Fiquem aí, não preciso me esforçar muito em defender meu trabalho. – E apontando os três rapazes, continuou – Eles auxiliam bastante.

Passamos a atender os irmãos desencarnados com passes magnéticos, auxiliando-os a adormecer. Assim que terminamos, voltamos a nossa casa de socorro, conduzindo-os amorosamente para uma nova oportunidade de vida, pois, apesar das palavras do triste opositor de si mesmo, sabemos que basta leve sensação de bem-estar e paz para que irmãos perdidos do bem retrocedam nesse caminho de dor.

Elevei meu pensamento a Deus, pedindo por todos aqueles que, desiludidos em suas experiências sofridas, desacreditam do amor e do perdão. Lembrei-me de minha própria história, e compreendi o sofrimento desses irmãos, pois eu mesmo um dia portei-me com tal desequilíbrio, angariando débitos terríveis e fazendo sofrer a muitos que me amavam.

Lembrei-me do caminho de retorno, e de quantas mãos precisei que se estendessem em minha direção; e hoje, graças aos que me socorreram e à compreensão desse Pai Amoroso de tantas oportunidades, posso estar aqui, socorrendo e trabalhando pelo perdão da humanidade a esse Espírito ainda tão ignorante.

Compreendo hoje, depois de tantos desatinos, que quando nos desequilibramos não prejudicamos só a nós mesmos, mas a toda a humanidade imersa nesse mar fluido que alimentamos com nossos pensamentos e nossas atitudes. Agora, vislumbro apenas a responsabilidade pessoal sobre todos os que aqui habitam, e trabalho em nome de Deus para que o perdão seja merecido e aprovado por minha consciência.

CAPÍTULO XVII

❦

A solução é o amor

Sede Perfeitos

Caracteres da Perfeição

1. Mas eu vos digo: Amai os vossos inimigos, fazei bem ao que vos tem ódio, e orai pelos que vos perseguem e caluniam. Para serdes filhos de vosso Pai que está nos céus; o qual faz nascer o seu sol sobre bons e maus, e vir chuva sobre justos e injustos. Porque se vós não amais senão os que vos amam, que recompensas haveis de ter? Não fazem os publicanos também o mesmo? E se vós saudardes somente os vossos irmãos, que fazes nisso de especial? Não fazem também assim os gentios? Sede vós logo perfeitos, como também vosso Pai celestial é perfeito.

(Mateus, V: 44-48) – O Evangelho Segundo o Espiritismo
– Capítulo XVII – Sede Perfeitos – Caracteres da perfeição – item 1.

Adentramos a sala de atendimento, acompanhando Toni.

– Boa noite, Sandra. Obrigado por me atender.

– Boa noite, Toni. Estou à disposição. Não agradeça a mim, mas sim a Deus e a Jesus, nosso Mestre amado, que nos permitem esse abençoado trabalho. E seus pais estão bem?

– Estão, sim. Já devem estar chegando. Sandra, quero pedir que essa nossa conversa fique apenas entre nós dois.

– Tudo o que qualquer pessoa conversa conosco nessas salas de atendimento fica aqui; e muitas vezes, após a saída do atendido, eu não lembro totalmente do assunto, mas em outra oportunidade, quando o atendido retorna e entra por essa porta, volta à minha lembrança o necessário à continuação de nossa conversa. Por isso, meu amigo, não se preocupe, a única maneira de alguém saber de nossa conversa é estando aqui conosco.

– Desculpe, Sandra, eu sei da seriedade do trabalho que é realizado nessa casa, caso contrário nem estaria aqui. A insegurança é apenas minha. O assunto que aqui me traz é bastante doloroso para mim, e tem me feito bastante infeliz, e ultimamente tem provocado inseguranças e temores – Toni revelou, com os olhos marejados de lágrimas.

Sandra, delicadamente, o observou e disse:

– Não se esqueça de que sempre estamos sendo amparados; basta pedirmos e seremos atendidos.

– Também sei disso. Mas essa é uma luta pessoal. Sei que estou amparado todo o tempo, que tenho o auxílio de que preciso para superar essas limitações que enxergo em mim mesmo; mas também sei que somente eu poderei direcionar meu caminho, a escolha é minha. E muitas vezes, principalmente nos últimos meses, sinto-me tentado a ceder aos prazeres imediatos, e isso faz com que me sinta fraco para vencer – falou Toni.

– Você é Espírito que vem recebendo oportunidades fantásticas nessa encarnação, altas noções de moral cristã. Superar uma prova se torna mais fácil diante desses novos conhecimentos. Isso, contudo, não quer dizer que a prova se torne menos dolorosa, mas sim superada com consciência, graças ao seu entendimento das Leis Morais.

– Desde a infância, sinto que sou diferente de meus irmãos, de meus amigos, de meus colegas. Eu penso diferente deles; meus interesses conflitam com os deles. Enquanto meus amigos se interessavam por futebol, por lutas orientais como o judô, e em "azarar" as meninas, como eles diziam, eu pensava em outras coisas, meus interesses reais eram outros: cinema, livros, músicas, etc. Era um menino ativo, mas não como os outros. Comecei a me preocupar com isso na adolescência, pois até aí era tido como preguiçoso. Quando questionado a respeito, justificava dizendo não gostar de esportes; mas na adolescência essa diferença começou a tomar forma para mim. Eu não sentia atração pelas meninas, não sentia prazer em sua companhia – não da maneira como os outros garotos. Eu gostava de conversar com minhas colegas de escola, os assuntos delas eram mais interessantes para mim, mais atraentes. Quando meus amigos começaram a contar histórias de seus relacionamentos com as garotas, as coisas pioraram. Eu me sentia constrangido e até mesmo enojado, e eles começaram a me cobrar. Passei a namorar, uma e outra garota, mas nada muito longo, que levasse a intimidades maiores; na realidade, eu me sentia enojado nesses contatos, parecia errado – falou Toni, fazendo breve pausa, como se precisasse tomar coragem para continuar. – Fui levando assim, meio a contragosto, satisfazendo as cobranças alheias, mas sempre insatisfeito com o rumo de minha vida. Entrei para a faculdade de medicina, e até então não havia me questionado sobre as sensações que me assaltavam; pelo contrário, procurava negá-las com todas as forças. Mas conheci Afonso, um colega de classe, irreverente, engraçado e bastante seguro do que quer e do que é. E quando estou perto dele, sinto uma grande excitação, como se algo muito grande fosse acontecer a qualquer momento. Sei o que tudo isso implica: relacionamento doentio, fora da normalidade e do caminho que me propus seguir. Hoje, analisando tudo isso, eu sei que tenho uma mente feminina presa a um corpo masculino. Sei também que isso acontece comigo porque sofro conseqüências de desvarios passados, e que, se ceder às minhas necessidades, materiais estarei mais comprometido ainda. Eu preciso de ajuda, pois não quero agir como um homossexual. Posso ter a tendência, mas isso não significa que devo me deixar arrastar por ela.

Sandra emocionou-se com a postura do rapaz, e pediu, com serenidade:

– Posso lhe dar um abraço, meu amigo?

Toni a abraçou e chorou durante vários minutos.

– Toni, você não precisa de orientação, você sabe exatamente o que é certo e errado. Precisa apenas de apoio para que supere esses momentos superlativos de dor em sua vida. Esse amigo, Afonso... De acordo com o que você me disse, é antigo conhecido seu; sua energia lhe é familiar, por isso a forte atração que exerce sobre você.

– E se eu ceder a essa relação? Embora não acredite no pecado, me sinto um pecador só de pensar as coisas que me vêm à cabeça!

– Como você mesmo disse, meu amigo, é uma cabeça de mulher pensando dentro de um corpo masculino. Se você adquiriu experiências mediante múltiplas encarnações em corpos femininos, traz também gravadas na mente as sensações que vêm da libido feminina; e quando pensar em relacionamentos sexuais ativará lembranças afins. Quando há troca de sexo, também passamos a um novo processo educativo, concorda? E não é da noite para o dia que tudo se transforma, mas tudo é gradativo. Não somos Espíritos perfeitos, capazes de sublimar sentimentos e necessidades, mas pela superação de nossos vícios é que crescemos. E não espere, meu amigo, uma transformação imediata. Trabalhe suas limitações com paciência, firmeza e constância. Esse é o caminho para a perfeição, lento e constante.

– O medo é ceder, principalmente porque vejo algumas atitudes em Afonso com as quais não concordo – falou Toni.

– Por exemplo?

– Ele já me ofereceu drogas, incentivando-me a me livrar de meus limites e liberar meus instintos. Ele me seduz com gestos e palavras bastante insinuantes.

– Por que você não se afasta dele por enquanto, o tempo necessário para se fortalecer e saber exatamente o que quer para sua vida? – aconselhou Sandra.

– É isso que quero, e quando começo a fazer isso, sinto pânico em perdê-lo, medo de que ele se interesse por outra pessoa.

– Afonso é homossexual?

– É, sim, mas me disse que apenas eu despertei esse sentimento nele, e ele não se envergonha em assumir essa identidade; pelo contrário, parece se orgulhar disso.

– Analisando de acordo com os ensinamentos da Doutrina Espírita, a que conclusão você chega sobre a postura de Afonso?

– Desequilíbrio moral grave. Mas, nesse momento, para mim, também é muito atraente – respondeu Toni com sinceridade.

– Toni, você já sabe o que é certo e o que é errado, auxílio você está recebendo e, com certeza, esse é um momento de provação para seu Espírito. O que posso aconselhar é que tenha bastante coerência em suas escolhas, pois diante do Espírito esclarecido que tomba sob a tentação dos prazeres imediatos, as atenuantes são poucas, e as conseqüências muito mais severas. Reflexione e escolha, lembre-se sempre da Lei de Ação e Reação. Vou lhe entregar um texto do Irmão X, psicografia de Chico Xavier, e peço para que leia em voz alta, está bem?

Sandra entregou a Toni uma folha de papel, e ele passou à leitura do magnífico texto:

OS TRÊS CRIVOS

Certa feita, um homem esbaforido achegou-se a Sócrates e sussurrou-lhe ao ouvido:

– Escuta, na condição de teu amigo, tenho alguma coisa muito grave para dizer-te, em particular...

– Espera!... – ajuntou o sábio prudente. – Já passaste o que me vais dizer pelos três crivos?

– Três crivos?! – perguntou o visitante, espantado.

– Sim, meu caro amigo, três crivos. Observemos se tua confidência passou por eles. O primeiro é o crivo da verdade. Guardas absoluta certeza quanto àquilo que pretendes comunicar?

– Bem – ponderou o interlocutor – assegurar mesmo... não posso... Mas ouvi dizer, e então...

– Exato. Decerto peneiraste o assunto pelo segundo crivo, o da bondade. Ainda que não seja real o que julgas saber, será pelo menos bom o que me queres contar?

Hesitando, o homem replicou:

– Isso não!... Muito pelo contrário...

– Ah! – tornou o sábio –, então recorramos ao terceiro crivo: o da utilidade, e notemos o proveito do que tanto te aflige.

– Útil?!... – aduziu o visitante, ainda agitado. – Útil não é...

– Bem – rematou o filósofo num sorriso –, se o que tens a confiar não é verdadeiro, nem bom, nem útil, esqueçamos o problema e não te preocupes com ele, já que nada valem casos sem edificações para nós...

– Pense bem, meu amigo: esse texto, utilizado de maneira consciente, nos serve também em nossas escolhas de vida. Veja o que esse relacionamento em desequilíbrio pode causar a ambos. Ele é verdadeiro, ele é útil, ele é bom? Reflita e escolha! Não se envergonhe e peça auxílio aos que o amam verdadeiramente. Se for necessário, procure ajuda psicológica; com certeza isso o fortalecerá. Enquanto Sandra, Ineque e Ana atendiam Toni, nosso pequeno grupo voltava à casa de caridade que abrigava a tantos necessitados. Nós mesmos, já em condições de auxiliar, nada mais fazíamos do que resgatar nossos débitos pretéritos. Já tivemos oportunidade de expressar nossos pensamentos a respeito do assunto, e voltamos a afirmar, devido à importância dessa nova filosofia de vida, que nos auxilia a assumir as conseqüências de nossas escolhas, e também nos faculta o pensamento cristão em relação à recuperação de nossos Espíritos por meio do trabalho benéfico, não somente a nós, mas também a irmãos que se encontram em nossa retaguarda e são abençoados, assim como nós mesmos dependemos da bondade de outros que nos precederam no caminho da paz. Quando penso nessa abençoada filosofia fraternal, lembro-me de querida companheira de nossa casa, que diuturnamente nos agraciava com sua presença constante e silenciosa, mas que quando falava aos grupos de estudos verbalizava com sentimento o exemplo de Nosso Mestre Jesus. Uma noite de estudos, ela trouxe uma folha de jornal recortada no formato de pequenos bonecos unidos pelas mãos, e disse à assistência que a humanidade caminha sempre de mãos dadas; que no momento, ainda estávamos caminhando um à frente do outro, mas que em futuro próximo estaríamos de mãos dadas e caminhando lado a lado.

Essa agradável companheira já se encontra entre nós, recuperando-se da passagem, e sempre constante em busca de sua renovação. Pedimos ao Pai que a fortaleça em seus propósitos, e esperamos em breve espaço de tempo tê-la conosco, ativa no trabalho de nossa casa.

Como diz nossa querida amiga, senhora Emília: "O perdão é dádiva de Deus, nós é que passamos muito tempo dando alimento ao ódio, ao rancor e ao orgulho. É sempre esse orgulho que nos mantém presos nas energias mais densas".

Toni se despediu de Sandra e foi convidado a voltar na semana seguinte.

Apesar de todo o esclarecimento que Toni havia angariado durante a presente encarnação, sentia-se dividido entre viver de maneira menos intensa em relação às sensações físicas, porém com equilíbrio – adquirindo, assim, possibilidades de acordar e alimentar virtudes – ou ceder aos prazeres do momento, e dessa maneira acumular novos débitos. E nesse conflito que acabou se dirigindo ao apartamento de Afonso, apesar de acreditar que deveria se afastar do amigo; mas também experimentava uma sensação de urgência que não conseguia explicar, e para lá se seguiu.

Tocou a campainha e escutou alguém o convidando a entrar. Parou com a mão na maçaneta e prestou atenção para ouvir melhor o convite, pois havia estranhado a voz que lhe respondeu. Apertou de novo a campainha, e a mesma voz suave respondeu, autorizando-o a entrar.

Resolveu entrar; voltou a pressionar a maçaneta, e a porta se abriu com um estalido surdo.

Estava tudo escuro, não havia uma luz acesa; então, tateando a parede, encontrou o interruptor e acendeu a luz. A cena que viu, assim que o ambiente clareou, o deixou estarrecido: os três jovens moradores da casa jaziam inertes no chão, cada um com uma seringa ao lado, denunciando o motivo do desfalecimento. Apavorou-se, e a primeira idéia que teve foi fugir dali. Porém, retrocedeu em seus passos e passou a examiná-los, e, mais tranqüilo, percebeu que estavam todos vivos. Contudo, seus sinais vitais eram fracos, precisavam de socorro urgente. Tomou nas mãos o telefone celular e ligou para o socorro de emergência do hospital onde estagiavam. Por telefone, o médico plantonista do hospital passou a orientá-lo no socorro.

Sentiu profundo alívio ao escutar a sirene do Resgate chegando. Passou o atendimento aos cuidados dos profissionais e sentou-se em uma poltrona com a cabeça entre as mãos. Lembrou-se de seu pai e ligou pedindo ajuda.

O doutor Adalton conversou com o responsável pelo resgate e o orientou a levar os jovens para o hospital em que trabalhava. Assim foi feito.

Toni, sentado na sala de espera, ora rezava com fervor, ora entrava em pânico, então ouvia uma voz insistente dizendo a ele que aquele também seria o seu fim. Cheio de raiva e ódio, descontrolou-se, e estava quase entrando em crise nervosa quando percebeu Sandra, Sheila, Otávio e outro trabalhador da Casa Espírita Caminheiros de Jesus se aproximando. Sentiu um alívio imediato e disse:

– Graças a Deus! Por favor, me ajudem a orar por esse irmão que escuto a falar sem tréguas em minha cabeça.

Sandra olhou em volta e logo identificou a entidade que assediava o rapaz; então, abriu *O Evangelho Segundo o Espiritismo* e leu em voz alta o seguinte trecho:

A Piedade. Michel – Bordeaux, 1862 – 17. "A piedade é a virtude que mais vos aproxima dos anjos. É a irmã da caridade que voz conduz para Deus. Ah, deixai vosso coração enternecer-se diante das misérias e dos sofrimentos de vossos semelhantes. Vossas lágrimas são um bálsamo que derramais nas suas feridas. E, quando tocados por uma doce simpatia, conseguis restituir-lhes a esperança e a resignação, que ventura experimentais! É verdade que essa ventura tem um certo amargor, porque surge ao lado da desgraça; mas, se não apresenta o forte sabor dos gozos mundanos, também não traz as pungentes decepções do vazio deixado por estes; pelo contrário, tem uma penetrante suavidade que encanta a alma.

A piedade, quando profundamente sentida, é amor; o amor é devotamento; o devotamento é o olvido de si mesmo; e esse olvido, essa abnegação pelos infelizes, é a virtude por excelência, aquela mesma que o divino Messias praticou em toda sua vida, e ensinou na sua doutrina tão santa e sublime..." (*O Evangelho Segundo o Espiritismo.*)

Sugerimos a todos a leitura desse texto em sua íntegra; aliás, aconselhamos a leitura sistemática de todo *O Evangelho Segundo o Espiritismo*, pois é luz em nossa mente.

– Toni, eleve seu pensamento a Deus e agradeça esse momento. Embora nos pareça de grave desequilíbrio, devemos vê-lo como de oportunidade para repensar atitudes e mudar seu caminho. Esse sofrimento que nesse momento o amedronta e confunde, analise-o e enxergue além da superfície. O que conversamos hoje? Lembre-se de sua insatisfação com sua conduta e linha de pensamento. Será que não serve como alerta? – falou Sandra.

– Sandra, depois que saí da casa espírita, sentia uma ansiedade grande e o pensamento sempre constante em Afonso e nos rapazes que moram com ele, mas não era nada relacionado com o que conversamos, era uma urgência de ver o que estava acontecendo! Parecia que havia algo muito ruim para ser evitado. Quando cheguei ao apartamento, toquei a campainha e ninguém atendeu, minha primeira idéia foi ir embora, mas uma voz suave me autorizou a entrar. Fiquei em dúvida e toquei novamente a campainha; e escutei a mesma voz. Fiquei intrigado, pois só moram os três naquele apartamento. No início, achei que fosse alguma amiga deles, mas agora que volto a pensar com normalidade, vejo que não havia mais ninguém lá. E a voz tinha um timbre sublime... Percebo que fui amparado por doce Espírito – Toni falou.

– Mais um motivo para agradecer, você serviu ao plano dos Espíritos para evitar uma tragédia maior. Reflita sobre essa ferramenta fantástica que, bem conduzida, o auxiliará a realizar um bom trabalho espiritual – falou Sandra.

– Você está falando sobre mediunidade? – perguntou Toni.

– Estou, sim, e você já possui alguns conhecimentos que podem ajudá-lo a entender o que aconteceu – tornou Sandra.

– Parece que tenho muitas decisões a tomar! – Toni disse.

– Nada chega até nós, em termos de vivência, se não podemos vencer; depende apenas de nós mesmos – comentou Sheila.

– Deixe de lado a situação de vítima, e retome o controle de sua vida. Faça o melhor sempre, decida com equilíbrio, usando a razão e a emoção, faça as suas escolhas com consciência, ciente de que está fazendo o melhor, pois todo pensamento emitido ou toda ação praticada produzem suas energias características, que nos envolvem – completou Otávio.

Adalton se reuniu aos amigos e ao filho trazendo notícias dos rapazes:

– Eles ainda estão bastante perturbados, mas fora de perigo. Somente amanhã poderemos ter a noção exata do dano causado. Obrigado por acorrerem prontamente ao meu chamado, confesso que fiquei inseguro, pois Salima foi visitar a mãe neste fim de semana, aproveitando que eu estava de plantão.

– Não se preocupe, meu amigo. Ficamos muito felizes com seu chamado, afinal de contas é trabalho para nossos Espíritos endividados. Nós é que agradecemos – falou Otávio.

Os amigos se despediram, então Adalton e Toni ficaram sozinhos. O rapaz, envergonhado, não conseguia levantar os olhos e enfrentar a conversa que se fazia necessária.

– Toni, você sabe o quanto eu amo você e seus irmãos, não sabe? – perguntou Adalton.

– Sei, sim, pai. Só que meus irmãos não lhe dão as preocupações e os problemas que lhe trago – falou Toni, ainda de
cabeça baixa.

– Olhe para mim, enquanto conversamos. Não quero que
se envergonhe de nada, pois sei o seu valor moral, e se você
está vivendo um momento difícil, eu quero que veja em mim
um amigo confiável que nunca irá criticá-lo ou julgá-lo por
nenhum ato ou mesmo pensamento seu.

– Mesmo assim, sinto vergonha do que sou.

– Não existe nada fatal em nossa vida, meu filho. O que
quero de todo meu amor é que você entenda que, sejam quais
forem as escolhas que fizer, de acordo ou não com aquilo que
acredito, você receberá meu apoio, pois eu o conheço e sei que
sempre fará o melhor que pode no momento. Entenda isso de
uma vez por todas. E você é uma pessoa maravilhosa! Não
espero de você a perfeição, pois nem mesmo eu a consigo.

– Mas você não entende que eu mesmo não aceito isso?
Que eu sofro pelo que sou nesse momento? Você tem idéia
que eu, o seu filho, sou homossexual?

– Sei que você, o meu filho amado, é um Espírito maravilhoso, amoroso, honrado e digno, que deverá viver uma
encarnação de conflitos morais entre o que sente e o que
acredita em teoria. Para mim não importa o que você decidir
fazer com sua vida amorosa e sexual, pois sei que você é um
Espírito bom. E qualquer atitude que tomar será com amor
e dignidade – falou Adalton, segurando no queixo de Toni,
obrigando-o a olhar em seus olhos, e continuou. – Quanto
aos problemas que irá vivenciar, com certeza fazem parte de
seu programa reencarnatório, como provação aos desatinos
do passado. O que peço a você é que não se esqueça de sua

fé e do amor incondicional que toda a sua família lhe dedica. Viva essa encarnação com dignidade, amando e sendo fiel a quem quer que seu coração eleja.

– Mesmo se for um amor homossexual, meu pai? – perguntou Toni, com lágrimas nos olhos.

– Mesmo se for um amor homossexual. Não estou aqui exigindo de meu filho a perfeição que ele não está preparado para ter. Eu sei que o ideal é sublimar ligações doentias, anomalias sexuais, mas se você não conseguir, tenha a certeza, meu filho, de que nunca será rejeitado por nós, mas sempre encontrará em sua família o abrigo necessário.

– E minha mãe, o que ela pensará disso tudo?

– Tem alguma dúvida sobre o amor altruísta de Salima? Ainda duvida de sua compreensão amorosa e respeitosa? Você acredita que ela o amará menos?

Toni, emocionado, abraçou seu pai, e um sentido pranto aflorou de seu peito, aliviando a dor que o oprimia.

Emocionados presenciamos essa cena de amor fraternal, enquanto nosso triste irmão perseguidor se enraivecia diante do amoroso quadro. Aproximei-me dele e novamente perguntei:

– Podemos fazer alguma coisa por você, meu irmão?

E, de novo, ele apenas me olhou, virou-me as costas e saiu urrando do ambiente.

– Ineque, esse irmão me preocupa sobremaneira, parece estar imune a qualquer bom sentimento – comentei.

– O que vemos é apenas a aparência, a superfície de um vulcão adormecido. Não devemos desanimar diante do que ainda não entendemos – respondeu-me o amoroso amigo.

– E o caso de Toni, como devemos entender? Até onde ele irá se comprometer se ceder às tentações? – perguntei.

ALDEIA DA ESCURIDÃO 187

– Tudo é relativo ao momento que vivemos, ao entendimento de nossas viciações. Sabemos que o primeiro passo é identificar o problema, assim temos a possibilidade da ação reagente contrária, que nos facultará a aquisição de um novo comportamento. Porém, não tenhamos a pretensão de resolver acabar com um vício da noite para o dia; isso seria uma falsa atitude de mudança. Tudo é gradativo, conforme a nova verdade vai se instalando em nosso íntimo, nos propiciando uma nova maneira de viver – respondeu Ineque.

– Isso quer dizer que Toni poderá sucumbir aos prazeres do sexo doente e, mesmo assim, ainda estar em evolução? – perguntei.

– Exatamente, meu amigo. Em outra oportunidade, a promiscuidade era comportamento "normal" para Afonso e Toni. O amor, o respeito, a fidelidade e a dignidade eram apenas palavras mal entendidas para ambos; porém, Toni mostra sinais de estar evoluindo moralmente: primeiro por já rejeitar os desvios sexuais; depois, mostra-se fiel aos companheiros dessa jornada, a família; e mesmo em seu relacionamento com Afonso já identifica amor – falou Ineque.

– Então, se houver um relacionamento amoroso entre os dois já não será tão traumático como em outras oportunidades? – indaguei, demonstrando certa rejeição ao assunto.

– Sei que é difícil entender isso, pois ainda estamos presos a preconceitos adquiridos em múltiplas oportunidades, nos dois planos, como masculino e feminino; mas, se houver verdadeiro amor, que já possibilite a sublimação em próxima experiência, já consideramos, sim, como evolução; mas que não se entenda a aprovação das relações homossexuais, e sim que estamos avaliando o momento de evolução, visto que o que mais atrai nessas relações ainda está ligado ao prazer dos sentidos – explicou Ineque.

– Se analisarmos alguns relacionamentos heterossexuais, mas também doentios, seria o mesmo critério? – perguntei.

– Pressupomos a evolução do Espírito, e não da matéria, pois sabemos que esta se sutiliza a partir da evolução moral. O amor fraterno e verdadeiro não leva em conta o sexo, pois sabemos que o Espírito é assexuado, e a experiência em um pólo e outro nos serve como prova e expiação para nosso aprendizado. Então, desvios morais são julgados por atos, e não por papéis que ocupamos em uma ou outra oportunidade na matéria – respondeu Ineque.

– Confesso ao amigo que ainda sinto dificuldades em entender amplamente o assunto, e apenas auxiliar, livre de julgamentos particulares – comentei, magoado com meus próprios pensamentos.

– Não se preocupe, meu caro amigo. Todos nós ainda temos muito a aprender, o que considero gratificante; afinal, se assim não fosse, creio que morreria de tédio, pois temos a eternidade a nossa frente – respondeu-me Ineque, com amplo sorriso nos lábios.

CAPÍTULO XVIII

Tragédia em família

Muitos os Chamados e Poucos os Escolhidos

Parábola da Festa de Núpcias

1. E respondendo Jesus, lhe tornou a falar segunda vez em parábolas,
dizendo: "O Reino dos Céus é semelhante a um homem rei,
que fez as bodas a seu filho; e mandou os seus servos a chamar
os convidados para as bodas, mas eles recusaram ir.
Enviou de novo outros servos, com este recado:
Dizei aos convidados: Eis aqui tenho preparado o meu banquete,
os meus touros e os animais cevados estão já mortos, e tudo pronto;
vinde às bodas. Mas eles desprezaram o convite, e se foram,
um para a sua casa de campo, e outro para o seu tráfico.
Outros, porém, lançaram mão dos servos que ele enviara,
e depois de os haverem ultrajado, os mataram. Mas o rei,
tendo ouvido isto, se irou; e tendo feito marchar seus exércitos,
acabou com aqueles homicidas, e pôs fogo à sua cidade.
Então, disse aos seus servos: As bodas com efeito estão aparelhadas,
mas os que foram convidados não foram dignos de se acharem
no banquete. Ide, pois às saídas das ruas, e a quantos achardes,
convidai-os para as bodas. E tendo saído os seus servos pelas ruas,

*congregaram todos os que acharam, maus e bons; e ficou cheia
de convidados a sala do banquete de bodas. Entrou depois o rei para ver
os que estavam à mesa, e viu ali um homem que não estava vestido com
veste nupcial. E disse-lhe: Amigo, como entraste aqui, não tendo vestido
nupcial? Mas ele emudeceu. Então disse o rei aos seus ministros:
Atai-o de pés e mãos e lançai-o nas trevas exteriores: aí haverá choro
e ranger de dentes. Porque são muitos os chamados
e poucos os escolhidos".*

(Mateus, XXII: 1-4) – O Evangelho Segundo o Espiritismo
– Capítulo XVIII – Muitos os Chamados e Poucos os Escolhidos
– Parábola da festa de núpcias – Item 1.

Estávamos gozando merecido descanso, quando Alberto, mais uma vez, veio a nossa procura.

– Amigos, urge que tomemos uma atitude. Estou sentindo até falta de ar – falou Alberto, esbaforido, entrando no recinto em que nos encontrávamos.

– Acalme-se, Alberto! Qual o motivo da pressa? – perguntei.

– Acredito que se já não houvesse desencarnado, isso aconteceria nesse momento, por grave síncope cardíaca. Ana e eu estávamos visitando a família de Sônia, lá na cidade de Florianópolis, onde se encontram hospedados, quando um burburinho foi ouvido na parte da frente do prédio onde está localizado o restaurante da família de Mara. Nós nos dirigimos para lá, curiosos, pois a energia que nos chegou em forma de petardos também nos preocupou.

– Alberto, fez ligeira pausa para tomar fôlego. – Qual não foi nossa surpresa ao identificarmos a presença do companheiro de Sônia, totalmente dementado, ameaçando todos de morte! Tentamos uma aproximação, porém fomos rejeitados. Ana solicitou auxílio, mas nada do que fizéssemos surtia efeito; então, solicitei licença para vir em busca dos amigos.

Prontamente nos deslocamos para o local da triste contenda.

– Adamastor, não faça nada do que possa se arrepender mais tarde. Lembre-se de que essa mulher e essas crianças são sua família – falava a mãe de Mara, dona Cláudia.

– Cale a boca, sua velha! Não estou nem ligando se são ou não meus filhos, ou se essa traidora é minha mulher. Eu fugi da cadeia e a vizinha me deu o endereço... tá certo que depois de muito apanhar. Eu vou me vingar de vocês, seus traidores, vocês fugiram de mim!

Elevei meu pensamento a Deus e pedi auxílio ao Plano Espiritual Superior. Maria Clara e amável equipe de trabalhadores surgiram ao nosso lado, e imediatamente passamos a energizar o ambiente, com a intenção de enfraquecer a fúria de Adamastor.

Espíritos bulhões e arruaceiros que alimentavam a densa energia logo foram imobilizados e acomodados em amplo veículo suspenso a metros do chão material; outros trabalhadores passaram a atender aqueles que se diziam a serviço do plano inferior. Nesse momento, percebemos que Adamastor passou a sentir certo desconforto, pois olhava desconfiado a seu redor. Inseguro e furioso, agarrou Mário pelos cabelos e o arrastou consigo, sumindo no meio da rua movimentada.

Sônia e dona Cláudia correram em seu encalço, porém o infeliz parecia ter desaparecido no ar. Olhamos ao redor e identificamos a mesma entidade de outras oportunidades, novamente nos afrontando com o olhar, sarcástico e belicoso.

O senhor Celso, pai de Mara, chamado às pressas de seus afazeres, logo providenciou a presença da polícia no local.

Sônia soluçava baixinho, abraçada à filha Teresa, que mostrava em sua fisionomia infantil o pavor de que era vítima.

Mara foi avisada do ocorrido, e dona Cláudia pediu que se informasse sobre a vizinha, que Adamastor disse haver espancado.

Mara pesquisou na lista telefônica da cidade, identificou a casa mais próxima, à procura de alguém que pudesse lhe dar notícias da vizinha de Sônia. Assim que o telefone foi atendido, percebeu, pelas vozes alteradas, a comoção da qual o ambiente estava tomado.

– Por favor, eu gostaria de saber se algo violento aconteceu por aí? – perguntou, sem saber direito como indagar sobre o ocorrido.

– Quem está falando? – perguntou um senhor com voz alterada.

– Meu nome é Mara. Eu sou psicóloga e atendo a família de Sônia. O marido dela fugiu da cadeia e foi atrás da família, seqüestrou o pequeno Mário, e disse que uma vizinha deu a informação após ter sido espancada por ele – falou Mara, resumindo rapidamente o ocorrido.

– Santo Deus! Então foi o desgraçado que matou dona Firmina? – respondeu o senhor de nome Valter.

– O quê? Ele matou essa senhora? – indagou Mara assustada.

– Matou sim, moça. Ele acabou com dona Firmina, e ela era uma senhora de muita idade. E agora, a senhora me diz que ele levou o menino? – falou o senhor Valter.

– Infelizmente, ainda não sei o que aconteceu ao certo. Eu estou indo ao encontro deles.

– Moça, vou pedir o favor de deixar a gente a par dos acontecimentos, nós temos muita admiração pela Sônia, é uma moça de valor e dignidade. Diga-lhe que faremos uma novena em benefício do menino Mário, da pequena Teresa e dela.

– Darei seu recado, obrigada, senhor.

Mara entrou em contato com Vera, pedindo a ela que instruísse sua secretária a desmarcar as consultas.

– Mara, eu já estou trabalhando com você há dois meses, então não desmarque as consultas; falarei com Vitor e pedirei a minha amiga que trabalha para ele, no período da manhã, para que permaneça na parte da tarde também. Acredito que ela aceitará. Então poderei ficar no seu consultório, não somente algumas horas, mas nos dois períodos – ofereceu Vera.

– Nossa, Vera! Nem acredito que me ofereceu isso, eu estava propensa a lhe propor a mesma coisa, mas assim, de última hora, achei que não seria possível – falou Mara.

– Eu já conversei com Vitor, e ele me apoiou, sou eu que ainda sinto receio de que ele não se lembre mais de mim – disse Vera, meio sem graça.

– Então, eu posso ficar tranqüila? – Mara indagou.

– Pode, sim. Vá em paz, e nos dê notícias, está bem?

Desligando o telefone, Mara fez outra ligação, dessa vez para Adalton.

– Oi! Sou eu, a Mara!

– Tudo bem, Mara?

– Tudo bem. E você, Adalton, como está?

– Eu não sou meu pai, é Cláudio quem está falando.

– A sua voz é muito parecida com a de seu pai – falou Mara.

– Até minha mãe nos confunde ao telefone. Mas o que você precisa? – perguntou Cláudio.

– Preciso falar com urgência com seu pai.

– Meu pai e minha mãe estão viajando, voltarão no começo da semana. O que está acontecendo? Você parece preocupada.

Mara explicou ao rapaz sobre os últimos acontecimentos, inclusive que não havia conseguido vôo para Florianópolis devido ao mau tempo. Então, Cláudio disse:

– Eu irei com você. Estou em férias. Me dê seu endereço e passarei para pegá-la em quarenta minutos, está bem?

– Cláudio, eu não quero atrapalhar...

– Mara, se você for sozinha, eu não vou conseguir ficar em paz. Eu faço questão de ir junto e ajudar, está bem? Além do mais, meus pais já me contaram a história dessa família, e eu me emocionei muito. Quero mesmo ajudar.

– Então eu aceito. Vou me sentir mais segura com você ao meu lado.

A viagem transcorreu calma, apesar dos pensamentos apreensivos pelo bem-estar dos amigos em dificuldades. Durante o trajeto, Mara conversou pelo telefone celular com sua mãe várias vezes, e até a última ligação não havia notícias de Mário e seu pai.

– Mãe, graças a Deus nós chegamos! Estava muito ansiosa. Vocês têm notícias do Mário? – indagou Mara assim que viu dona Cláudia vindo a seu encontro.

– Nada ainda, minha filha. A Sônia está desesperada.

– Mãe, este é Cláudio, filho do Adalton e da Salima. E a Teresa, está bem?

– Obrigada por vir com minha filha. Eu estava muito preocupada por ela pegar o carro sozinha e vir em disparada por essa estrada – falou a mãe de Mara, abraçando amorosamente Cláudio. – Quanto a Teresa, a coitadinha está cabisbaixa, ela não entende direito a gravidade da situação, pois quando Adamastor chegou com tanta violência, ela se agarrou nas pernas de Sônia e ficou escondida, de olhos fechados o tempo todo. Mas entrem, vocês devem estar com fome. Pedi para a Maria fazer um lanche leve e um suco para vocês.

Nesse momento, um carro de polícia parou na porta, e desceu um policial.

– Dona Cláudia!

– Oh, Jerson! Vocês têm notícias do Mário? – A pobre senhora se mostrou aflita.

O policial se aproximou e disse, amargurado.

– O pai do menino foi emboscado lá pelos lados do manguezal e ameaça matar o garoto. E, pelo que disse o sargento, o menino está muito maltratado. Eles me mandaram buscar a mãe para falar com eles e tentar fazer o homem pensar.

Mara olhou para Cláudio, e ele sentiu o pavor que ameaçava dominar a moça; então a abraçou e disse:

– Agora não... Agora nós precisamos ser fortes. Depois choraremos, está bem?

Mara concordou com a cabeça, então Cláudio disse:

– Policial, eu vou buscar a mãe do menino. Dona Cláudia, a senhora cuida da menina? E você, Mara, quer ficar ou ir conosco? – perguntou Cláudio.

– Eu vou com vocês! – afirmou Mara com decisão.

Eles subiram na viatura policial e se dirigiram ao local onde se encontravam Adamastor e Mário.

Assim que desceram da viatura, ouviram dois estampidos secos e tristes. Sônia, em desespero, correu em direção à movimentação a tempo de ver Adamastor cair como um fardo sobre o pequeno corpo de Mário, que jazia inerte sobre uma poça de sangue. Seu grito de dor ecoou longe, e seu corpo tombou sobre a terra quente, banhada por um sol escaldante.

Mara e Cláudio sentiram seus joelhos dobrar sob o peso do corpo, e, inconformados, cederam a um pranto de dor e desespero.

O senhor Celso correu a socorrer Sônia, abraçou-a com carinho e percebeu que ela foi abençoada por um momento de inconsciência. Paramédicos se aproximaram, e ela foi socorrida pelo resgate.

Mara e Cláudio permaneceram no local, até que os corpos de Mário e Adamastor fossem removidos para o Instituto Médico Legal.

CAPÍTULO XIX

❦

Adamastor e Mário no plano dos Espíritos

A Fé que Transporta Montanhas

Poder da fé

1. E depois que veio para onde estava a gente,
chegou a ele um homem que, posto de joelhos, lhe dizia:
"Senhor, tem compaixão de meu filho, que é lunático e padece muito:
porque muitas vezes cai no fogo, e muitas na água.
E tenho-o apresentado a teus discípulos, e eles o não puderam curar".
E respondendo Jesus, disse: "Oh! Geração incrédula e perversa,
até quando hei de estar convosco, até quando vos hei de sofrer?
Trazei-mo cá". E Jesus o abençoou, e saiu dele o demônio,
e desde aquela hora ficou o moço curado. Então disseram:
"Por que não pudemos nós lançá-lo fora?" Jesus lhes disse:
"Por causa da pouca fé. Porque na verdade vos digo que,
se tiverdes fé como um grão de mostarda, direis a este monte:
passa daqui para acolá, e ele há de passar,
e nada vos será impossível.

(Mateus, XVII: 14-19) – O Evangelho Segundo o Espiritismo
– Capítulo XIX – A Fé que Transporta Montanhas – Poder da fé – Item 1.

Acompanhávamos o desenrolar dos fatos descritos, enquanto equipes socorristas se movimentavam com o objetivo de impedir que Adamastor concluísse seus objetivos originados em uma mente desvairada e alimentados pelo ódio insano de antigos adversários; porém, o envolvimento simbiótico impedia que o triste enfermo conseguisse perceber nossa presença.

Após o ato homicida e suicida, passamos a socorrer o pequeno Mário, que foi desligado de seu corpo denso antes mesmo que este tocasse o chão. Imediatamente, irmãos abnegados no socorro a esses pequenos ainda da matéria o transportaram para um hospital pediátrico no plano dos Espíritos.

Adamastor se debatia em seu próprio corpo denso, ainda preso por fios invisíveis. Intentamos uma aproximação com o intuito de orientá-lo nesses momentos traumáticos. Fomos rejeitados! Então, orientamos sutil e abençoada energia para isolá-lo dos vampiros, até que o fluido vital se esgotasse; novamente fomos rechaçados.

Afastamo-nos em prece, antes que vampiros sedentos passassem a usufruir de sua energia vital ainda tão abundante, devido à interrupção abrupta de sua encarnação por meio do suicídio.

Após presenciar esse triste acontecimento, lembrei-me de um trecho do livro *A Gênese*, Capítulo Gênese Espiritual, Itens 18 e 19:

"18. ... Por efeito contrário, esta união do perispírito e da matéria carnal, que se havia realizado sob a influência do princípio vital do gérmen, quando esse princípio cessa de agir em resultado da desorganização do corpo, a união, que apenas era mantida por uma força atuante, cessa quando essa força cessa de agir; então o Espírito se solta, *molécula por molécula*, como um dia se uniu, e o Espírito recupera sua liberdade. Assim, *não é a partida do Espírito que causa a morte do corpo, mas a morte do corpo que causa a partida do Espírito.* Desde o instante posterior à morte, a integridade do Espírito é total; suas faculdades adquirem mesmo uma penetração maior, ao passo que o princípio da vida se extingue no corpo, e isto é prova evidente de que o princípio vital e o princípio espiritual são duas coisas distintas.

19. O Espiritismo nos ensina, pelos fatos que nos proporciona à observação, os fenômenos que acompanham essa separação; ela é algumas vezes rápida, fácil, doce e insensível; outras vezes é lenta, laboriosa, horrivelmente penosa, segundo o estado moral do Espírito, e pode durar meses inteiros".

Olhei para meus amigos e percebi a tristeza profunda que banhava seus corações; então, Ineque nos convidou a uma prece, seguida de valorosa reflexão sobre o que havíamos presenciado.

Maria Clara se juntou a nós e disse, amorosa:

– Nada acontece sem que o Pai o permita, e tudo é sempre aproveitado para o crescimento de Seus filhos. Não permitamos que a dor e o desânimo visitem nosso coração e entorpeça nossa mente; mas procuremos entender esse momento como oportunidade para todos os envolvidos. Ergam o ânimo! Nossos amigos necessitam de nossa presença, para que se sintam amparados e fortalecidos. Oremos por esse irmão que irá sofrer demasiado, até que sua consciência acorde e mude a direção de seu caminho; oremos por nosso pequeno amigo, que cumpriu sua parte nessa encarnação, pois sabemos que nada que nos acontece é a nossa revelia; oremos, todos nós, por aqueles ainda ignorantes e malévolos que contribuíram para que esse fato se consumasse; oremos por aqueles que permanecem presos ao vaso denso e nesse momento são visitados pela provação bendita; oremos por nós mesmos, para que possamos nos alegrar pelos desígnios do Pai, que nada mais são do que a nossa consciência despertada pelo porvir.

Oramos o Pai Nosso com tanto amor em nosso coração que nossas mentes, em uníssono, foi abençoada com a visão dos beneficiados pela prece imortal.

A emoção visitou nosso coração e nos dobrou os joelhos ao chão. Grossas lágrimas banharam nosso rosto e maravilhosa energia se expandiu em todas as direções.

Senti imensa felicidade em perceber o quanto poderia fazer por esse abençoado planeta, em união com amoráveis corações.

Após o meu desencarne, acreditei que muito seria transformado dentro de mim, principalmente pelas notícias que tínhamos de Espíritos que nos precederam, pelas belíssimas obras espirituais que estudávamos; mas nunca poderia imaginar a magnitude do Amor do Pai. Nunca havia, realmente, alcançado a grandeza do mundo dos bons espíritos, o altruísmo e a abnegação de irmãos de elevada grandeza moral! E hoje, quando presencio esses amorosos fenômenos de amor, e percebo que sou parte de tudo isso, meu coração se alegra sobremaneira; não consigo encontrar palavras que descrevam essa sensação de amor fraternal. Posso apenas incentivar a cada irmão que tiver a oportunidade de ler sobre nosso humilde trabalho, que o esforço que empreenderem em benefício de um futuro mais equilibrado será amplamente recompensado por essa felicidade indescritível. Aqui não há sofrimentos como os entendemos na Terra, enquanto encarnados. No mundo dos Espíritos, de acordo com o entendimento que se direciona ao mundo maior, tudo é oportunidade, então nada é doloroso, pois passamos a enxergar esses momentos como de reflexão para dias melhores.

Nós nos erguemos, embora ainda reflexivos para compreender perfeitamente os últimos acontecimentos, entender e aplicar um novo caminho em nossa vida; então nos dirigimos ao encontro dos amigos que necessitavam de auxílio.

Adentramos a casa dos pais de Mara e encontramos um ambiente imerso em energias densas, originadas pelo trauma tão recente, que também estava sendo aproveitado negativamente por Espíritos inferiores.

Sônia se achava sentada no chão, a um canto da parede da sala; seu corpo, sacudido por dolorosos soluços, despertava a compaixão de todos nós.

Mara, ajoelhada a seus pés, procurava consolar e despertar a amiga, para que esta se fortalecesse e se aprontasse para superar esses dolorosos momentos.

Cláudio e dona Cláudia, sentados em um sofá, permitiam lágrimas silenciosas de dor e compaixão pelo drama da amiga.

A pequena Teresa ficou sob os cuidados de uma vizinha caridosa, que ao tomar conhecimento dos fatos dramáticos se prontificou a auxiliar a família.

O pai de Mara, o senhor Celso, encarregou-se dos cuidados legais e burocráticos necessários nesse acontecimento.

Cláudio, ainda emocionado, decidiu entrar em contato com sua família e pedir auxílio.

– Pai, desculpe telefonar para o senhor, atrapalhar as férias de vocês – começou Cláudio.

– Aconteceu algo muito grave, não foi? Estou angustiado há várias horas, até comentei isso com Salima há poucos minutos – falou Adalton.

– Aconteceu, sim. Adamastor, o marido de Sônia, fugiu da prisão, matou uma vizinha para conseguir saber onde estava Sônia e as crianças, e acabou se matando, não sem antes assassinar o pequeno Mário. Estamos meio desequilibrados, e não consigo pensar em ninguém a não ser em vocês – a voz de Cláudio estava embargada pelo pranto.

– Estamos em Curitiba, não muito distantes. Dê-me o endereço que já estamos a caminho – disse Adalton.

Assim que o telefone foi desligado, Adalton e Salima arrumaram as malas e, com o auxílio de amigos, conseguiram um avião particular que os transportasse ao seu destino.

Quando adentraram a casa dos amigos, Adalton precisou socorrer Sônia, que entrava em estado de choque, após grave crise convulsiva. Imediatamente, Sônia foi transportada ao hospital mais próximo para receber os cuidados médicos necessários.

Quando nossa equipe de socorristas adentrou o local, logo percebemos a presença do irmão que já havíamos encontrado em outras oportunidades. Ineque se aproximou dele com firmeza e falou:

– Será que podemos auxiliá-lo, com a sua concordância?

Ele apenas olhou fixamente para Ineque, novamente dirigindo a ele energia densa, que no momento nos pareceu pequenas e pontiagudas flechas negras, que exalam terrível odor. Imediatamente nos colocamos à disposição de Deus, Nosso Amoroso Pai de Perdão, elevando nosso pensamento e solicitando auxílio. Sutil energia foi se espalhando, e as pequenas flechas negras desapareciam em pequenos flocos de luz. O ir-

ALDEIA DA ESCURIDÃO 203

mão enraivecido ameaçou avançar sobre nosso amigo, ato que foi contido por um simples e meigo olhar de Ineque.

– O irmão se contenha, pois não o tememos, nosso coração pertence a Deus e está a serviço de nosso governador, Mestre Jesus. Auxílio tem sido oferecido a você, com a intenção de acordar a consciência do irmão por livre e espontânea vontade, e assim decidir modificar o seu caminho; porém, nesse instante, nos é permitido caridoso alerta: se não modificar suas intenções, será recompensado pela perda temporária do livre-arbítrio, e receberá encarnação compulsória imediata, com o objetivo de não permitir ao irmão entrar na perda total de sua identidade.

O infeliz novamente apenas olhou com sarcasmo para Ineque e se foi, deixando atrás de si rastro de ódio e desequilíbrio moral.

– Infelizmente, pelo comportamento de nosso irmão, percebo que não mais consegue se desfazer da fixação mental que produziu para si mesmo – falou Ineque, demonstrando compaixão.

– Fico aqui pensando e tentando entender o que pode ter provocado esse triste panorama mental que ora observamos – eu disse.

– Acredito que é chegado o momento de buscar informações que possam nos auxiliar nesse trabalho que empreendemos em benefício dessa comunidade – Maurício comentou.

– Eu sei que não é a hora apropriada para pedir a vocês que me permitam não participar mais desse socorro – falou Alberto, cabisbaixo.

– Você não se sente bem? – perguntei, demonstrando certa preocupação com a expressão de nosso amigo.

– Acredito não estar preparado ainda para presenciar fatos como os ocorridos no dia de hoje. Percebo nos amigos disposição diferente da minha. Ainda guardo rancor em meu coração e, apesar de entender que nada acontece sem a permissão de Deus, sinto raiva e revolta contra o meliante que foi o responsável pelos crimes. Vejam! Não consigo chamá-lo de irmão, pois o rejeito, embora possa ter praticado atos semelhantes em meu pretérito – revelou Alberto.

Ineque se aproximou de nosso amigo, abraçou-o fraternalmente e disse:

– A humildade de reconhecer nossas limitações já é avanço moral. Não se entristeça, pois já auxiliou bastante nesse socorro. Volte à Colônia e procure nosso amigo Mauro, solicitando a ele as informações que necessitamos para continuar nosso trabalho de auxílio – disse Ineque.

– Digamos que você cooperará conosco no trabalho burocrático, e nós ficaremos no trabalho de campo – falei eu, com bom humor e também abraçando nosso amigo Alberto.

Alberto nos agradeceu o auxílio e a compreensão, e foi executar o trabalho solicitado.

Mauro, que esteve ausente por um tempo, realizando bendito trabalho em plano melhor, voltou à Colônia e ao seu trabalho junto à Casa Espírita Caminheiros de Jesus. Assim que Alberto solicitou as informações necessárias à continuação de nosso trabalho, Mauro prontamente foi em busca de atender nosso pedido.

No entardecer do mesmo dia, eu e Ana nos dirigimos à casa de socorro a pedido de Mauro e Alberto, enquanto Ineque e Maurício permaneciam com nossos amigos encarnados.

– Boa tarde, Mauro, que felicidade poder abraçar o amigo! Estávamos todos saudosos – falei, com sinceridade.

– Obrigado, Vinícius, também senti a falta de nossas conversas – Mauro retribuiu meu abraço.

– Vocês conseguiram informações a respeito de nosso triste irmão? – perguntou Ana.

– Conseguimos, sim. Inclusive são atos que explicam o comportamento dele, porém não justificam a ninguém estagiar em panoramas tão doentios. Há aproximadamente oito séculos, na Espanha, esse irmão era nobre abastado, mas de moral bastante questionável, e seu nome era Diego. Promovia orgias infernais, regadas a alcoólicos, drogas e sexo desequilibrado e doentio. Após esses momentos de desvario, ele caía prostrado pelo cansaço físico e mental, desligando-se do corpo material, e logo era cercado por companheiros afins, e partia em busca de mais e mais fortes sensações físicas – falou Mauro.

– Porém, chegou o dia em que as aberrações que praticava não mais o satisfaziam, e após as sessões de orgia, sentia-se insatisfeito e entediado – falou Alberto.

– Foi quando começou a criar novas maneiras de diversão doentia. Primeiro foi o sexo com torturas morais e físicas: somente conseguia satisfação ao ver o parceiro sangrar em suas mãos, e nesse momento ouviam-se gritos horrendos, que traziam pânico até aos participantes – contou Mauro.

– Porém, novamente, enfastiou-se com a novidade, e sua mente doente e pervertida buscou novas maneiras para satisfazer sua ânsia de prazer – comentou Alberto.

– Nesse triste momento, um companheiro de orgias levantou a idéia de usarem crianças, informando que em toda a Europa haviam se tornado moda as relações entre adultos e crianças. Em um primeiro momento, Diego rejeitou a novidade, pois não conseguia entender como poderia tirar prazer desse tipo de relacionamento; mas, como estava insatisfeito com sua vida, aceitou a novidade – Mauro disse.

– Como era de se esperar, logo ele adquiriu gosto por essa triste prática. Foi quando teve a idéia de montar um orfanato, semelhante ao qual já temos notícias por intermédio de Vitor e Mara – falou Alberto.

– Então, a história relembrada por Vitor e Mara não foi a primeira experiência desses irmãos nessa triste prática? – perguntei.

– Não, tudo se iniciou na Espanha, e a história relembrada por nossos amigos foi apenas uma versão menos dramática. Na primeira experiência, os desvarios foram muito mais graves – informou-nos Mauro.

– Mas por que tanto ódio, se eles eram parceiros? – indaguei.

– Quando as coisas se tornaram públicas, nas duas experiências, os companheiros de desatino, Vitor e Mara, entregaram Diego às autoridades com a intenção de se livrarem do castigo e do vexame público – respondeu Mauro.

– Agora tudo faz sentido – comentou Ana.

– Após o último desencarne de Diego, a sua espera estavam seus comparsas espirituais; aliou-se a eles e fundou triste comunidade nos abismos de dor, e até hoje alimenta seu vício em relacionamentos doentios. Seu principal objetivo durante todo esse tempo foi encontrar seus antigos companheiros e vingar-se violentamente da traição que sofreu – falou Mauro.

– Mas... como nossas atitudes desequilibradas afetam primeiro a nós mesmos, Diego está em avançado processo de demência, age automaticamente, seguindo triste fixação mental. Se o irmão conseguir aproximação suficiente, ausculte seus pensamentos e verá que não passam de clichês men-

ALDEIA DA ESCURIDÃO 207

tais; o seu foco inteligente rejeita qualquer outra informação que não seja direcionada à vingança – falou Alberto.

– Então, o melhor a se fazer nesse momento é visitar tal cidade sob seu comando e descobrirmos como enfraquecer essa energia que o mantém isolado de qualquer outra informação – eu disse.

– Bem lembrado, Vinícius. Então, vamos nos programar para isso. Mas antes devemos auxiliar Sônia e nossos amigos, nesse momento traumático – lembrou Ana.

CAPÍTULO XX

Difícil perdão

Trabalhadores da Última Hora

1. O Reino dos Céus é semelhante a um homem pai de família que ao romper da manhã saiu a assalariar trabalhadores para a sua vinha. E feito com os trabalhadores ajuste de um dinheiro por dia, viu estarem outros na praça, ociosos. E disse-lhes: "Ide vós também para a minha vinha, e dar-vos-ei o que for justo". E eles foram. Saiu, porém, outra vez, junto da hora sexta, e junto da hora nona, e fez o mesmo. E junto da undécima hora tornou a sair, e achou outros que lá estavam, e disse: "Por que estais vós aqui todo o dia, ociosos?" Responderam-lhe eles: "Porque ninguém nos assalariou." Ele lhes disse: "Ide vós também para a minha vinha". Porém, lá no fim da tarde, disse o senhor da vinha ao seu mordomo: "Chama os trabalhadores e paga-lhes o jornal, começando pelos últimos e acabando nos primeiros". Tendo chegando, pois, os que foram junto da hora undécima, recebeu cada um seu dinheiro. E chegando também os que tinham ido primeiro, julgaram que haviam de receber mais: porém também estes não receberam mais do que um dinheiro cada um. E, ao recebê-lo, murmuravam contra o pai de família, dizendo: "Estes que vieram por último não trabalharam senão uma hora,

e tu os igualaste conosco, que aturamos o peso do dia e da calma".
Porém ele, respondendo a um deles, lhe disse: "Amigo, eu não te faço
agravo; não convieste tu comigo num dinheiro? Toma o que te pertence,
e vai-te, que eu de mim quero dar, também a este último, tanto quanto a
ti. Visto isso, não me é lícito fazer o que quero? Acaso o teu olho é mau
porque eu sou bom? Assim serão últimos os primeiros, e primeiros os
últimos, porque são muitos os chamados, e poucos os escolhidos.

(Mateus: XX: 1-16) – O Evangelho Segundo o Espiritismo
– Capítulo XX – Trabalhadores da Última Hora – item 1.

O senhor Celso chegou em casa já em adiantada hora noturna. Sua aparência demonstrava cansaço e tristeza. Adentrou a sala e se dirigiu para dona Cláudia, abraçando-a demoradamente, com lágrimas nos olhos. Mara levantou-se da poltrona onde estava acomodada e uniu-se aos pais amorosamente.

– Onde estão Sônia e Teresa? – perguntou Celso, preocupado.

– Sônia sentiu-se mal. O doutor Adalton veio em nosso auxílio e a levou para o Hospital. Teresa está aos cuidados de dona Maria – falou dona Cláudia.

– Eu estou exausto. O Marcelo acabou de me ligar e disse estar voltando para casa – o senhor Celso se referia ao filho mais novo.

– Pai, e como vai ser? – perguntou Mara.

– Somente amanhã cedo os corpos serão liberados pelo IML. Eu não sei o que fazer. Com certeza faremos um velório digno para o pequeno Mário – falou Celso, em soluços.

– Acalme-se, meu bem! Eu sei que deve ter sido muito difícil tudo o que você viveu hoje; mas precisamos manter a calma, pois Sônia e Teresa precisarão muito de todos nós – disse dona Cláudia.

– Eu sei, Cláudia, mas não posso pensar no meu menino Mário... Ele estava sendo tão companheiro, lembrava-me a infância de nossos filhos! E não sei o que fazer com o corpo de Adamastor quando for liberado. Ele também precisa ser velado? O que Sônia sentirá com isso? São tantas indagações, e não sei o que decidir.

– Pai, vamos esperar o Adalton voltar com a Sônia, depois decidiremos juntamente com ela o que fazer. Não adianta sofrer por antecipação. Pelo que conheço de Sônia, ela irá velar o marido, com muita prece e muito amor. Ela é um Espírito elevado em seu entendimento – comentou Mara.

– Às vezes, fico matutando sobre essa doutrina da qual vocês falam tanto. Será possível que dá esse entendimento mesmo? Mara, se realmente a Sônia quiser velar esse infeliz, com carinho e perdoando o assassinato do Mário, eu prometo tentar entender – disse o senhor Celso.

– Você irá gostar, meu velho. Os livros que a Mara e o Marcelo me dão são muito bonitos; quando leio um deles, acredito que sempre haja esperança para o dia seguinte – observou dona Cláudia.

– Ah, mulher! É exatamente disso que preciso agora, ter esperança. Agora vou tomar um banho e dormir um pouco, pois, como já disse, estou exausto.

– Mas, antes de dormir, você vai tomar uma canja que eu fiz. Saco vazio não pára em pé, meu velho.

– Mãe, agora que o papai chegou e você não está mais sozinha, eu vou até o hospital, está bem? – falou Mara.

– Está sim, minha filha. Diga a Sônia que rezarei por ela.

Mara estava saindo da casa quando um táxi estacionou e ela viu, admirada, Vitor, Sandra e Sheila chegando a sua casa.

– Meu Deus do céu! Que alegria! – correu, abraçando os amigos com gratidão.

Os quatro amigos adentraram a casa, e dona Cláudia também os recepcionou agradecida. Ficou decidido que Sandra e Sheila acompanhariam Mara ao hospital, e Vitor faria companhia a Cláudia e Celso.

Assim que Mara e os amigos chegaram ao hospital, viram que Sônia estava sedada, confortavelmente instalada em um quarto isolado da Ala de Emergência.

Sandra entrou no pequeno aposento e sentou-se ao lado de Sônia, segurando suas mãos, enquanto os outros amigos se dirigiram a uma lanchonete próxima para ligeira refeição.

Sônia abriu lentamente os olhos e, virando-se de lado, viu Sandra.

– Sandra! Não vou suportar tanta dor! Eu deveria entender e ser forte, eu ainda tenho uma menininha linda para criar, mas eu não consigo...

– Eu sei, minha amiga. Chore e não se culpe por esse descontrole, apenas ore comigo nesse momento – falou Sandra, abraçando a amiga. – Deus, nós vos pedimos, nesse instante de dor, a presença de vossos mensageiros, que Eles possam, com a Vossa permissão, trazer conforto e paz ao coração de todos os envolvidos nessa passagem de dor. Que a paz e o amor ilimitado se façam luz em nossa consciência, para que possamos aceitar com resignação os Vossos desígnios de amor e perdão. Auxilie-nos a entender o desvario de Adamastor, que provocou essa tragédia em nossa vida, principalmente para Sônia e Teresa. – Elevando o pensamento ao mais Alto, Sandra passou a orar o Pai Nosso, acompanhada pela voz débil de Sônia.

Após esse momento, Sônia olhou para Sandra e disse:

– Eu não consigo ter raiva de Adamastor. Um dia em nossa vida, ele foi bom pai e bom marido. Infelizmente, não conseguiu resistir aos vícios e acabou dessa maneira. E sei que Mário não odiava seu pai; no começo, ficou revoltado, mas depois entendeu que ele era doente, da pior maneira: era moralmente doente. Eu quero que ele seja velado junto ao filho, e sei que Mário aprovaria essa minha decisão. Peço a Deus que essa seja a maneira de trazer-lhe o despertamento da consciência, para que ele possa ter a oportunidade de ser resgatado por bons Espíritos. Sei que de outra maneira será muito difícil para ele.

Nesse momento, Sandra, inconscientemente, levantou os olhos em direção à porta, acompanhando com a visão material o que o seu Espírito enxergava. Um homem em adiantado estado de deformação física a encarava, como se quisesse hipnotizá-la. Por um momento, Sandra sentiu ligeira vertigem, que logo dominou com prece, e uma pergunta muda surgiu em seus olhos:

– Você sente prazer com a dor dessa mãe?

Ele a olhou fixamente e sorriu sarcástico, e nada respondeu. Então, Sandra o olhou com carinho e pensou amorosa:

– Um dia uma mãe chorou por você, e ainda chora.

Diego, irado, urrou e correu pelas dependências do hospital.

– Sandra, você o viu? – perguntou Sônia.

– Quem? A quem você se refere?

– Um homem muito grande e muito feio? Teresa e Mário o viram durante a viagem de nossa mudança – falou Sônia.

– Vi, sim, Sônia. Ele precisa de nossas orações.

Maria Clara adentrou a pequena sala e, carinhosamente, abraçou Sônia, que disse:

– Estou melhor, obrigada. Eu quero ir para casa, preciso ver minha filha.

Ao entardecer, todos se dirigiram ao prédio reservado aos velórios, próximo ao cemitério onde os corpos de Adamastor e Mário seriam sepultados.

A sala estava lotada por amigos de Sônia, pois, apesar do pouco tempo que morava na cidade, havia conquistado a simpatia de muitos. Todos estavam admirados pelos bons sentimentos dela, em querer velar também a Adamastor, apesar do mal que havia causado a sua família.

Sônia, sentada em uma cadeira perto dos dois caixões, chorava em silêncio, e sua mente, sempre em oração, pedia a Deus equilíbrio para si mesma e também para Mário e Adamastor.

No plano dos Espíritos, solicitaram a nossa presença no hospital pediátrico em que Mário fora recolhido.

– Bom dia! – cumprimentei a amável senhora que nos recepcionou.

– Bom dia, amigos! Agradeço a atenção de nos atender prontamente. Mário está acordado e lúcido, e nos solicita comparecer ao velório durante a prece que será feita por Adalton. Queríamos seu auxílio para acompanhá-lo – falou Maria Aparecida.

– E o jovem está preparado para isso? – perguntei, com certa surpresa.

– Quando Mário acordou e pediu para presenciar a prece durante o velório, solicitamos o parecer de nosso coordenador, que por sua vez se reportou a magnânimo amigo, o qual nos autorizou a ação, pois conhece de perto o altruísmo desse Espírito, hoje conhecido como Mário – respondeu Maria Aparecida.

– Se é assim, teremos prazer em realizar essa tarefa. Onde se encontra o jovem Mário? – indaguei.

– Estou aqui, Vinícius – respondeu Mário, adentrando a pequena sala onde havíamos sido recebidos.

Voltei-me em sua direção e não pude conter as lágrimas diante da imagem de nosso jovem amigo. Esplendorosa luz o envolvia, e seu sorriso era como bálsamo de alegria para nosso coração. Ajoelhei-me a sua frente e, tomando suas mãos entre as minhas, beijei-as com respeito e reverência. Mário, por sua vez, ergueu-me a sua frente e abraçou-me amorosamente, e disse com a voz demonstrando emoção contida:

– Vamos, meu amigo, temos um socorro doloroso a fazer. Peço auxílio para o Espírito Adamastor.

Voltamos ao velório e, assim que adentramos o recinto, Teresa estava chegando, acompanhada por Mara e Cláudio. Ela olhou fixamente para Mário e correu em direção a sua mãe, e disse:

– Mamãe, Mário está aqui e sorri para mim!

– Onde ele está, Teresa? – perguntou Sônia.

– Ao lado do caixão de meu pai. Eu acho que ele quer ajudar, e pede para que papai vá com ele.

– Então, vamos auxiliá-lo com nossas orações, está bem? – disse Sônia.

Nesse instante, Adalton se aproximou dos dois caixões e, emocionado, passou a fazer comovente prece em benefício de Mário e Adamastor.

Mário aproximou-se do corpo de seu pai; suas feições, adornadas por intensa e maviosa energia, fazia nossos corações se enternecer; também voltamos nosso pensamento a Deus, e abençoada nuvem de sutil energia balsâmica foi se expandindo.

Mário estendeu as mãos e tocou o *chakra* frontal de Adamastor e disse:

– Desperte, meu pai, desperte! A vida volta a sua mente, em forma de bênçãos divinas, a escuridão será afastada para que possa voltar a pensar com claridade. Olhe para mim, meu pai! Esse momento é de renascimento e oportunidade. Dê-me suas mãos e confie em Deus!

Adamastor abriu os olhos ainda enevoados pela demência, e olhou a sua volta. Amigos o beneficiaram nesse momento, rompendo os últimos e tênues laços que o mantinham preso à matéria em decomposição. Vigorosa carga energética foi disparada em sua direção. Novamente voltou a olhar a sua volta, e mostrava no semblante imensa dor moral, consciente de seus atos e livre das amarras hipnóticas das quais tinha se tornado escravo em seus últimos anos. Gritou, assustado:

– Mário, meu filho! O que fiz? O que fiz?

O desespero ameaçou romper o frágil momento de lucidez, então Mário o abraçou amorosamente e disse:

– O que pôde naquele momento, apenas o que pôde, meu pai.

Dizendo isso, passou delicadamente os dedos pelos olhos de Adamastor, fechando-os, e disse:

– Durma um pouco, está tudo bem!

Durante esses instantes, exemplo de perdão e amor fraternal, Mário foi adquirindo a forma adulta. Ele olhou para nós, sorrindo, e disse com respeitosa reverência:

– Agradeço de coração o auxílio recebido, e vos peço que cuidem de Sônia e Teresa. São Espíritos familiares a mim e de grandeza moral indescritível, e que muito bem farão a essa comunidade.

Sorrindo com delicadeza, pegou Adamastor no colo, como o pai agasalha o filho em sofrimento, e se foi, deixando delicado perfume no ar.

Novamente, a emoção dobrou-me ao solo e, agradecido ao Pai, orei por todos nós, ainda tão ignorantes da grandeza do perdão.

Teresa sorriu para sua mãe, e com um olhar de cumplicidade a informou:

– Mário já foi, e levou papai no colo. Acredito que ele ficou muito feliz, pois foi embora sorrindo. Mãe, ele não é mais pequeno, ele está grande e muito sorridente.

Sônia a abraçou emocionada e disse:

– Sou muito agradecida a Deus por tê-los como filhos, você, minha doce Teresa, e Mário, meu amado filho, tão adulto e tão bondoso.

Marcelo se aproximou das duas, mãe e filha, e emocionado acariciou suas cabeças, dizendo:

– A partir de agora não haverá mais sofrimento para vocês. Eu prometo!

Teresa estendeu os pequenos braços em sua direção. Marcelo a tomou nos braços e a embalou carinhosamente.

Adalton convocou todos os presentes para a oração final: o Pai Nosso.

Os corpos foram sepultados, e todos voltaram à residência de dona Cláudia.

CAPÍTULO XXI

❧

Desafio aos socorristas

Falsos Cristos e Falsos Profetas

Conhece-se a árvore pelos frutos

1. Porque não é boa árvore a que dá maus frutos, nem má árvore a que dá bons frutos. Porquanto cada árvore é conhecida pelo seu fruto. Porque nem os homens colhem figos dos espinheiros, nem dos abrolhos vindimam uvas. O homem bom, do bom tesouro do seu coração tira o bem; e o homem mau, do mau tesouro tira o mal. Porque, do que está cheio o coração, disso é que fala a boca.

(Lucas, VI: 43-45)

Algumas semanas se passaram, e tudo parecia ter se acalmado. Durante esse período, passamos a atender fraternalmente nosso irmão Diego.

Após as primeiras informações a respeito de suas experiências na última encarnação, passamos a visitar a comunidade abismal a que se filiou após o desencarne.

Em nossa primeira visita, preferimos nos manter anônimos, para não despertar a ira de Diego.

Solicitamos auxílio a socorristas que trabalham em Posto de Socorro perto dessa comunidade, que se auto-intitula Aldeia da Escuridão. Formamos um grupo de socorro, aparelhados adequadamente e acompanhados de grandes cães treinados para nossa proteção. Quanto mais adentrávamos as regiões abismais, mais nossa compaixão aflorava diante dos sofrimentos atrozes que presenciávamos em nossa caminhada.

Confesso aos irmãos leitores que, mesmo após vários socorros dos quais participei ativamente, ainda sinto lágrimas nos olhos, que afloram espontaneamente diante do sentimento de compaixão por esses desvarios da consciência, que produzem quadros de descontrole moral e que apenas intensificam os flagelos.

Um dia, comentei o fato com Ineque, pois sentia certo incômodo por essa constante necessidade de chorar; e ele me respondeu:

– Vinícius, enquanto houver amor em nosso coração, enquanto nos compadecermos do sofrimento dos desavisados e nos colocarmos a caminho arregaçando as mangas no trabalho cristão, lágrimas serão bem-vindas; são sinais de nossa própria evolução moral, e ainda manifestação de nossos sentimentos. O Espírito que se propõe socorrer os sofredores está se afastando do egoísmo, e nos emocionamos diante de quadros dolorosos ou de benditas vitórias, e essa emoção ainda se manifesta de forma material. O que não podemos permitir é que essas emoções deixem de ser equilibradas e nos impeçam de agir com lucidez.

Chegamos à Aldeia da Escuridão, e então entendemos a razão desse nome. O ambiente era composto de pequenas tocas cavadas no chão lamacento; densas nuvens energéticas a tudo envolviam, tornando o ambiente escuro e triste. Irmãos em diversos estados de demência se compraziam em relações físicas brutais e grotescas, produzindo quadros aberrantes de luxúria e demência.

Espíritos com aparência deformada a ponto de não podermos identificar se do sexo masculino ou feminino, outros tantos assumiam aparência infantil, incentivando, assim, a excitação descontrolada dos pedófilos.

Nossa visita foi breve, apenas com a intenção de conhecer a morada de Diego e traçarmos um plano de ação.

Voltamos à Casa Espírita Caminheiros de Jesus para o trabalho da noite de segunda-feira, destinado a estudos relacionados à desobsessão e ao trabalho de caridade no socorro a Espíritos doentes moralmente.

O estudo foi iniciado com um texto evangélico e após a leitura de introdução do livro de nosso amigo Manoel Philomeno de Miranda, com psicografia de Divaldo Pereira Franco, de título *Sexo e Obsessão*, estudo que veio a calhar com o atendimento a ser feito à comunidade Aldeia da Escuridão.

Após breve intervalo de descanso, os trabalhadores ocuparam seus lugares e amorosa prece foi feita, conclamando todos a se colocar à disposição de Deus, e o Atendimento Fraterno foi iniciado.

Durante a nossa volta da comunidade trevosa, percebemos que alguns irmãos, cansados do sofrimento, passaram a nos acompanhar de perto, chegando ao posto de socorro próximo da comunidade; os portões foram abertos e os infelizes, recolhidos por irmãos abnegados.

No instante da abertura do Atendimento Fraterno a desencarnados, ainda no horário dos estudos, observamos estreita e luminosa porta se abrir, e os mesmos socorridos adentrarem a sala de evangelização.

Trabalhadores espirituais organizavam a entrada dos irmãos necessitados. Todos foram acomodados para ouvir as leituras e os comentários edificantes, assim se preparando para o socorro evangélico.

Um irmão, portador de graves deformações genésicas, aproximou-se de uma trabalhadora da casa e passou a se comunicar.

– Por que demoram tanto? Não percebem nossa dor? Olha o tamanho desse tumor que me corrói os testículos. Dói muito, dói muito!

– O irmão precisa ter um pouco de paciência. Sabemos que estão bem acomodados e assistidos por bondosos enfermeiros e médicos. A urgência já terminou, agora é momento de renovação – falou a evangelizadora.

– Mas sinto muitas dores, a cabeça parece pesar toneladas. E só ouvimos falação.

– O irmão prestou atenção no teor da conversação? Se assim foi, ouviu várias vezes falarmos sobre esperança e vida nova, sem dor e sem lamentação. E esse é o momento certo para que redirecione suas energias para parar de sofrer e em futuro próximo trabalhar na Seara do Senhor – continuou a evangelizadora.

– E você acha que Deus quer um estropiado e pecador como eu? Irei queimar no fogo do inferno. Você tem idéia de tudo que fiz nessa vida?

– Isso agora não importa. Mais tarde, quando o irmão estiver mais equilibrado, poderá solicitar resgate para suas dívidas morais. Agora, Deus apenas pede ao irmão que retorne à

Casa do Pai, para renovar atitudes e voltar ao caminho reto. Se há arrependimento em seu coração, também há esperança de um futuro melhor. Apenas aceite o auxílio oferecido e parta para uma nova e boa morada – a evangelizadora falou.

– Apenas isso? Tem certeza de que é apenas isso? Tão simples assim?

– Simples assim, meu amigo. Deus é Pai Amoroso que nos perdoa sempre os erros da ignorância, e dessa maneira nos propicia sempre novas e abençoadas oportunidades. Agora vá, e vá com muita paz em seu coração, e sabendo que dependerá apenas de você ter sucesso em seus novos propósitos. Deus o abençoe.

O atendido foi encaminhado amorosamente pela equipe da casa, e outro Espírito, também com terríveis deformações na área genésica, foi aproximado de outro trabalhador da casa.

– Boa noite! O que podemos fazer por você? – perguntou uma jovem evangelizadora.

– Eu estou com medo, esses demônios me perseguem, sem descanso. E olhe, olhe aqui... – falou, apontando o próprio ventre – ...o que é isso? São cânceres me corroendo? Eles crescem e se multiplicam. Não posso descansar que perco o controle, e quando acordo, o que vejo? Mais e mais tumorações em meu ventre – falava chorosa a irmã em descontrole.

– Acalme-se e relaxe. Agora você está sendo atendida em um pronto-socorro espiritual. Apenas sossegue a mente e procure descansar um pouco – falava a evangelizadora, e, enquanto isso, uma equipe especializada no atendimento e retirada de Espíritos ovoidizados atuava no perispírito da infeliz, livrando-a da carga energética produzida pela fixação mental das infelizes criaturas. – Você vê, não há mais tumorações: pode descansar um pouco.

– O que fizeram? Foi milagre?

– Não, não foi milagre. Com a permissão de Deus, trabalhadores do bem a atenderam, ajudando-a a se livrar da carga que a mantinha cativa pela dor. O que via como tumores eram apenas irmãos sofredores em triste estado de deformação do perispírito, que aderiam ao seu ventre à procura de aconchego – disse a jovem evangelizadora.

– Oh! Triste sina! São os filhos que não quis e abortei. Eu os sinto em meu ventre desde sempre, e não conseguia me livrar deles. Eu os quero de volta, não pude cuidar de cada um em vida, vou cuidar na morte! Agora me lembrei de meus desatinos! Preciso me redimir! – gritava a infeliz, em descontrole emocional.

– Descontrolada como a irmã está, nada poderá fazer de bom para esses irmãos. Procure se cuidar mediante o auxílio desses irmãos ao seu lado. Volte a controlar sua vida, aí sim poderá auxiliar aqueles que foram vitimados pela sua ignorância do bem – disse a jovem evangelizadora.

– Terei direito a essa oportunidade? Eu, a assassina cruel?

– Deus nos permite recuperar nossos débitos por meio de boas atitudes. Até agora a irmã viveu em desequilíbrio. Diga-me: conseguiu, dessa maneira, recuperar os erros cometidos? – perguntou a jovem evangelizadora.

– Não, você tem razão.

– Então, vamos lá, estenda as mãos para esse companheiro e aceite auxílio para recomeçar a viver com paz no coração.

Abaixando a cabeça, ela disse:

– Perdoe-me a crueldade de meus atos.

ALDEIA DA ESCURIDÃO 223

– Deus já a perdoou, e agora você deverá se preparar para fazer o mesmo, perdoar a si mesma. Vá com paz no coração, e seja abençoada pelo Pai!

Inácio adentrou o recinto e, paciente, aguardou o fim dos trabalhos da noite e nos convidou a auxiliar no atendimento psicológico que Toni receberia. Aguardamos a prece de encerramento do trabalho da noite e nos encaminhamos ao hospital psiquiátrico, no plano dos Espíritos, dirigido por nosso companheiro.

Toni foi auxiliado a empreender o desdobramento perispiritual e acompanhado à Casa de Saúde.

– Boa noite, Toni – recepcionou-o Inácio.

– Boa noite – respondeu Toni, olhando a sua volta. – O que está acontecendo?

– Oportunidade de esclarecimento. O irmão sabe que, durante o sono, nós nos desligamos parcialmente do corpo denso e podemos confraternizar com o mundo dos Espíritos; é isso que está acontecendo nesse momento. Bons amigos espirituais intercederam por você e, neste momento, você se encontra em uma casa de saúde – falou Inácio.

Toni abaixou a cabeça e, com as mãos postas, agradeceu a Deus esse momento tão oportuno em sua vida.

– Se aqui estou, o amigo já sabe o que acontece comigo nesta encarnação – Toni disse.

– Conhecemos fatos, porém nada sabemos dos sentimentos. Você está aqui como paciente, em consulta psicológica – explicou Inácio.

– Por onde devo começar? – perguntou Toni.

– O que mais o incomoda, Toni?

– Já ter conhecimento do que é certo e do que é errado e não conseguir vencer os meus vícios.

– A que vício o irmão se refere?

Toni levantou a cabeça, olhou-o com certa perplexidade, e indagou:

– Qual vício? Ora, aquele que mais me incomoda.

– E qual seria esse vício? Pelo que posso observar da humanidade, temos vícios aos baldes e pouca coragem de defini-los, até para nós mesmos.

– E eu percebo que não irá facilitar para mim, não é? – Toni sorriu com tristeza.

– Facilitar? Por quê? O problema que você enfrenta neste momento de sua vida é pertinente aos seus sentimentos e suas limitações. Quem melhor que você mesmo para falar sobre o assunto?

– Tem razão. Desde criança sinto afinidade com o sexo feminino. Sempre me peguei pensando como se fosse uma mulher. Lembro-me de certa ocasião, na época da adolescência, em que tinha um amigo muito chegado; seu nome era Leopoldo. Nós fomos a uma brincadeira, e como ainda éramos muito tímidos, não conseguimos nos aproximar das meninas, e inventamos na hora a desculpa de que nenhuma delas nos atraía. Passamos o tempo todo conversando, e voltamos para casa caminhando e conversando. Quando deitei em minha cama, sentia um contentamento muito grande, e comecei a imaginar o futuro, namorando Leopoldo, ficando noivo e depois me casando. Lembro-me de que, na ocasião, imaginei até meu vestido de noiva. Foi quando minha mãe entrou no quarto e, sorrindo alegre, disse: "Pelo olhar sonhador, você encontrou alguma garota bonita que o fez se apaixonar". O comentário de minha mãe foi como um balde de água gelada sobre meu ânimo. O susto me fez voltar abruptamente à realidade, e precisei olhar meu corpo para ter certeza de ser um homem, não uma mulher.

Nesse ponto da narrativa, Toni chorou copiosamente. Após uma pausa, continuou:

– Eu tenho um corpo masculino, mas minha mente, na maior parte do tempo, segue inclinações femininas. E agora estou vivendo um momento de muito conflito pessoal; encontrei um amigo que me faz sentir necessidades que antes não existiam. Pelo meu entendimento moral, é errado, e eu preciso vencer essas más inclinações, mas a tentação é forte demais, e eu me desespero.

Inácio olhou-o com compaixão e disse:

– O esclarecimento moral já é forte amparo para você. Procure não se expor a situações que o fragilizem. O conflito moral que sente também é saudável, pois o leva à reflexão das experiências que vêm vivenciando.

– Mas... e se eu não conseguir resistir a isso? E me envolver emocionalmente com esse colega? Sei que ele ainda não é uma boa pessoa, pois a homossexualidade não é seu único vício: ele também utiliza drogas e tem tentado me convencer a usá-las.

– Por isso o planeta ainda é uma escola, de provas e expiações. Durante sua estada no mundo dos Espíritos, você participou da escolha de suas provações e também se preparou para vivenciá-las, com dignidade e firmeza de propósitos. Peça auxílio a seus familiares, a seus bons amigos, eleve seu pensamento a Deus e confie em sua providência. Nós o convidamos a um programa de terapia psicológica, que poderá auxiliá-lo nesse momento de sua vida. Se o amigo concordar, na próxima sessão falaremos de um passado antigo, que lhe trará explicações de seu presente, e como conseqüência imediata o futuro será mais harmônico – disse Inácio.

– Claro que concordo, e espero levar comigo essa sensação de certeza e de capacidade de um futuro melhor e mais equilibrado para minha vida – falou Toni.

– Muito bem, Toni. Agora deverá ser reconduzido à crosta. Quando acordar, lembre-se de que a oração é o remédio mais eficaz para nosso Espírito – Inácio abraçou Toni com muito carinho.

Toni foi reconduzido a seu corpo material e continuou serenamente adormecido.

CAPÍTULO XXII

❦

Infinita sede de vingança

Não Separar o que Deus Juntou

Indissolubilidade do casamento

1. E chegaram-se a Ele os fariseus, tentando-o e dizendo: "É porventura lícito a um homem repudiar a sua mulher, por qualquer causa?" Ele, respondendo, lhes disse: "Não tendes lido que quem criou o homem, desde o princípio os fez macho e fêmea?" E disse: "Por isso, deixará o homem pai e mãe, e ajuntar-se-á com sua mulher, e serão dois numa só carne. Assim que já não são dois, mas uma só carne. Não separe logo o homem o que Deus juntou". Replicaram-lhe eles: "Pois por que mandou Moisés dar o homem à sua mulher carta de desquite, e repudiá-la?" Respondeu-lhe: "Porque Moisés, pela dureza de vossos corações, vos permitiu repudiar vossas mulheres, mas ao princípio não foi assim. Eu, pois, vos declaro que todo aquele que repudiar sua mulher, se não for por causa da fornicação, e casar com outra, comete adultério, e o que se casar com a que o outro repudiou, comete adultério".

(Mateus, XIX: 3-9) – O Evangelho Segundo o Espiritismo – Capítulo XXII – Não Separar o que Deus Juntou – Indissolubilidade do casamento – item 1.

Nós nos reunimos na Casa Espírita Caminheiros de Jesus para benéfica troca de informações que havíamos conseguido por meio de pesquisa sobre a vida de nosso irmão Diego, atitude que tomamos com o único intuito de auxiliar nossos irmãos. Alberto sentou-se a nossa frente e passou a nos relatar interessante encarnação de nossos amigos, que se desenvolveu há cerca de nove séculos passados; uma experiência anterior que já conhecemos.

– Diego era capitão da guarda do rei da Espanha, tinha paixão violenta por Edira, filha de um nobre bastante prepotente, atitude também adotada pela jovem. Com a insistência do rapaz, a jovem cedeu aos encantos de um caso amoroso que se tornou atraente, devido à proibição da família. Romântica e ao mesmo tempo ardilosa, alimentou a paixão de Diego, que sonhava com uma família, realizando assim seu sonho de amor. Meses se passaram, e os amantes engendravam planos de fuga; e foi nesse clima de expectativa amorosa que surgiu Afonso, filho do rei da Espanha. Afonso fora incumbido pelo pai de pedir a mão de Edira em casamento, unindo assim os dois jovens, por interesses puramente políticos e financeiros – disse Alberto.

– Quando Afonso fez o pedido formal, que foi aceito pelo pai de Edira, ela, desesperada, comunicou ao amante o acontecido. Diego propôs a ela que fugissem da Espanha, para que pudessem continuar juntos. Naquela mesma noite, houve uma grande festa para anunciar o noivado de Edira e Afonso. Grandes vultos da nobreza foram convidados. Após o fausto jantar oferecido, iniciou-se um baile luxuoso. Afonso, galante cavalheiro, muito elegante e loquaz, passou a noite conquistando Edira, que se sentiu atraída pelas promessas do noivo, que lhe mostrava um mundo de luxo, facilidades, poder e mimos. Ao recolher-se ao seu quarto, após o luxuoso evento, passou a questionar as dificuldades materiais que enfrentaria, caso fugisse com o pobre capitão da guarda, e também a avaliar a vida de luxo e riqueza que desfrutaria se escolhesse casar com o primogênito do rei da Espanha, o sucessor do pai na coroa. Ponderou que se assim o fizesse, em futuro próximo, com certeza, se tornaria a rainha da Espanha. Pensava que amava Diego, mas Afonso lhe oferecia um mundo mais atraente, sem dificuldades materiais; e também não precisaria abandonar tudo o que já conhecia, inclusive sua família – falou Mauro.

– Edira foi encontrar-se com Diego, e contou a ele sobre sua decisão. Porém, sem coragem para expor seus verdadeiros sentimentos, posou ostensivamente de vítima e inventou uma história, na qual se passava por heroína. Disse a ele que seu pai a havia ameaçado, pois já tinha sido informado do caso de amor dos dois, e para poupar-lhe a vida ela havia decidido se sacrificar, afastando-se dele. Diego, inconformado, passou a beber e se drogar para resistir à dor que sentia. Uma revolta surda e avassaladora o dominava. Edira passou a ser companhia inseparável de Afonso, que lhe apresentou um mundo de sensações desequilibradas. A sexualidade aflorava de maneira doente e insaciável. Aliavam-se a outros jovens afins, e a orgia era objetivo final de todos os dias. No dia do casamento de Edira, Diego, desesperado, envolveu-se com uma das criadas de quarto de sua amada. A mulher freqüentava triste bordel da cidade, e acabou por destruir-lhe todas as ilusões: informou-o da verdade, inclusive que havia escutado Edira contar seu caso com o Capitão da Guarda a uma amiga, e depois debochar de sua credulidade, ainda dizendo que após o casamento proporia a Diego que se tornassem amantes – contou Alberto.

– Sofrendo violento drama pessoal, com a dor a toldar-lhe o pensamento e o orgulho ferido, Diego resolveu ir ao palácio onde se realizaria o casamento. Tudo estava preparado com suntuosidade. Ele adentrou o prédio com facilidade, afinal era capitão da guarda. Escondeu-se em um cubículo próximo ao grande salão de baile, e esperou paciente; a ira o dominava, e o ódio o consumia. Sentado no chão, com um punhal nas mãos, esperou e esperou pelo momento oportuno. Ouviu a música começar, e sabia que, pelos costumes da corte, os noivos dariam início ao baile. Abriu sorrateiramente a porta e deslizou pelo ambiente. Parou em frente ao casal e, descobrindo rapidamente um punhal, escondido sob sua capa, olhou para Edira e disse: "Serás minha na morte! Não serás de mais ninguém, sua traidora mentirosa!" Dizendo isso, desferiu mortal golpe em seu coração e tirou a vida de sua amada – falou Mauro.

– Imediatamente, foi dominado pela guarda, trancado nas masmorras, espancado continuamente e sem caridade; parecia um boneco inerte, sem manifestar sentimentos ou dores. Desencarnou em péssimo estado e, desesperado, foi em busca de Edira. Encontraram-se e passaram a perseguição mútua, até que foram resgatados pela bondade de Espíritos familiares que muito os amam. Tiveram mais duas oportunidades para se recuperar, porém voltaram a delinqüir, e desenvolveram vícios relativos a desequilíbrios sexuais. Uma das experiências que viveram foi juntamente com Vitor e Mara. Afonso, traído, sentiu-se humilhado diante da corte, e voltou-se para seus antigos vícios, o sexo irresponsável e aberrante aliado ao alcoolismo e à ingestão de drogas químicas, principalmente o ópio. Os três adversários vêm se encontrando em várias oportunidades de redenção, porém sempre cedendo às tentações dos prazeres sensuais – disse Alberto.

– Edira passou a usar a sexualidade para conseguir favores e facilidades, e ainda dominar Diego e Afonso, originando um círculo vicioso que não conseguia quebrar, para novamente voltar ao caminho reto. Deliberou-se, assim, uma série de encarnações, onde passaria a renascer em corpos masculinos – falou Mauro.

– Toni! Edira é Toni? – perguntei, admirado.

– Exatamente, Vinícius. Essa é a segunda encarnação de Toni em um corpo masculino, depois de uma série de experiências mal sucedidas como mulher. As sensações ainda são muito fortes, porém ele vem resistindo e questionando a validade da realização desses prazeres, apoiado por novos e tão antigos conceitos morais, mas que para ele passam a fazer sentido agora – respondeu Mauro.

– E Diego está desencarnado há muito tempo? – perguntou Ineque.

– Está sim, desde a experiência como um dos responsáveis pelo Orfanato. Ele descobriu que possui maiores facilidades no plano dos Espíritos, aliou-se a um grupo grande de afinidade e vem dirigindo a terrível Aldeia da Escuridão. Durante esse tempo, preparou-se pacientemente para sua vingança, estudou, aprendeu e treinou em outros irmãos desavisados os seus conhecimentos sobre magnetismo. Só não contava com a evolução moral de seus adversários, que resistem ao seu assédio – falou Mauro.

– Parece-me que Afonso ainda resiste à abençoada transformação moral – comentei.

– Mesmo ele, apesar de seu comportamento desequilibrado, sofre e mostra sinais de cansaço. Quando encontrou Toni, tinha firme propósito de se manter lúcido, sem drogas, mas a proximidade de Toni o fez reconhecer energia característica a Edira, visto serem o mesmo Espírito. E, para vencer os sentimentos contraditórios que o tornam inseguro e desesperado, voltou ao consumo de alucinógenos – falou Alberto.

– Há alguém familiar e muito caro a Diego, a quem possamos solicitar auxílio? – perguntou Ineque.

– Além de Maria Clara, há Valdério, que intercede por ele há muito tempo. Iluminado amigo de plano melhor, que virá em nosso auxílio no momento oportuno – falou Mauro.

– Sugiro que voltemos à Aldeia da Escuridão para conversarmos com Diego – eu disse.

– Reunamos, então, o grupo de socorro. Solicitemos a presença do grupo de jovens coordenado por Maurício, pois temos notícias de que há muitos irmãos que apenas se prendem a essa comunidade pelos malefícios dos alucinógenos – aconselhou-nos Mauro.

Tomamos as providências necessárias enquanto nos dirigíamos à triste comunidade. Mauro e Ana foram visitar Sônia e seus amigos, pois recebemos notícias de que Sônia se encontrava em triste panorama mental.

Assim que nossos amigos adentraram o pequeno quarto, reconheceram Adamastor, que se vinculava ao perispírito de Sônia, lamentoso e infeliz, culpando-se pela atitude desequilibrada que havia alimentado em sua vida, e que culminara com os acontecimentos desastrosos dos últimos dias.

A culpa e o remorso estavam deformando rapidamente seu perispírito, já tão danificado pelo ato suicida. A transformação que processava em si mesmo mediante triste fixação mental, semelhava-o pouco a pouco a um verme rastejante e pegajoso.

Sônia, deitada em sua cama, com a cabeça coberta por pesado edredom, sentia tremores e dores horríveis pelo corpo; estava adormecida, porém não conseguia distanciar-se o suficiente para ter a lucidez de identificar a causa de seu desânimo doentio.

Aproximamo-nos dela e passamos a aplicar energias restauradoras, enquanto irmãos que vieram em nosso socorro adormeciam o infeliz Adamastor, que foi levado em uma maca.

O perispírito de Sônia sentou-se na cama, e percebemos que ainda estava muito perturbada. Inácio veio em nosso auxílio, e então a conduzimos para o posto de socorro dirigido por nosso amável companheiro. Este nos orientou para permitirmos momentos de descanso a nossa amiga, para que depois ela pudesse aproveitar conversa edificante.

O tempo foi aproveitado por nós em interessante visita a toda a clínica. Inácio nos mostrou diversos pavimentos, divididos em setores, tudo muito bem cuidado sob a orientação de seus responsáveis. Adentramos uma grande enfermaria, mobiliada alegremente; possuía enormes janelas que deixavam ver adoráveis jardins, onde brinquedos coloridos eram distribuídos.

– Inácio, essa ala é destinada a crianças? – perguntou Mauro.

– É, sim, meu amigo. E confesso que aqui está a menina de meus olhos. Recebemos aqui crianças que desencarnaram vitimadas por terríveis atos de violência, e que logo após o desenlace aportam no plano espiritual, sofridas e muitas vezes revoltadas. Os trabalhadores desse setor são escolhidos com muito carinho, são Espíritos amorosos e serenos. Nem poderia ser diferente, tendo em vista a responsabilidade do trabalho – comentou Inácio.

– Estou encantada com tudo! Amo as crianças, e muito me identifico com suas dores. Gostaria muito de trabalhar aqui – revelou Ana.

– Temos um setor destinado a estudos e treinamento de nosso pessoal. Pelo que sei, você tem formação psicológica já no plano espiritual, não é? – Inácio indagou.

– Tenho sim, Inácio. Você acredita que tenho competência para fazer esse estudo? – perguntou Ana.

– Somente o seu esforço pessoal poderá responder a essa pergunta. Ineque me disse, em outra oportunidade, que seu estágio na Casa Espírita Caminheiros de Jesus está terminando, e a indicou para esse trabalho. E percebo que ele tinha razão em suas deduções – disse Inácio sorrindo.

Ana olhou para Inácio, agradecida, e com os olhos marejados de lágrimas, disse, emocionada:

– Agradeço a Deus e aos amigos por tantas oportunidades.

Voltamos ao aposento onde Sônia permanecia em repouso. Assim que entramos, esta nos olhou e disse:

– Estou muito triste!

Inácio sentou em confortável poltrona a seu lado e respondeu:

– Isso é normal, Sônia. Você acaba de passar por situações dolorosas demais. A dor é veículo de crescimento para nosso Espírito, e precisa ser vivida e superada. O importante é que saiba que tudo que aconteceu terá um bom propósito para

Deus. Sabemos que das tragédias nascem verdadeiros alicerces para a nossa sociedade – observou Inácio.

– Por que Deus permitiu que Adamastor cometesse esse crime? Abreviasse a vida de meu doce Mário? – perguntou, em prantos.

– Você está se esquecendo de nosso livre-arbítrio. Deus nos permite cada encarnação com o único propósito de evoluirmos moralmente; porém, esquecidos conscientemente de nossos compromissos, muitas vezes resvalamos nos vícios comportamentais, que nos levam ao desequilíbrio. Adamastor escolheu um caminho muito triste, e Mário cumpriu sua parte nessa história. Seu desencarne não foi prematuro, porém a maneira foi aproveitada para que todos aprendessem a ser fortes em sua fé – tornou Inácio.

– Mas... e Adamastor, será que terá lucidez para entender a gravidade de seu ato? – indagou Sônia.

– A culpa e o remorso são sentimentos que dominam nosso irmão. Já é um começo, já é o caminho para que em futuro próximo ele se arrependa de suas atitudes e se recupere – Inácio disse.

– Eu poderia vê-lo? – perguntou Sônia.

– Por enquanto não seria aconselhável, nosso amigo foi recolhido há poucos instantes e está sendo acomodado. No futuro terão oportunidade de esclarecer esse doloroso episódio de suas vidas.

– E Mário? Onde está meu filho?

– Aqui, minha mãe, feliz por vê-la! – falou Mário, adentrando o recinto.

Sônia, feliz, pulou do pequeno divã, e abraçou Mário com muito amor.

– Oh! Mário, meu filho, bem que Teresa disse que você já estava grande. Naquele momento acreditei que era imaginação de nossa menina. Mas... como você está bonito!

– Eu quero que você fique bem. Nada está errado. Eu cumpri compromissos assumidos em meu último planejamento encarnatório, minha encarnação seria breve e com desfecho trágico, visando à reflexão de Adamastor, por meio da dor da perda. Porém, ele se desequilibrou, e nada no Mundo de Nosso Pai é deixado ao acaso; e esse fato foi devidamente aproveitado, para que por intermédio da dor do arrependimento ele volte ao caminho correto – disse Mário com serenidade. – Agora, minha mãe, você deverá recomeçar sua vida. Tudo será mais sereno, Teresa deverá crescer saudável e cumprirá compromissos abençoados nessa oportunidade. Você terá papel importante na vida dela, pois dependerá de você, nesses primeiros anos, a sua educação, a aquisição de conhecimentos e também o direcionamento da moral.

Sônia olhou para Mário, acariciou ternamente seu rosto e disse:

– Agradeço a você por ter confiado em mim e permitido o privilégio de tê-lo gerado dentro de meu ventre. Você sempre fará parte de minha vida. Eu o amo muito, e nunca me esquecerei de você. Sei que, ao acordar, aos poucos, essa lembrança vivida, esse momento especial, irá se apagar, mas prometo a você que conseguirei guardar a impressão de amor e paz que está me dando nesse instante. Agradeço a Deus, mais uma vez, a confiança que depositou nessa filha tão imperfeita.

Os dois se abraçaram, e Mário a convidou a voltar à crosta, e pessoalmente a reconduziu ao corpo material; e, olhando em seus olhos, disse:

ALDEIA DA ESCURIDÃO 237

– O agradecido sou eu, minha irmã especial. Durma e, quando acordar, estará em paz. Poderá recomeçar sua vida, e dessa vez da maneira que merece. Receberá muito carinho e muito amor daqui para a frente.

CAPÍTULO XXIII

꧁꧂

Aldeia da Escuridão

Moral Estranha

Aborrecer pai e mãe

1. E muita gente ia com ele; e voltando Jesus para todos, lhes disse:
"Se alguém vem a mim, e não aborrece a seu pai e sua mãe,
e mulher, e filhos, e irmãos, e ainda a sua mesma vida,
não pode ser meu discípulo. E o que não leva a sua cruz,
e vem em meu seguimento, não pode ser meu discípulo.
– Assim, pois, qualquer de vós que não dá de mão
a tudo o que possui não pode ser meu discípulo".
(Lucas, XIV: 25-27, 33) – O Evangelho Segundo o Espiritismo
– Capítulo XXII – Moral Estranha – Aborrecer pai e mãe – item 1.

Nós nos dirigimos ao Posto de Socorro próximo à Aldeia da Escuridão, e nos reunimos a um grupo de socorristas coordenados por querido irmão de nosso plano, Cícero, que aparenta uns trinta anos, de cor negra, olhos claros e profundos. Seu cabelo encaracolado lhe dá aparência angelical. É um Espírito sempre alegre e bem-humorado; o som de seu riso se assemelha ao de uma cascata de água cristalina que nos conforta e refresca. Aproximamo-nos do posto de socorro e logo o avistamos, cercado de seis mastins negros como a noite. Os animais o acariciavam e felizes o seguiam, sem precisar ser contidos por nenhuma coleira.

– Boa noite a todos, sejam bem-vindos em nossa casa – cumprimentou-nos o amável amigo.

Felizes pela acolhida, nós o abraçamos, e logo fomos convidados a adentrar o pequeno e bem cuidado posto de socorro.

O pequeno posto de socorro assemelhava-se a magnífico oásis em meio ao deserto árido; tudo no local era muito simples e limpo, o mobiliário era constituído apenas do necessário, flores e belos quadros enfeitavam todos os ambientes. Frondosas árvores, algumas carregadas de flores e outras de frutos, exalavam agradável perfume adocicado. Melodia suave chegava aos nossos ouvidos, e a claridade azulada completava o singelo ambiente, dando ao edifício aparência acolhedora e de segurança. Levantei meus olhos ao céu e, extasiado, identifiquei formoso facho de luz, semelhante à luz do sol, que envolvia toda a área pertencente ao posto de socorro.

Enquanto entrávamos no prédio, um grupo de socorristas chegava, e foi recepcionado por enfermeiros e médicos, que acolhiam os atendidos daquela caminhada.

Cícero nos esclareceu:

– Esta é uma zona de sofrimento, e muitos dos habitantes se encontram em estado de demência. O trabalho de esclarecimento e acolhida a esses irmãos em avançado estado de deformação perispirítica e desvarios mentais é lento, porém certo, pois devemos respeitar o momento de cada um. O grupo acolhido no dia de hoje vem sendo acompanhado por mais de meio século; há aproximadamente dez anos terrestres passaram aos lamentos e ao cansaço do período de estagnação, então foram recolhidos ao posto de socorro intermediário, local em que ficaram internados, recebendo cuidados carinhosos, com o propósito primeiro de acordar a consciência profundamente adormecida, para que o momento do resgate seja realmente aproveitado por esses irmãos – falou Cícero.

– Esse tipo de tratamento é destinado apenas aos que têm condições de despertar por meio dos estímulos do amor? – indaguei.

– Isso mesmo, apesar da aparência grotesca e das verbalizações indefinidas e doentias, esses irmãos que agora chegam ao posto já conseguem entender, embora vagamente, o mal que praticaram a si mesmos e ao seu próximo. Tornam-se lúcidos, vagarosamente, pois acordam de um longo pesadelo, que até há pouco tempo lhes parecia infindável – respondeu Cícero.

– O posto de socorro intermediário a que você se referiu: por que a necessidade? – perguntei.

– Espíritos há muito tempo envolvidos em densas energias necessitam da compreensão de todos nós. Suas mentes ainda entorpecidas enlouqueceriam diante de luz mais intensa. Comparo ao encarnado caminhando pelas ruas escuras que, ao adentrar ambiente de intensa luminosidade, tem a sensação da cegueira. Esses postos intermediários possuem suave claridade, que vai sendo intensificada aos poucos, de acordo com o entendimento do irmão adoentado – Cícero explicou.

– E os Espíritos ainda cristalizados no mal? Aqueles que não conseguem perceber as conseqüências de suas próprias escolhas? – eu quis saber.

– Cada caso é analisado de acordo com suas características próprias. Vou convidá-los a acompanhar um trabalho que será realizado ao anoitecer na Casa Espírita Caminheiros de Jesus. Um irmão em adiantado estado de deformação e demência será encaminhado ao trabalho de desobsessão, momento em que lhe será oferecida oportunidade de abençoada encarnação compulsória, na qual não deverá opinar no planejamento, porém poderá aceitá-la com serenidade, dessa maneira cooperando para seu reerguimento moral – falou Cícero.

– E se ele resistir e não aceitar os desígnios do Pai? – perguntou Maurício.

– Então já está decidido que a redução perispiritual se fará com o auxílio dos dois planos; isso deverá acontecer enquanto se processa a comunicação. Após a redução do perispírito, ele será acoplado ao útero materno, para doloroso processo de familiarização, visando ao estado de perturbação, para que a mãezinha, já ciente de seu futuro, possa conseguir terminar o período de gestação com algum equilíbrio – falou Cícero.

– O corpo que deverá servir a esse propósito será limitado? – perguntei.

– Bastante limitado, porém bênção caridosa do Pai, para que esse irmão possa reflexionar sobre suas atitudes e modificar seu comportamento perante a vida – respondeu Cícero.

– Dessa maneira, limitado em sua manifestação no mundo corpóreo, quebrará triste padrão vicioso, e não estará abandonado, pois será recebido em família cristã, que dele cuidará com muito amor e paciência, evangelizando-o. E devemos nos recordar que o corpo, embora limitado, também servirá ao propósito de refazimento do perispírito, no momento em avançado estado de deformação, e esse bem-estar ele sentirá como Espírito em recuperação – esclareceu Ineque, que acabara de se juntar a nosso grupo.

Felizes, aceitamos o convite de Cícero e voltamos à Casa Espírita Caminheiros de Jesus. O trabalho destinado ao socorro fraternal estava se iniciando com a prece.

O irmão que seria atendido foi introduzido na sala de atendimento espiritual, contido por dois amáveis trabalhadores. Auscultamos sua mente e percebemos que este urrava e se contorcia enraivecido, embora aparentasse sonolência e perturbação. Inquirimos Cícero sobre esse fenômeno, e ele nos esclareceu que, embora sob o efeito calmante de passes magnéticos, sua mente se rebelava e produzia telas mentais, as quais foram vistas sob nosso exame.

O atendido foi acomodado em confortável poltrona plasmada em energia de cor azulada; percebi que ao se acomodar essa energia criava vida e envolvia lentamente o irmão em desalinho, que aos poucos foi se acalmando e adormeceu serenamente.

Os atendimentos se iniciaram, o salão estava repleto de Espíritos sofredores; e conforme o trabalho se desenrolava, o recinto era esvaziado, e à medida que os irmãos atendidos iam sendo encaminhados, a energia sutil e benéfica ia se espalhando e envolvendo a todos os participantes no trabalho. Serena, trabalhadora espiritual da casa de socorro, aproximou-se de irmã do plano material e a intuiu da necessidade de reforçar o pedido de concentração e prece, para que o grupo mantivesse a harmonia necessária ao irmão em espera.

O atendido foi posicionado ao lado de um médium de psicofonia, e amorosa carga energética foi lançada em sua direção, tirando-o do estado de torpor no qual se encontrava.

– Me soltem, me soltem! Vocês não sabem com quem estão lidando. Essa interferência será punida devidamente. Vocês se arrependerão! – urrava o infeliz atendido.

– Acalme-se, meu amigo. O momento é de oportunidade para seu Espírito – falou a evangelizadora.

– Não me afronte! Eu não aceito nada de vocês, vermes rastejantes! – vociferou o infeliz.

Por aproximadamente vinte minutos, o irmão refutou o socorro. Apesar das advertências amorosas, insistia no mesmo padrão mental, de ódio e rancor, prometendo vingança a todos os que atravessaram seu caminho.

Ineque se aproximou de uma médium, e após entrar em perfeita sintonia, pediu permissão para interferir no atendimento. Amoroso e paciente, aceitou a incumbência de direcionar, naquele momento, energias necessárias à redução perispiritual do infeliz amigo, visando ao bem maior em seu futuro.

O infeliz irmão se contorcia diante da carga energética que recebia, tentando mais uma vez adiar o momento de sua redenção.

Ineque, paciente, proferia palavras de perdão e esperança, evocando os mais nobres sentimentos da humanidade, dessa maneira enfraquecendo a fúria e a dor selvagem que brotavam do Espírito em desatino.

O irmão foi, aos poucos, se acalmando, conforme seu perispírito reduzia em tamanho e sua mente era envolta em perturbação.

Agradecidos, fizemos prece ao Criador, por amorosa acolhida a todos nós, filhos ignorantes do amor.

Voltamos ao posto de socorro situado perto da Aldeia da Escuridão, e Cícero nos convidou a algumas horas de repouso antes de nossa excursão às furnas de dor.

Enquanto isso, na crosta, Cláudio ligou para Mara, convidando-a para sair. Feliz, ela aceitou o convite, e se preparava para encontrá-lo quando novamente sentiu-se mal.

Uma desagradável sensação de torpor a invadiu, seu corpo suava e seus olhos embaçaram. Ela sentou no sofá da sala, e pensou:

– Meu Deus, será físico ou espiritual? As sensações são iguais às das outras vezes. Vou seguir o conselho de Sandra.

Em um esforço sobre-humano, levantou-se do sofá, cambaleante, e se dirigiu a seu quarto; sentou-se na cama, tomou o *Evangelho Segundo o Espiritismo* nas mãos, abraçou-o junto ao peito e disse em voz alta:

– Se, por ventura, houver aqui junto a mim um Espírito que me queira o mal, que ainda não consiga entender os desígnios de Deus, e a quem em passado longínquo ou próximo eu tenha prejudicado, eu peço perdão. Hoje, nessa encarnação, eu não consigo nem imaginar que possa deliberadamente prejudicar ou maltratar quem quer que seja. Estou longe da perfeição, mas luto para conseguir ser melhor. Por favor, perdoe-me, e permita que eu prossiga em minha caminhada. Aceite também o auxílio que nos oferecem com tanto carinho.

Conforme Mara proferia as singelas palavras de carinho, maravilhosa energia ia se expandindo de seu coronário.

Diego, em pé a sua frente, sentiu-se enfraquecer, e saiu enraivecido novamente em disparada, dessa vez em direção ao consultório de Vitor.

Este, terminando a última consulta do dia, acompanhava o paciente à sala de recepção. No mesmo instante, Vera passava pela soleira, a tempo de ver Vitor fraquejar e quase desabar ao chão.

– Vitor, o que foi?

– Uma vertigem muito forte...

– Sente-se aqui – disse Vera, e solícita acalmou o paciente que estava indo embora; então o acompanhou até a porta, e voltou sua atenção para Vitor, que mostrava o semblante intensamente pálido.

– Você se alimentou?

– Eu almocei muito bem. Foi agora, senti como se estivesse sendo tragado por um abismo sem fim. Ainda me sinto mal.

Diego, com as mãos cruzadas sobre o peito, os observava com sarcasmo, mantendo o olhar fixo no casal e emanando densa energia. Vera levantou o rosto e disse:

– Sinto um cheiro muito estranho. Vamos orar!

Solicitou a Vitor que a acompanhasse em formosa Prece de Cáritas. A semelhança do fato ocorrido com Mara, o amor e a certeza de sermos donos de nossa mente, a energia característica aos bons Espíritos foi sendo alimentada nos corações caridosos, e mais uma vez Diego foi ignorado em suas intenções.

Vitor, agradecido, olhou para Vera e disse:

– O que eu faria sem você?

Levantou-se da cadeira e abraçou Vera com muito amor, e continuou:

– Sei que nem ao menos namoramos, mas eu a quero para toda a vida. Você se casa comigo?

Vera o olhou apaixonada e respondeu:

– Eu sempre o namorei, somente você não percebia. E aceito, sim, me casar com você, porque também não saberia o que fazer de minha vida sem você.

Vitor a abraçou mais estreitamente e a beijou pela primeira vez, e percebeu que daquele momento em diante não teria mais por que se deixar dominar por um passado tão distante. Encantado, olhou os grandes olhos verdes de sua companheira e sorriu feliz.

Mara, sentindo-se melhor, sorriu feliz e pensou:

– Agora, sim, eu acredito em mim mesma, estou segura que posso orar e ser atendida. Com essa certeza eu farei de minha vida uma experiência proveitosa. Eu agradeço a você, Meu Pai Amado, a vocês, meus bons amigos, que nunca desistiram de me auxiliar, mesmo nos momentos em que eu os rejeitava.

Mara levantou-se do sofá, abriu a porta do apartamento, olhou para dentro sorrindo e disse em voz alta:

– Não sei se você ainda está aí; se estiver, gostaria de aconselhá-lo a repensar sua maneira de enxergar a vida e as pessoas que fazem parte dela. Eu lhe garanto que é muito bom. Se acredita me conhecer de verdade, também deve lembrar-se de como eu era; compare com quem eu sou. Só entenda uma coisa, eu não o rejeito, mas rejeito a sua influência negativa. Se quiser auxílio... acredito que também saiba o que fazer. Fique com Deus!

Mara fechou a porta do apartamento e sentiu agradável sensação de liberdade. Ao sair para a rua, viu Cláudio encostado na porta do carro, esperando-a. Ela sorriu feliz e foi ao seu encontro.

Cláudio a olhou com um sorriso e disse:

– Cada vez que a encontro, você me parece mais bonita, e eu mais apaixonado.

– Apaixonado, Cláudio? – perguntou Mara com lágrimas nos olhos.

Cláudio se adiantou e a abraçou, dizendo:

– Apaixonado, sim. Por que acha que eu ligo para você três a quatro vezes ao dia? Porque sinto saudades, e até um certo receio de ser rejeitado.

Mara, feliz, o abraçou emocionada e disse:

– Eu nunca vou rejeitá-lo, também sinto saudades de você, da sua voz, de sua presença.

– Mas... e o amor?

– Você me ama?

– Desde o primeiro dia em que a vi, percebi que seria importante em minha vida. Eu a amo muito.

– Oh! Cláudio, eu também o amo muito.

Cláudio a beijou ternamente, e os namorados felizes entraram no carro.

CAPÍTULO XXIV

❦

Os socorristas jamais descansam

Não Pôr a Candeia debaixo do Alqueire

1. Nem os que acendem uma luzerna a metem debaixo do alqueire,
mas põem-na sobre o candeeiro, a fim de que ela dê luz a todos
os que estão na casa.

(Mateus, V:15)

Diego, inconformado com o rumo da vida de seus adversários, saiu caminhando cabisbaixo. Não conseguia entender o que estava acontecendo; lembrava-se de há pouco tempo ter convivido com todos eles, e tinha certeza de que eram os piores exemplos de maldade e desequilíbrio. Inconformado, questionava-se sobre o que estava acontecendo, onde havia errado.

A raiva crescia dentro de seu coração, mas dessa vez estava diferente, não sentia mais vontade de correr contra o próprio tempo, sentia muito desânimo e – não queria admitir – também muita tristeza. Vagarosamente voltou à Aldeia da

Escuridão, procurou um lugar onde não o importunariam, e ali ficou meditativo.

Após os trabalhos na Casa Espírita Caminheiros de Jesus e o descanso no posto de socorro, nosso grupo de socorristas se organizou com a finalidade de visitar a Aldeia da Escuridão.

À semelhança de nossa visita anterior, o caminho íngreme e de dor nos exigia o equilíbrio de estarmos sempre com o pensamento elevado a Deus. À nossa passagem nossa boa disposição era testada, com a visão que tínhamos do desequilíbrio moral e afetivo de Espíritos malévolos e dementados. Ouvíamos xingamentos e impropérios serem proferidos a nossa passagem, demonstrando o estado de infelicidade que nossos irmãos elegiam por panorama mental.

Ineque nos havia advertido de que desceríamos aos abismos visíveis à população daqueles sítios abençoados, não com a idéia de afrontá-los em sua ignorância, mas sim como prova de nossa fé em Deus.

Cenas absurdas de sexo doentio nos eram apresentadas com o único propósito de nos afrontar e nos desequilibrar.

No meio de nosso caminho, ao virarmos em curva pronunciada à direita, deparamos com um grupo de Espíritos armados com ferramentas estranhas. Atrás desse grupo, havia um palco montado, a decoração escolhida era bizarra e representava cenas de conluios sexuais de variados modos, sempre doentios, de cores berrantes, a música alta e sem ritmo, um perfume forte e enjoativo faziam do ambiente personalidade viva, onde os atores dementados e com terríveis deformações se exibiam em tristes cenas de horror.

Ameaçavam-nos com terríveis telas mentais de tortura, se não nos sujeitássemos a suas ordens. Ineque mentalmente nos exortou ao equilíbrio de amor e perdão para aqueles sofredores da moral. Orientou-nos mentalmente para que mantivéssemos a serenidade e para que nos lembrássemos de nossos objetivos de caridade e compaixão. Lembrou-nos que em passado não tão distante, nós mesmos, hoje os auxiliares do Pai, também passamos pelas furnas de dor, em constante processo de evolução moral.

Envolvidos por sutil luz que emanava do Mais Alto, em silêncio e em uníssono, proferimos sentida prece com um único e feliz objetivo: auxiliar sem julgar, seguindo o conselho de Jesus.

Ineque deu um passo à frente e olhou com tanto amor para aqueles irmãos tão perdidos de si mesmos, seus olhos marejados de lágrimas emanavam energia salutar que os envolvia lentamente. Dirigindo-se ao chefe do grupo e disse com ansidão:

– Peço perdão ao irmão por interrompê-lo em seu trabalho, mas urge que continuemos nosso caminho. Precisamos atender ao apelo de Nosso Pai Amantíssimo e oferecer luz à escuridão. Peço ao irmão que nos permita a passagem em paz. E como a bondade de Deus não escolhe um ou outro, mas envolve a todos nós, seus filhos amados, nesse momento é oferecida a todos os irmãos presentes a oportunidade de habitar um novo mundo, de paz e renovação. – Nesse instante, um grupo de trabalhadores do posto de socorro dirigido pelo amigo Cícero rodeou a todos. – Àqueles cansados da dor e do ódio, apenas pedimos que humildes estendam as mãos para o início de uma nova vida. Aproveitem essa abençoada oportunidade de recomeço. Fiquem em paz!

Ineque se adiantou, e nos orientou a acompanhá-lo, conforme caminhava em frente. Os infelizes irmãos se afastavam, sem resistência nem questionamentos, pois sentiam a imposição moral inquestionável de nosso amável amigo.

A resistência energética do ambiente se fazia sentir por meio de densas nuvens que nos dificultavam o caminho. Cícero passou a entoar belíssima canção evangélica; sua voz forte e suave penetrava em nosso íntimo, emocionando-nos. Nós nos juntamos a ele, nesse canto angelical, e admirado percebia que os sons orquestrados por corações amorosos e repletos de compaixão, ao alcançarem o ar a nossa volta, transformavam-se em gotículas de energia, como pequenos pontos luminosos, e tocavam gentilmente as nuvens densas, explodindo em formas variadas, semelhantes aos raios das tempestades terrenas, queimando miasmas e libertando consciências.

Durante a nossa passagem, irmãos com semblantes enraivecidos, ao ser tocados por essa nuvem de amor e esperança, resvalavam ao chão em prantos de arrependimento, e logo, sem demora, amorosa equipe de irmãos abençoados em seu trabalho cristão os socorria, como o pai amoroso socorre o filho atormentado.

Nossa intrépida caravana, firme em seus propósitos, continuava descendo aos profundos abismos mentais da dor.

Ao dobrarmos curva íngreme, encontramos o posto intermediário de socorro e fomos alegremente recebidos por Maria Clara, que já se adiantara na noite anterior.

– Sejam bem-vindos, meus irmãos. Entrem, e vamos descansar um pouco.

Fomos introduzidos em agradável sala, mobiliada espartanamente, e me admirei ao levantar os olhos ao teto e encontrar reprodução de tela pintada na Capela Sistina por Michelangelo, pintor que se tornou famoso por sua arte sacra, no período denominado de Idade Média.

Acomodamo-nos e passamos a agradável palestra.

– Cícero, este posto intermediário conta com muitos trabalhadores? – perguntei.

– Nós nos revezamos entre vários grupos treinados para trabalhar nessa região de densa energia. Alguns irmãos que aqui se encontram foram antigos moradores da Aldeia da Escuridão. Inclusive a presença deles nos grupos socorristas e no posto é muito proveitosa, pois são reconhecidos por aqueles que teimam em permanecer nesses sítios da ignorância, e isso lhes serve como confortável idéia de um futuro mais saudável – respondeu Cícero.

– Essa comunidade, além do vício do sexo, também apresenta outras viciações com a mesma importância? – perguntou Maurício.

– Com certeza, o sexo como vício é apenas uma das limitações encontradas na personalidade desses Espíritos. A maioria é dependente dos vapores alcalóides e também das substâncias alucinógenas – respondeu Cícero.

– Como funciona a organização da comunidade? – indagou Ineque.

– Diego os comanda com mão de ferro, é extremamente exigente e cuidadoso, inclusive exige de todos os seus servidores que se instruam na arte da obsessão, através do magnetismo, da hipnose, da observação constante do padrão vibratório de suas "vítimas". Ele construiu prédios subterrâneos que são verdadeiras universidades, que treinam seus estudantes para o mal – falou Cícero.

– Os Espíritos que se aliam a ele são recrutados por afinidade ou escravizados? – perguntei.

– Essa comunidade difere de outras tantas, pois Diego não aceita escravos, mas aliados, e todos são tratados com respeito por seu comandante, eles até o admiram. Aqueles que permanecem contra a vontade são Espíritos que desencarnaram em desequilíbrio, e seus adversários contrataram os serviços dessa comunidade. O que os mantêm cativos, na grande maioria, são os sentimentos de culpa e remorso. Muitos não se consideram merecedores de viver em um mundo melhor – falou Cícero.

– Pelo que você nos está contando, percebo que há fidelidade nesse grupo? – perguntei admirado.

– Foi o que percebemos nesse tempo em que estamos trabalhando nessa região, mas não devemos esquecer que apesar de ser algo bom manter-se fiel a um propósito e a alguém, os motivos estão errados, o direcionamento dessa energia não é saudável. E essa fidelidade, com certeza, irá se esgotar ao perceberem que apenas o sofrimento os mantêm coesos – falou Cícero.

– Quando a maioria do grupo age por imposição ou mesmo por medo, a compreensão de agir de maneira inadequada é mais fácil de ser alcançada; mas, pelo que o amigo está descrevendo, há uma crença segura por parte dessa comunidade de estar fazendo a coisa certa. E como deveremos conduzir nosso trabalho? Será a hora certa de avançarmos nesse caminho? Afinal o primeiro objetivo foi amparar Vitor e Mara, e depois os outros amigos que foram entrando nessa história... Mas quanto a Diego, será o momento certo para ele? – perguntei, introspectivo.

– Na última visita que Diego fez a Mara e a Vitor, não conseguiu sintonia vibratória com os dois, que estão modificando sua maneira de pensar e avaliar sua vida; e estão felizes, pois encontraram companheiros especiais aos seus corações, o que facilita, sobremaneira, a mudança energética de seu padrão mental e comportamental; e quando Diego se foi, com os objetivos frustrados, também passou a questionar o que estava acontecendo. Não devemos nos esquecer de que ele os via com a mesma energia de séculos atrás. E não somos nós a julgar o momento de nosso irmão: nosso dever moral é sempre auxiliar. A maneira como essa bênção será entendida por nosso próximo será de acordo com a necessidade de seu momento – Cícero disse.

– Mas... se havia mudança no comportamento de Vitor e Mara, como Diego conseguiu encontrá-los, sabemos que somente nossa energia característica nos denuncia aos nossos adversários? – perguntou Maurício.

– Nossa mudança é lenta; não é porque já compreendemos os nossos erros e nossas viciações que não mais cederemos às tentações. Enquanto essas limitações fizerem parte de nossas fraquezas, essa energia característica existirá, muitas vezes, adormecida, mas latente – falou Cícero.

– Entendi. Somente quando superarmos as provas é que realmente nos libertaremos dessas amarras – eu disse, pensativo.

– Você falou sobre Diego estar meditativo, e atribui esse despertamento aos últimos acontecimentos; essa é a esperança que nos alimentará nesse trabalho? – perguntou Ineque.

– Acredito que o Pai nos mostrará o direcionamento que deveremos dar a esse atendimento, também contando com esse momento de conflito que vive nosso irmão – respondeu Cícero.

– Mas e os seus seguidores? Como reagirão se Diego mudar sua maneira de pensar? O seguirão ou continuarão no mesmo caminho? – idaguei.

– Acredito na força do amor, e, embora o relacionamento dessa comunidade não seja exemplo a ser seguido, eles são leais a Diego e o consideram um mestre. Se ele mudar seu comportamento, creio que levará a todos o benefício da transformação moral – falou Maria Clara.

– Ao iniciarmos essa conversa, procurando esclarecimento, para que nosso trabalho seja profícuo a essa comunidade, confesso que senti certo desânimo, pois não conseguia enxergar uma maneira caridosa de auxiliar esses irmãos a continuar uma caminhada saudável; porém, conforme as idéias eram explanadas, percebi que não existe nada tão difícil assim, basta que tenhamos a disposição e a certeza de sermos assistidos por um Pai de Perdão e Oportunidades – falei, com imensa alegria brotando de meu coração.

Meus companheiros vieram em minha direção, e nos abraçamos contentes em seguir rumo a um novo amanhã, com a certeza do sucesso de nossa empreitada, pois entendemos que no mundo de Deus a felicidade e a perfeição são a nossa fatalidade, e abençoada fatalidade, que nos alimenta e fortalece.

Cícero nos convidou a amorosa prece antes de nos colocarmos a caminho. Maria Clara abriu *O Evangelho Segundo o Espiritismo* e leu o seguinte trecho de amor:

O Ódio – Fenelon – Bordeaux, 1861
10. Amai-vos uns aos outros, e sereis felizes. Tratai sobretudo de amar aos que vos provocam indiferença, ódio e desprezo. O Cristo, que deveis tornar o vosso modelo, deu-vos o exemplo dessa abnegação: missionário do amor, amou até dar o sangue e a própria vida. O sacrifício de amar os que vos ultrajam e perseguem é penoso, mas é isso, precisamente, o que vos torna superiores a eles. Se vós os odiásseis como eles vos odeiam, não valeríeis

mais do que eles. É essa a hóstia imaculada que ofereceis a Deus, no altar de vossos corações, hóstia de agradável fragrância, cujos perfumes sobem até Ele.

Mas, embora a lei do amor nos mande amar indistintamente a todos os nossos irmãos, não endurece o coração para os maus procedimentos. É essa, pelo contrário, a prova mais penosa. Eu o sei, pois durante minha última existência terrena experimentei essa tortura. Mas Deus existe, e pune, nesta e na outra vida, os que não cumprem a lei do amor. Não vos esqueçais, meus queridos filhos, de que o amor nos aproxima de Deus, e o ódio nos afasta d'Ele. (O Evangelho Segundo o Espiritismo – Capítulo XII – Amai os Vossos Inimigos – Item 10 – O ódio)

– Amigos, estamos nos aprontando para descer aos abismos de dor, roguemos ao Pai a sua presença constante em nossa mente e em nosso coração, para conservarmos a lucidez do raciocínio e o carinho em nós; roguemos ao Pai para que a nossa mente seja sempre dirigida pela bondade, pela tolerância e pela compreensão das limitações morais dos irmãos mais ignorantes, sabendo, dessa maneira, que apenas agem de acordo com o que conhecem e sentem. Que Deus e Nosso Irmão Maior nos acompanhem nessa caminhada. Que assim Seja!

CAPÍTULO XXV

Atendimento e aprendizado

Buscai e Achareis

Ajuda-te e o céu te ajudará

*1. Pedi, e dar-se-vos-á, buscai, e achareis, batei, e abrir-se-vos-á.
Porque todo o que pede, recebe; e o que busca, acha; e a quem bate,
abrir-se-á. Ou qual de vós, porventura, é o homem que, se seu filho lhe
pedir pão, lhe dará uma pedra? Ou, porventura, se lhe pedir um peixe,
lhe dará uma serpente? Pois se vós outros, sendo maus, sabeis dar boas
dádivas a vossos filhos, quanto mais vosso Pai, que está nos Céus,
dará boas dádivas aos que lhe pedirem.*

(Mateus, VII: 7-11) – O Evangelho Segundo o Espiritismo – Capítulo XXV –
Buscai e Achareis – Ajuda-te, e o céu te ajudará – Item 1.

Enquanto nos empenhávamos no resgate da Aldeia da Escuridão, os trabalhos da noite de sexta-feira se iniciavam na Casa Espírita Caminheiros de Jesus.

Toni aguardava ser chamado para o atendimento, quando seus pais adentraram o recinto trazendo consigo o amigo Afonso.

Toni sentiu certo desconforto, pois não queria, de maneira alguma, olhar para sua mãe e saber que ela tinha conhecimento do conflito que vivia; sentia-se muito envergonhado por seus vícios comportamentais.

Salima se aproximou do filho, beijou-o amorosamente, e o convidou a acompanhá-la até a frente da casa. Toni, cabisbaixo, atendeu-a. Sentia uma angústia muito forte, precisava fazer força para conseguir respirar, tal a dor que invadia seu peito. Chegando à calçada, Salima olhou para o filho, e disse:

– Toni, olhe para meu rosto, por favor! Assim mesmo, gosto muito de ver seus olhos, sempre tão expressivos. Quero que saiba que o amo demais para que qualquer atitude sua, mesmo que seja contrária ao que acredito, possa prejudicar nosso relacionamento, que sempre foi amoroso e sincero. Sempre estarei ao seu lado, qualquer que seja a sua escolha de vida; sei quem é o meu filho, está bem?

Toni abraçou-a e chorou aliviado, e disse:

– Minha mãe, minha mãe, quem a tem a seu lado é muito feliz.

Salima o olhou novamente nos olhos e disse:

– Vamos auxiliar esse menino, que se sente tão solitário e acredita que não tem ninguém em quem se apoiar. Sinta-se forte, pois hoje, meu filho, você pode auxiliar.

Os dois voltaram a seus lugares abraçados.

Toni foi chamado para entrar na sala de atendimento, mas olhou para Afonso e disse:

– Vá você, se der tempo eu serei atendido. Vá logo, Afonso!

Afonso se levantou da cadeira e foi encaminhado à sala de atendimento.

– Boa noite, meu nome é Sandra. É a primeira vez que você vem a nossa casa de socorro?

ALDEIA DA ESCURIDÃO 259

– É, sim. Dona Salima e o doutor Adalton me trouxeram – respondeu Afonso.

– Ah! Eu me lembro de você, seu nome é Afonso, não é? – perguntou Sandra.

– É sim, você foi ao hospital no dia em que passei mal – falou Afonso.

– E como você está, hoje? – perguntou Sandra.

– Ainda não sei, eu me sinto muito só, meio perdido. Quando vim para cá, para estudar, tinha tomado a decisão firme de não mais usar drogas; não sei o que aconteceu comigo. Foi depois que conheci Toni. Vivo ansioso, com medo, e acabei fazendo besteira.

– E tudo que você viveu nesses meses, as loucuras, as irresponsabilidades, a irreverência resolveram seus problemas? O consumo de drogas lhe trouxe soluções?

– Lógico que não, você sabe que eu quase morri – respondeu Afonso, agressivo.

– Eu sei que você quase perdeu essa encarnação, mas você sabe? Você entendeu a gravidade de seus atos?

– Não sei se consigo pensar como vocês. O doutor Adalton tem conversado muito comigo, mas a maior parte do que ele fala não faz sentido, eu não entendo. Eu nasci em uma família espírita, meus pais sempre nos levaram à Evangelização Infantil, e depois nos obrigaram a freqüentar a Mocidade Espírita, mas eu nunca consegui aprender nada dessas coisas, elas não fazem sentido para mim.

– O que você não entende, por exemplo?

– Esse papo louco de outras encarnações, de que eu e o Toni somos antigos conhecidos. Minha família é espírita, sei lá se é mesmo, pois não os vejo seguindo as leis do Cristo, ou não sei se eu cobro demais deles. Tem as minhas tias que são católicas... E outra coisa que não entendo, pois é só futilidade, sociedade, compromissos com festas, bingos, spas, cabeleireiros, etc., e eu aprendi com elas sobre céu e inferno, às vezes o purgatório, nunca esse papo de muitas vidas – falou Afonso, mostrando certa relutância e confusão mental na seqüência das idéias que tentava explanar.

– Até agora você falou sobre os outros. E você, em que acredita? – perguntou Sandra.

– Você quer dizer... se eu acredito em Deus? – Sandra fez um sinal afirmativo com a cabeça.

Então Afonso continuou:

– Acredito que alguém ou alguma energia inteligente comanda tudo isso, querendo que todos nós sejamos perfeitos, coisa que eu não acredito que alguém consiga ser. Não sei se é Deus, ou alguém como nós, que possui mais conhecimento e dessa maneira pode nos controlar.

– Já ouviu falar sobre livre-arbítrio? – perguntou Sandra.

– Já, sim: a idéia de que temos a liberdade de escolher nosso destino, não é?

– Eu diria escolher nosso futuro. Acredito na Lei de Ação e Reação, que inclusive explica a diversidade de qualidade de vida, dos Espíritos encarnados e desencarnados.

– Ação e Reação é uma lei da física segundo a qual toda ação praticada produz uma reação de igual intensidade – falou Afonso.

– Isso mesmo. Se hoje eu faço uma boa escolha, com certeza a reação a isso também terá a mesma qualidade; porém se eu resolver praticar uma má ação, o resultado também não será bom.

– Usando drogas, eu pratico uma ação, e o resultado pode ser uma overdose, como aconteceu outro dia – comentou Afonso.

– Essa conseqüência foi imediata, mas os danos que causa ao seu organismo vão aparecendo aos poucos; e quanto aos que o cercam, já pensou nisso?

– Quem, os rapazes que moram comigo? Eu não forcei nada, eles usam porque querem.

– Quando nos aliamos a outros e partilhamos vícios, também somos responsáveis por isso. Como também seremos responsáveis quando auxiliarmos alguém a se livrar dos vícios. Analise para mim as conseqüências dos dois atos, acreditando nas Leis Divinas, as Leis de Deus – falou Sandra.

– No primeiro caso, é ruim, porque na realidade eu estou me aliando a eles, mas no segundo caso eu estaria ajudando a eles, e no futuro eu estaria melhor e eles também.

– Agora, vamos imaginar que exista um mundo invisível a nossos olhos, um mundo de Espíritos ativos, que agem ao nosso redor. Esses Espíritos são aqueles que um dia viveram em um corpo denso, como o nosso, e já desencarnaram. Vamos também imaginar que todos os Espíritos, quando desencarnam, passam para o outro lado, igualzinho ao que eram aqui, no plano da matéria, que levam consigo as virtudes e os vícios. Você está acompanhando meu raciocínio? – perguntou Sandra.

– Estou, sim, continue! – falou Afonso, demonstrando interesse.

– Um jovem como você, que desencarna por uma overdose, e tem o hábito de ingerir drogas, quando passa para o mundo dos Espíritos continuaria a sentir as mesmas necessidades, e como já não possui um corpo denso para atender os seus vícios, ele precisaria descobrir uma maneira de usufruir das mesmas sensações que o escravizavam.

– Ontem, a dona Salima me falou sobre vampiros; então isso é verdade? – perguntou Afonso espantado.

– É, sim. Esses Espíritos, para satisfazer seus vícios, aliam-se a outros encarnados dependentes e passam a compartilhar sensações, piorando muito a vida do usuário, pois ele sentirá cada vez mais necessidade das drogas.

– Sandra, e quanto ao meu caso e de Toni? Isso eu não consegui conversar com os pais dele, que por sinal estão me auxiliando muito. Tem o papo de antigos conhecidos... Como funciona isso?

– Esse conceito se baseia no entendimento das múltiplas existências. Como somos Espíritos imperfeitos, ainda viciosos e reticentes no bem, em diversas oportunidades encarnatórias nos comprometemos com nossos companheiros, e como tudo tem de ser acertado um dia, chega o momento em que devemos nos dedicar a recuperar esses tristes débitos – falou Sandra.

– E Deus nos cobra isso? – perguntou Afonso.

– Não, Deus nos permite a reparação desses erros, quando estamos preparados para isso. A nossa consciência nos cobra a reparação, quando nosso Espírito enxerga as nossas falhas – disse Sandra.

– Digamos, então, que se eu acreditar em toda essa história, o que nós vivemos é porque resolvemos viver, é isso?

– Exatamente, e para isso, ainda desencarnados, nós nos preparamos quando elaboramos junto com nossos bons amigos espirituais o nosso planejamento encarnatório – falou Sandra, sorrindo da expressão de confusão estampada no rosto de Afonso.

– Puxa! Parece que você tem resposta para tudo. Mas se Deus nos quer felizes e equilibrados, por que permitir que pessoas como eu e o Toni existam, para viver relações tão repulsivas para todos?

– "Repulsivo" é expressão usada por você, faz parte de seu julgamento. E quanto às respostas, não são minhas, eu as descobri estudando a Doutrina dos Espíritos por intermédio das obras Kardequianas. Quanto a seu relacionamento com Toni, ele pode ser de amor, sem ser abusivo. Tudo o que conversamos são conceitos filosóficos novos para você, então vou pedir para que tenha paciência e leve a sério o que começamos hoje.

– Você acredita que acontecerá um milagre e tudo ficará bem? – perguntou Afonso.

– Não, não mesmo, principalmente porque eu não acredito em milagres. Eu acredito, sim, em nossa disposição em modificar aquilo que nos incomoda; e se não sabemos como, devemos ter a humildade de procurar as respostas com pessoas que estejam mais preparadas, e solicitando auxílio a quem tenha mais equilíbrio que nós mesmos. Assim nos sentiremos mais aliviados e com melhor disposição de enfrentar nossos problemas. Dessa maneira, nos dispomos a um comportamento mais humilde para ouvir o que nossos irmãos têm para nos dizer, passar todas essas informações por nossa razão e, com lucidez, encontrar um novo caminho. Nesse milagre eu acredito: aquele que nós mesmos podemos realizar – falou Sandra.

– Você disse que eu preciso ter paciência com o que começamos hoje; o que quer dizer com isso?

– Aqui você tem uma oportunidade de ser auxiliado a repensar a sua vida e aprender alguns conceitos novos. Nós o convidamos a voltar ao atendimento fraterno, fazer algumas terapias espirituais e, se gostar do que irá vivenciar conosco, poderá se juntar a um grupo de estudos.

– Posso tentar, só não posso prometer que irei me transformar num carola – falou Afonso.

– Meu amigo, isso eu respeito, pois fanatismo também não faz parte da Doutrina dos Espíritos – disse Sandra, sorrindo bem-humorada.

– Olha, você vai acabar me convencendo de que essa doutrina realmente é fabulosa.

Os dois se despediram, e Afonso retornou ao salão.

O assunto da palestra da noite era o capítulo XVI de *O Evangelho Segundo o Espiritismo* – Servir a Deus e a Mamon. O palestrante discorria sobre a responsabilidade em assumir um posicionamento firme em nossas escolhas de vida, pois se continuarmos agindo com ambigüidade não serviremos aos ensinamentos de Jesus, seguindo as verdadeiras e únicas leis morais que devem direcionar nossas energias. Ou seja, se continuarmos a agir mais ou menos, seremos também Espíritos mais ou menos. Esse comentário lembrou-me mensagem de Chico Xavier, que irei transcrever abaixo:

"A gente pode
morar numa casa mais ou menos,
numa rua mais ou menos,
numa cidade mais ou menos,
e até ter um governo mais ou menos.
A gente pode
dormir numa cama mais ou menos,
comer um feijão mais ou menos,
ter um transporte mais ou menos,
e até ser obrigado a acreditar
mais ou menos no futuro.
A gente pode
olhar em volta e sentir que

tudo está mais ou menos.
Tudo bem.
O que a gente não pode
mesmo, nunca, de jeito nenhum,
é amar mais ou menos,
é sonhar mais ou menos,
é ser amigo mais ou menos,
é namorar mais ou menos,
é ter fé mais ou menos,
e acreditar mais ou menos.
Senão a gente corre o risco de se tornar
uma pessoa mais ou menos."
(Chico Xavier)

CAPÍTULO XXVI

❧

A vida prossegue

Dar de Graça o que de Graça Receber

Dom de Curar
Curai os enfermos, ressuscitai os mortos, limpai os leprosos,
expeli os demônios; dai de graça o que de graça recebestes.

(Mateus, X:8) – O Evangelho Segundo o Espiritismo
– Capítulo XXVI – Dar de Graça o que de Graça Receber
– Dom de curar – Item 1.

Sônia estava sentada num banco de madeira, no quintal da casa de Cláudia, onde também residia com Teresa, em uma confortável edícula. Estava ainda muito triste e sentindo saudades de Mário; chorava silenciosa. Marcelo se aproximou dela e perguntou se podia sentar-se a seu lado.

– Pode, sim, Marcelo. Estou precisando de companhia mesmo.

– Eu nem sei o que dizer para consolá-la; se pudesse, traria para mim toda essa dor – Marcelo falou, amoroso.

– Eu já estou melhor, só que há momentos em que sinto a falta de meu filho. Eu sei que ele está bem, muito melhor do que aqui. Isso é egoísmo meu, e vai passar! – falou Sônia.

– Sônia, amanhã eu preciso voltar para Curitiba. Eu consegui esses dez dias de férias, mas tenho de voltar. Não gostaria de deixá-la aqui com todo esse fardo. Realmente eu não sei o que fazer.

– Não se preocupe, eu já estou bem, e sei que essa dor, com o tempo, ficará de tamanho que eu possa suportar melhor, e então conseguirei levar minha vida adiante. É só questão de tempo. O que me incomoda mais é que ainda sinto rancor por Adamastor, por ele ter permitido que as coisas se descontrolassem dessa maneira – Sônia tinha a voz embargada.

– Sônia, procure não pensar nisso, nas coisas ruins que aconteceram. Sei que deve ser difícil, mas você é uma boa pessoa, amorosa; não alimente o rancor, porque isso apenas nos desequilibra. E Adamastor, entre todos nós, é o mais necessitado de auxílio, ele possui a pior das doenças: a doença moral.

– Às vezes me sinto muito só, Marcelo. Eu me casei muito jovem, eu queria de toda maneira ter um lar, e quando Adamastor foi trabalhar no Orfanato, e se interessou por mim, eu me entreguei a ele de corpo e alma. Quando soube que estava grávida do Mário, foi a minha maior alegria; tinha dezesseis anos, e finalmente teria minha própria família. Nós nos casamos, e no início foi muito bom: ele era amoroso e cuidadoso conosco. Aí veio Teresa, mais uma alegria. Não sei como tudo se transformou, parece que terrível sina se abateu sobre nós, e o homem gentil e carinhoso se transformou em um monstro. Eu tinha muito medo e não conseguia fugir de tudo isso; quando percebia que ele estava se voltando contra as crianças, eu fazia algo para chamar a atenção dele, então sofria calada, feliz apenas por ter conseguido livrar meus filhos naquele instante. Por que não tomei uma decisão antes que tudo isso acontecesse?

Marcelo, com lágrimas nos olhos, a abraçou com muito carinho e disse:

– Não pense nisso, por favor! Você é uma mulher jovem, bonita e inteligente, um dia conseguirá conviver com essas lembranças de maneira mais equilibrada. Terá um novo lar, uma casa e filhos para cuidar, e um marido que a respeitará, por amá-la muito e admirar a força de vontade que você possui – Marcelo se mostrou emocionado.

– Oh! Marcelo, quem amará a mim, uma mulher com um passado tão triste, que se encontra em profunda depressão? Quem irá querer partilhar sofrimento? – perguntou Sônia em prantos.

Marcelo afastou-se um pouco e ergueu o delicado rosto de Sônia, e disse emocionado:

– Eu, Sônia, eu quero você em minha vida! Sei que esse não é o momento apropriado, sua tragédia ainda é muito recente, mas eu sou o homem que a quer para esposa, que quer dividir um lar com você e Teresa, que quer ter filhos com uma mãe tão especial. Eu a amo desde que minha irmã a trouxe para Florianópolis.

Sônia o olhava, admirada e encantada.

– Você sabe o que está dizendo, Marcelo? – perguntou, angustiada.

– Sei sim, meu bem, e meus pais estão muito felizes por eu ter esses sentimentos por você – Marcelo respondeu sorrindo.

– Mas... – Sônia tentou falar, porém foi interrompida por Marcelo.

– Sem nenhum "mas". Meu pai até me propôs voltar para Florianópolis e cuidar do restaurante em seu lugar. Ele pretende se aposentar e viajar com minha mãe, promessa que fez a ela há vários anos. Eu já havia decidido ir a Curitiba e avisar os donos do restaurante que gerencio para que procurem outra pessoa.

Sônia abaixou a cabeça e começou a chorar. Marcelo a olhou, e seu rosto se entristeceu; então, disse:

– Desculpe, eu não deveria fazer planos sem saber sua opinião. Acredito que me empolguei com meus sentimentos e acreditei que fosse correspondido... Mas não se preocupe com isso, Sônia, está tudo bem – falou Marcelo, entristecido.

– Não, Marcelo, não é isso! É que tudo é bom demais. Eu estou muito feliz com tudo o que me disse. Eu não estou acreditando, você entende? Também o amo muito, mas nunca pude imaginar que você gostasse de mim. Oh, Meu Deus!

Marcelo abraçou-a emocionado, e disse:

– Prometi a vocês que nunca mais seriam infelizes.

Enquanto isso, os trabalhos na Casa Espírita Caminheiros de Jesus eram encerrados, e todos voltavam as suas casas, felizes por concluir mais um período de trabalho cristão.

Toni e Afonso despediram-se de Salima e Adalton, agradecendo o oferecimento de carona, e resolveram caminhar, com a intenção de conversarem com calma.

– Você gostou do atendimento fraterno? – perguntou Toni.

– Gostei muito. A Sandra conseguiu esclarecer algumas interrogações que eu tinha a respeito de tudo que vem me acontecendo – respondeu Afonso.

– Fico muito feliz com isso. Vou pedir a você que procure ser assíduo e receptivo a tudo o que aprender de hoje em diante com a Doutrina Espírita. – Retirando um cartão do bolso, Toni o entregou a Afonso. – Aqui está um cartão de um amigo terapeuta, um ótimo profissional, espírita e que já consegue conciliar o entendimento sobre o homem integral. Gostaria muito que você o procurasse para um período de tratamento. Ele poderá auxiliá-lo a se livrar da dependência química e também a enxergar o mundo de outra maneira.

– O que está acontecendo? Parece que você está se despedindo de mim – falou Afonso.

– Tomei algumas decisões importantes para mim. Nas últimas semanas procurei refletir sobre meus sentimentos a respeito do que vinha vivendo, e também me equilibrar entre o que já considero correto e as provas que percebo estar vivenciando. Então, tomei uma decisão muito importante: vou estudar na Inglaterra – Toni revelou.

– Você está fugindo dos problemas, isso sim – falou Afonso, demonstrando certa raiva.

– Estou, sim, Afonso. Isso ainda é fuga, mas se assim não proceder, acredito que acabarei caindo em tentação, e para mim será pior, pois já tenho conhecimento do erro que cometerei.

– Está dizendo que eu sou um erro em sua vida?

– No momento, sim, diante das atuais circunstâncias. Não vou dizer que não sinto amor por você; pelo contrário, estou sofrendo muito por ter de renunciar a essa convivência. Mas também sei que sofreria muito mais se cedesse a esse relacionamento desequilibrado. Eu não quero mais viver mais ou menos! Quero, em futuro próximo, poder ser feliz de verdade.

– Nós somos aberrações – disse Afonso, entredentes.

– Não, não somos aberrações, pois o amor nunca é aberrante. Vivemos um momento de expiação e provação, que se for com equilíbrio nos propiciará merecimento para no futuro termos a liberdade de ficarmos juntos. Não agora, pois teríamos um relacionamento homossexual, e isso não está incluído na normalidade, pelo menos para mim – falou Toni.

– Você está diferente! E eu me sinto mais só do que nunca...

– Apegue-se à Doutrina Espírita, una-se aos grupos de estudo, faça novos e saudáveis amigos, esforce-se por vencer seus vícios, que essa solidão irá acabar. E também poderá contar com meus pais e meus irmãos, eles são pessoas muito especiais; e eu estou me afastando por um tempo também, para que possa usufruir de sua companhia – falou Toni.

– Eu vou tentar, está bem? – Afonso disse.

Feliz, Toni o abraçou com carinho e falou:

– O tempo passa muito rápido. Vamos fazer por merecer a felicidade a que teremos direito em futuro próximo. Agora o momento é de renovar atitudes, se conseguirmos...

Então se despediu do amigo e tomou a direção de sua casa, e foi pensando, entre feliz e triste, que teria a sua frente um longo caminho, em que deveria sublimar sentimentos muito fortes, mas tinha a certeza de que conseguiria superar esses momentos de renúncia aos prazeres imediatos em prol de um futuro de equilíbrio e perdão.

Observando a conversa entre Afonso e Toni, senti profunda emoção, exemplo digno da consciência desperta, o controle dos impulsos primeiros que sempre nos levam a atender produtos de nosso orgulho. Olhei para Toni e percebi a beleza desse momento, pois, com equilíbrio, nosso jovem amigo fez escolhas conscientes, olhando à frente e beneficiando aquele companheiro ainda na retaguarda moral.

Ineque olhou-me e, gentil, tocou-me o ombro e disse:

– Agradeçamos a Deus por podermos presenciar esse momento em que o gérmen do amor altruísta banhou a mente desse admirável jovem espírito.

CAPÍTULO XXVII

꧁꧂

Respostas iluminadas

Pedi e Obtereis

Condições da prece

*1. E quando orais, não haveis de ser como os hipócritas,
que gostam de orar de pé nas sinagogas, e nos cantos das ruas,
para serem vistos dos homens; em verdade vos digo que eles
já receberam a sua recompensa. Mas tu, quando orares,
entra no teu aposento, e fechada a porta, ora a teu Pai em secreto;
e teu Pai, que vê o que se passa em secreto, te dará a paga.
E quando orais não faleis muito, como os gentios;
pois cuidam que pelo seu muito falar serão ouvidos.
Não queirais, portanto, parecer-vos com eles; porque vosso Pai sabe o
que vos é necessário, primeiro que vós lho peçais.*

(Mateus, VI: 5-8) – O Evangelho Segundo o Espiritismo – Capítulo XXVII –
Pedi e Obtereis – Condições da prece – Item 1.

Adentramos as regiões abissais em busca de trabalho redentor para nosso Espírito. Quanto mais entendo os desígnios do Pai, mais tenho a agradecer pelas oportunidades que recebo dia a dia, após a minha última encarnação e posterior adaptação a um mundo novo para mim, ainda livre de lembranças pretéritas. Fui, aos poucos, me adaptando e me fortalecendo em busca de respostas oportunas a esse Espírito ainda tão ignorante.

Certa vez, sentado sozinho em meus aposentos, elevei o pensamento ao Pai, em busca de auxílio, pois a angústia tomava conta de minha mente e não conseguia explicar o porquê. Estava relativamente bem, a passagem do mundo material para o mundo dos Espíritos não havia causado grandes traumas, devido ao conhecimento de nossa amorável Doutrina dos Espíritos. Sentia saudades daqueles que deixei, mas também nada que me desequilibrasse. Então, de onde vinha tamanha insatisfação?

Choroso, elevei o pensamento ao Pai, e humilde pedi esclarecimento; nesse instante, adorável entidade de luz resplandecente postou-se a meu lado. Colocou sua destra sobre minha cabeça, e vi-me em campo de batalha, a espada empunhada para decepar a cabeça de uma mulher ainda jovem, vítima de minha fúria e de meu ciúme. Desci a lâmina e senti em meu braço a resistência a minha fúria. Então, novo golpe certeiro trouxe à infeliz a morte instantânea. Virei as costas e as lágrimas de arrependimento já inundavam meu rosto, como sinal do remorso e da culpa. Tornei-me um recluso, não admiti para meu Espírito o perdão do qual fui alvo, culpei-me sem descanso, a dor desequilibrada abateu-me a saúde e em pouco tempo desencarnava vítima da tuberculose. Vaguei pelas furnas da dor, em triste exercício de punição, até o dia em que aquela que fora minha vítima buscou-me na escuridão, perdoando-me o ato desvairado do qual fora vítima.

Então, contou-me sua história, que também era a minha: era um cruzado, casado com ela, filha de nobres, mulher fiel e dedicada à família, que se viu obrigada a ceder ao assédio do inimigo que lhe prometera poupar a vida de nossos filhos; e eu, orgulhoso, não a perdoara por seu ato de abnegação e renúncia. Prepotente, considerei-me traído e com direito a castigá-la com a morte. A dor do arrependimento veio-me à mente, e soube naquele momento que aquela criatura benfazeja havia realmente me perdoado, somente o meu orgulho ainda não havia permitido que eu fizesse o mesmo pelo meu Espírito. Olhei para aquela luz bendita e absorvi sua energia de amor, e ouvi dentro de meu coração a voz angelical dizer-me:

— Já está na hora de redimir-se pelo trabalho.

E ela se foi, auxiliando-me mais uma vez, na compreensão do futuro admirável no Reino de Deus. Levantei-me da confortável poltrona e fui em busca de trabalho.

Hoje, descendo as mesmas furnas onde um dia caminhei como Espírito perdido, sinto-me feliz por poder estar em condições de auxiliar, lembrando-me sempre da seqüência bendita de meu aprendizado; dessa maneira, consigo entender com mais serenidade aqueles ainda reticentes na Seara de Nosso Pai.

Nosso grupo, silencioso, vencia a distância que nos separava da morada de Diego. Adentramos a mesma sala em que estivemos dias atrás, a energia continuava viciosa e envolvia a todos ali presentes. Diego, em pé no centro do recinto, nos desafiava com olhar belicoso.

Aproximamo-nos dele e paramos a sua frente. Ele nos encarou com raiva e disse:

– Eu avisei para que parassem de me perseguir. Agora viverão as conseqüências por terem ignorado minhas advertências. – Ele fez um sinal com as mãos, e logo um grande número de irmãos nos rodeou, alguns dominando grandes animais extremamente deformados. – Ficarão sob minha custódia por tempo indeterminado. Não aceito essa invasão. Vocês foram avisados!

Maria Clara nos solicitou telepaticamente que obedecêssemos às ordens de Diego, pois estava tudo bem, já era esperada essa atitude de nosso irmão. Então, ela se adiantou um passo e, com humildade, ajoelhou-se a seus pés, solicitando que a ouvisse.

– Peço a gentileza que me ouça – falou em tom de voz baixo e sereno.

– Não a quero a meus pés, és uma traidora, não me respeitastes o desejo de vingança. Você os perdoou, mostrando sua fraqueza – disse Diego.

– Peço perdão se o ofendi, porém encontrei à minha espera amigos antigos que me socorreram e mostraram a grandeza do ato de perdoar. Tenho acompanhado a sua caminhada pelo mundo das trevas, o amigo Diego está sempre deprimido e cada vez mais em descontrole emocional. Percebo, nos últimos anos, que grande ansiedade o domina e o enfraquece; não será cansaço de sofrer? – perguntou Maria Clara.

– E se for? Não percebes que não me importo, que a única razão de não ceder à loucura é procurar pela infeliz meretriz e seu comparsa? Que a vingança é meu ópio e somente estou vivo por essa razão? Achas realmente que doces palavras me farão ceder em meus propósitos? Há séculos procuro o momento de minha vingança, e não é um falso momento de equilíbrio, que os mantêm a salvo de minhas intenções, que irá desanimar-me! – vociferou Diego, expelindo densa energia em direção a nosso grupo.

– A felicidade que seus perseguidos vivem neste momento os manterá longe de seu assédio, e sabemos que terão à sua frente momentos iluminados a ser vividos, inclusive trazendo ao mundo dos encarnados antigos amigos como seus filhos. Perceba, Diego, que terá abençoada oportunidade de renascer entre eles, utilizando seu livre-arbítrio, ou deverá renascer como um Espírito que gozará abençoada encarnação compulsória? – falou Maria Clara.

– Não pense que suas ameaças me amedrontam: preparei-me para vencê-las. Nada conterá minha ira, nem me impedirá o ato da vingança! – urrou Diego em desespero.

– Sempre será nossa escolha a definir nosso futuro! – falou Maria Clara, com lágrimas nos olhos.

A um comando mental de nossa irmã, uma equipe de Espíritos trabalhadores do Senhor se fez presente ao nosso lado.

– Iniciemos a transferência de nosso irmão Diego para a sala de contenção da Casa Espírita Caminheiros de Jesus, onde poderá receber esclarecimentos necessários à resolução de nova caminhada.

Os socorristas se posicionaram e, imediatamente, nos vimos transportados à casa de caridade.

Era uma segunda-feira, dia do trabalho de desobsessão.

Trabalhadores desencarnados iam e vinham, preparando a casa para o período noturno, quando os encarnados viriam em abençoado mandato mediúnico. Diego foi encaminhado a uma bela sala de atendimento. A energia ali plasmada em forma de paredes contendoras dava a cada canto suave claridade; perfume de flores era sentido por todos nós, e percebemos que nosso amigo foi fechando lentamente os olhos, envolvido por doce energia calmante. Nós o acomodamos em cama construída de material quase transparente, semelhante à bolha de água contida e viva, sempre em suaves movimentos energéticos.

– Deixemo-lo descansar! Na hora apropriada ele será encaminhado a atendimento fraterno por intermédio da psicofonia – Instruiu-nos Maria Clara.

Dirigimo-nos ao jardim da casa de socorro, para agradável palestra de esclarecimento.

– Gostaria de alguns esclarecimentos sobre a mediunidade – falou Maurício.

– Se puder auxiliá-lo, terei muito prazer – respondeu Maria Clara.

– A mediunidade nos encarnados nos serve como veículo de comunicação entre os dois planos, dos encarnados e dos desencarnados, não é assim? – perguntou Maurício.

– Exatamente! – respondeu Maria Clara.

– E a mediunidade é característica somente de encarnados? – Maurício indagou.

– Não, não apenas de encarnados. Enquanto houver matéria, embora sutil, teremos necessidade de intermediários entre os planos. Espíritos elevados utilizam Espíritos desencarnados preparados para esse trabalho, para nos trazer informações, esclarecimentos e mensagens evangélicas. Não raras vezes, esses irmãos não encontram ambientação fluídica condizente ao seu grau evolutivo; nessas ocasiões, contam com a intermediação de Espíritos de nosso plano para ser intermediários. No livro de André Luiz, psicografia do amigo Francisco Cândido Xavier, *Obreiros da Vida Eterna*, no capítulo IX – Louvor e Gratidão –, temos uma passagem que exemplifica esse fenômeno, quando amoráveis irmãos de plano superior utilizam a mediunidade de clariaudiência da enfermeira Luciana para se comunicar com os trabalhadores da Casa Transitória Fabiano; logo após, entidade de alta elevação moral solicita a Luciana autorização para se aproximar dela e agir junto aos presentes – disse Maria Clara.

– A explicação para que esses irmãos precisem ainda da intermediação é a densidade energética encontrada no ambiente? – perguntei.

– André Luiz nos explica com bastante clareza, no mesmo livro, *Obreiros da Vida Eterna*, e no mesmo capítulo:

"Assegura o iluminado visitante que as vibrações ambientais inclinam-se, agora, para as vibrações inferiores e que não conseguirá fazer-se visível a todos, não obstante o seu desejo...; logo à frente, o autor nos esclarece da seguinte maneira: A enfermeira, com a possibilidade de quem enxerga mais que nós, observou comovidamente:

– Identifica-se por Letícia, declara que desencarnou aos trinta e dois anos e assevera que foi mãe do companheiro referido (Gotuzo)[1].

Mais emocionada e reverente, acentuou:

– Ah! Desloca-se agora da tela e vem ao nosso encontro. Adianta-se. De suas mãos desprendem-se raios de sublime luz. Abraça-me! Oh! Como sois generosa, abnegada benfeitora!... Sim! Estou pronta, cederei com prazer!...

---

1 Referência nossa, para identificar o personagem citado no livro de André Luiz, psicografia de Francisco Cândido Xavier, *Obreiros da Vida Eterna*.(nota da Médium)

Nesse instante, a fisionomia de Luciana transformou-se. Beatífico sorriso estampou-se-lhe nos lábios. De sua fronte irradiava-se formosa luz. Com a voz altamente modificada, começou a exprimir-se a emissária por seu intermédio" – falou Maria Clara.

– Mas por que o interesse sobre o fenômeno mediúnico no plano espiritual? – perguntei.

– Ineque nos disse que receberemos comunicação semelhante em breve, pois dedicado irmão, antigo companheiro de Diego, virá até nós por intermédio de nossa amiga Ana. E eu queria entender como se processa esse tipo de comunicação. Agradeço a paciência dos amigos e o esclarecimento que recebi – respondeu Maurício.

CAPÍTULO XXVIII

Fixação mental

Coletânea de Preces Espíritas

Preâmbulo
1. Os Espíritos sempre disseram: "A forma não é nada,
o pensamento é tudo. Faça cada qual a sua prece de acordo
com as suas convicções, e de maneira que mais lhe agrade,
pois um bom pensamento vale mais do que numerosas
palavras que não tocam o coração".

– O Evangelho Segundo o Espiritismo – Capítulo XXVIII
– Coletânea de Preces Espíritas – Preâmbulo – Item 1.

O trabalho de desobsessão, realizado às segundas-feiras, estava sendo iniciado. Durante a madrugada e todo o dia estivemos ativos, com a intenção de preparar o ambiente e selecionar os Espíritos ligados à comunidade da Aldeia da Escuridão que teriam a necessidade de passar pelo tratamento desobsessivo, devido a grave estado de monoideísmo.

Maurício veio ao nosso encontro para alguns esclarecimentos.

– Boa noite, Vinícius! Boa noite, Ineque! Vocês teriam alguns minutos para conversarmos?

– Fique à vontade, Maurício! Ainda dispomos de duas horas antes que se inicie o horário destinado aos estudos – respondi.

– Dias atrás, comentamos sobre a fixação mental que envolve Diego. Devido a esse comentário, percebi que ainda não entendo direito esse processo, pois acreditava que a fixação mental dificultasse a ação inteligente do Espírito. Percebo que Diego planejou cuidadosamente todos os passos para concluir o projeto de vingança; inclusive possui lucidez suficiente para treinar e conquistar a simpatia de seus seguidores. Ele não perdeu a capacidade lúcida do raciocínio lógico, mas com o tempo o monoideísmo não leva à demência? – perguntou Maurício.

– Alimentar uma única idéia, restringindo o mundo a esse único propósito, não significa que o Espírito perca a noção lógica dentro de sua psicosfera. O monoideísmo nos torna egocêntricos, fazendo com que pensemos somente em uma direção, não permitindo o entendimento e a descoberta de outros fatos ou maneiras de viver a dor que provocou esse afastamento moral. O universo dentro de uma fixação mental perde a importância, pois o mundo mental em que vivemos tem suas próprias características e regras, e todas elas justificam o desejo, que é reflexo de nossa vontade – falei.

– O monoideísmo limitante, que até pode levar o Espírito ao estado de ovoidização, está mais ligado ao estado patológico de remorso e culpa, que pode levar aos tristes processos de autopunição e autopiedade. O Espírito se volta para si mesmo, em crescente punição, que no final leva à perda da própria identidade, ou individualidade. É a anulação do próprio eu – completou Ineque.

– Diego, então, está representado pelo primeiro caso, o do vingador? – perguntou Ana.

– Isso mesmo, a sua mente elegeu um momento de ódio e raiva como diretriz para o futuro, e a partir desse momento desenvolveu aprendizados para realizar o seu desejo, e isso não permitiu que enxergasse outra realidade, inclusive qualquer coisa que pudesse desviá-lo de suas intenções foi ostensivamente ignorada – eu disse.

– Agora, sim, tudo ficou mais claro para mim. Obrigado, mais uma vez, pela paciência – agradeceu Maurício.

Os estudos foram realizados e o grupo dedicado ao trabalho da desobsessão voltou à sala, após alguns minutos para descanso. Todos tomaram seus assentos, e agradável e breve prece foi feita.

Ineque se aproximou de uma das trabalhadoras da casa e pediu seu auxílio para uma comunicação. A médium colocou-se à disposição.

– Boa noite, meus amigos. Que a Paz de Nosso Pai esteja em vossos corações. Peço permissão para breve instrução com relação ao trabalho de hoje. Após árduo trabalho de todos nós, teremos hoje a felicidade de atender em nossa casa de socorro um querido irmão que havia se ausentado do caminho reto há muitos séculos. Ainda bastante relutante e revoltado com nossa interferência, nos cobrará paciência e firmeza de propósito, pois Nosso Pai de Oportunidades permitiu-nos o auxílio cristão, deliberando uma encarnação compulsória, que poderá ser apresentada a ele através de

ALDEIA DA ESCURIDÃO 283

telas mentais, com a intenção de acordar sua consciência, dessa maneira podendo nosso socorrido aceitar espontaneamente, sem maiores traumas. Porém, caso haja recusa, deliberou-se, para seu bem, a pronta redução espiritual, com a conseqüente aproximação ao útero materno, para que possa ocorrer familiarização entre os Espíritos próximos a ele. Solicitamos aos irmãos oração fraterna para que todos os objetivos desse trabalho possam ser cumpridos. Que Deus nos abençoe!

Maria Clara adentrou a sala de atendimento acompanhando Diego, que vinha acomodado confortavelmente em uma maca suspensa no ar, comandada pela mente dos trabalhadores da noite. Diego estava profundamente adormecido; seu semblante, longe da serenidade, espelhava o conflito que vivia, e seu corpo retesado aparentava a rigidez da morte. Aproximamo-nos dele e passamos a perscrutar seus pensamentos. Senti profundo desânimo e angústia, pareceu-me que o mundo estava imerso em densas e negras nuvens de tempestade, que prenunciavam dramático final para a humanidade; o peito arfou e sentidas lágrimas brotaram em meus olhos. Apiedei-me do irmão; como ele conseguia viver em tão triste panorama mental? Como ele poderia enxergar luz onde as trevas profundas envolviam sua mente, de tal forma que a dor moral era tão profunda que se tornava difícil pensar?

Esse momento de empatia auxiliou-me a compreender a dor que destrói a esperança, e senti grande necessidade de auxiliá-lo a livrar-se desse fardo, que no momento lhe parecia pesado demais. Olhei a minha volta e percebi que todos nós, encarnados e desencarnados, estávamos imbuídos do mesmo sentimento de compaixão. Então, aproximamos Diego de uma médium de psicofonia, que sabíamos possuir controle sobre sua mediunidade, e o auxiliamos a acordar.

Diego foi voltando a si vagarosamente auxiliado por amáveis enfermeiros de nosso plano. Aproximado da médium, sentiu breves e sutis choques energéticos, mergulhados em ectoplasma, que reanimavam e fortaleciam, permitindo, assim, que a densa camada energética que envolvia o lobo frontal fosse dissipada, como nuvens são sopradas pelo vento.

Diego, já consciente, olhou a sua volta, e nos falou com desgosto:

– Vocês insistem em me aprisionar na carne! Não sabem o que fazem, mas eu não os perdôo! Podem aviltar-me, podem torturar-me, podem aprisionar-me; porém, eu me fortalecerei e romperei as amarras, não uma, mas mil vezes, até que desistam de querer comandar-me – disse, vociferando.

Enquanto Diego falava, todos trabalhavam no mesmo objetivo, as mentes em uníssono liberavam ectoplasma e o direcionavam ao doente; a evangelizadora, a exemplo do passista, absorvia energia espiritual, somava a energia animalizada e a direcionava ao irmão em descontrole.

As densas nuvens foram sendo recicladas em constante movimento de espiral. Diego, sentindo sutil bem-estar, parou de falar, e percebemos que apenas observava o que acontecia ao seu redor. Ineque se aproximou da médium hospedeira e passou a controlar tela confeccionada em diáfano tecido, semelhante a organza, e o mesmo começou a exibir imagens da vida de Diego. Ora guerreava com crueldade, ou torturava sem direito a um irmão, ora desrespeitava a mãezinha paciente com atitudes violentas e agressivas, ou destruía sonhos de felicidade de outros, até o momento em que registrou como início dessa era de dor e desequilíbrio, quando se julgou traído e abandonado por aqueles em quem confiara.

Breve pausa, em que nos foi mostrada belíssima morada no plano espiritual, cercada de jardins floridos, onde o perfume de miosótis encantava os sentidos, serenos e amorosos trabalhadores cuidavam de irmãos em estados lamentáveis de deformação moral, preparando-os para futuros incursos na carne, com a intenção de harmonizar as energias perispirituais. Acompanhamos trabalhadores cuidadosos auxiliando o irmão Diego em sua redução perispiritual, depois o acoplamento no útero materno, o momento da fecundação através do ato amoroso de dois Espíritos que se amam, e mais tarde a mãezinha acariciar o ventre e olhar para o companheiro adormecido ao seu lado e pensar com felicidade: "Acredito que tenho em meu ventre um filho amado e tão esperado! Não importa como você será, afinal é só aparência, eu só sei que já o amo muito! – Depois, fechou os olhos e adormeceu, para em seguida desligar-se do corpo e amorosa cuidar do filho amado. Alguns anos se passam e vemos a família, já numerosa, cuidando amorosamente do membro limitado por um corpo imperfeito, porém fortalecido pelo aprendizado e pelos amorosos companheiros de jornada. Uma doença terminal o vitima em poucos dias; no seu velório, seus familiares discursam sobre o exemplo que lhes deu, através de sua força de vontade e perseverança em vencer limitações, e todos lhe prestam homenagens, falando sobre o grande amor que sentem por ele.

Então, aproximei-me de Diego e o adverti para que prestasse atenção na próxima seqüência de imagens, pois esta seria a atitude a ser tomada se ele não passasse a auxiliar em sua recuperação.

A tela se transformou, e naquela mesma sala o Espírito Diego foi adormecido entre urros de dor e raiva, revoltado e raivoso; produzia espasmos em seu perispírito, que se contorcia desordenadamente. A energia liberada era concentrada em raios, que o atingiam e explodiam em luzes intensas, conduzindo a redução perispiritual. Quando já no tamanho adequado, foi acoplado ao útero materno. Embora recebido com amor, provocou intenso mal-estar na mãezinha, que acordou subitamente e correu ao banheiro. Densa energia expulsava de seu estômago o jantar. A mãezinha voltou para a cama, com passos trôpegos, e pensou, insegura: "Meu Deus, o que está acontecendo? Por que sinto tão forte mal-estar?" Alguns meses após sofrida gestação, vem ao mundo uma criança em triste estado de deformação. O corpo fragilizado por múltiplas enfermidades é abençoado veículo de expiação, que expira e volta ao mundo dos Espíritos, para nova oportunidade, na seqüência necessária ao acordamento da consciência cristã.

A evangelizadora o conforta e diz com carinho:

– Acredito que o irmão entendeu a oportunidade que está sendo oferecida. Dependendo da escolha feita, o futuro poderá ser harmonioso e produtivo para o irmão; será privado de alguma liberdade, mas sua mente estará perfeita e ativa, poderá desfrutar de família amorosa e sempre pacienciosa; mas você precisa cooperar, porque todo bem nasce primeiro dentro de nós mesmos, tornando-nos merecedores do amor e da compreensão; mas se formos intransigentes e orgulhosos o suficiente para não aceitar o perdão e também nos perdoar, então não teremos direito a reclamar da dor. Viveremos conseqüências de qualidade igual às nossas escolhas.

Diego, através da médium, encarou a evangelizadora com o olhar dementado e disse, entre dentes:

– Acredita realmente que um filminho mal elaborado poderá me fazer desistir de meus propósitos? Iludidos, loucos e prepotentes! Olhem o que faço com sua oportunidade!

E dirigindo densa energia em direção ao plasma televisivo, esmaga-o como a uma folha de papel.

– Faço o que quiser, aqui e onde for! Ninguém tem força suficiente para me dominar! O meu ódio é o meu ópio, e dele não desisto de forma alguma!

– E o que você espera do futuro? Sabe o que lhe acontecerá se assim continuar? – perguntou a evangelizadora.

– Futuro! Futuro! Eu somente quero a minha vingança, e depois de concluída... que mais me resta? Nada, nada mais me interessa! Se for a loucura eterna, que seja a loucura eterna... Eu não me importo!

– O irmão pode não se importar consigo mesmo, mas Deus, nosso Pai de Amor e Bondade, o ama o suficiente para não permitir que você perca a sua identidade divina.

– Já disse que não quero. E se vocês insistirem nessa louca empreitada, já tenho planos traçados para infelicitar sua tentativa: meus homens, meus seguidores, têm ordens de desligar-me do ventre repulsivo e tomar-me de volta, e usarão a força bruta, se for necessário.

– Somente a decisão de Deus se cumprirá. Se ele permitir que esse desligamento se conclua, isso acontecerá e o irmão terá novas oportunidades, até o momento em que acordará e participará de bom grado dos planos de Nosso Pai.

– Você me insulta! Você me insulta com suas idéias ordinárias. Nada me deterá em minha marcha de vingança. Nada me impedirá!

Nesse instante, adorável energia invadiu o ambiente, fomos instruídos a arrefecer o ânimo de Diego com energia calmante; então, Ana se posicionou a um canto da sala, onde já havia um cubículo separado mantido por energias de trabalhadores da noite. Percebemos, admirados e agradecidos, a claridade se expandindo e iluminando todos nós.

Ana levantou-se da poltrona onde estava acomodada, e seu semblante se modificou. Apresentava admirável tranqüilidade e docilidade. Então, dirigiu-se a Diego com o amor sublime transparecendo em sua voz:

– Querido filho, por que insiste nesse comportamento de dor e ódio? Já entende que o mal é reflexo de nossa alma doente, apenas o orgulho o mantém nesse padrão de comportamento. Ceda a si mesmo, a suas necessidades de ser feliz, e somente perdoando e sendo perdoado conseguirá paz para recomeçar de cabeça erguida uma nova vida. Está preso a uma situação há muito tempo, mais tempo do que possa entender. Sua mente se perde em divagações tristes e doentes, produzindo para você mesmo conseqüências que aniquilam e roubam sua paz e sua liberdade. Pense e volte para casa!

– Vocês querem me tirar a liberdade! Você roubou-me o direito de ser feliz quando me condenou diante de todos e favoreceu o criminoso. E agora vem aqui, ver-me humilhado e preso a essas amarras! Ainda me quer tão mal? Eu sempre o amei e respeitei, e você, como todos os outros, traiu-me e jogou-me nas celas fétidas da prisão. Era juiz de direito, poderia ter-me favorecido, mas não! Orgulhoso, envergonhou-se do filho e entregou-me aos devoradores de alma.

– Você estava errado! Feriu a moral de si mesmo, pleiteando para o futuro as penas dolorosas que viveu. Não culpe outro pelos seus erros! Assuma sua dor moral, e procure auxílio com os que o amam de verdade. Os que amam com altruísmo não usam lentes que os tornem míopes para disfarçar a verdade, mas o vêem da maneira que é, para poder alertá-lo sobre a doença que corrói a alma. Retorne à casa do Pai, pelas mãos daquele que um dia o recebeu como filho amado.

– Não acredito em você... Não foi meu amigo quando precisei. O que importa se estava errado? Era sua obrigação recolher-me e não permitir que me castigassem.

– Minha consciência não permitiria tal embuste. Sou Espírito honrado, porque acredito em minhas responsabilidades. Sofri muito por vê-lo sofrer na revolta e no orgulho. Orei por você, meu filho, cada dia de minha vida. Hoje, tem a oportunidade de assumir responsabilidades e voltar a caminhar com a consciência lúcida na reparação das faltas. Deus apenas nos pede o arrependimento, só nosso arrependimento.

– Pois eu não me arrependo. Se quiser continuar com isso, trancafie-me em um útero repulsivo, e leve com você mais esse remorso. Eu não perdôo ninguém, e prometo vingança até para Deus.

O amorável visitante demonstrou tristeza; porém, firme em seus propósitos e crença, dirigiu-se a nós outros e pediu-nos com humildade:

– Peço aos irmãos um instante de prece sublime. Vou preparar-me para unir-me a vocês. Eu mesmo o conduzirei a nova vida.

Todos nós, encarnados e desencarnados, nos unimos em sublime oração, trabalhadores se fizeram presentes, a energia que a tudo envolvia, como um mar em movimento, foi se sutilizando e, então, o irmão Valdério se fez visível a nós.

Valdério se aproximou de Diego e o envolveu em energias calmantes. Diego adormeceu em seus braços, amoroso o aconchegou, enquanto seu corpo era reduzido calmamente.

Tomando-o nos braços como a um bebê recém-nascido, Valdério o depositou docemente no útero materno. A mãezinha, parcialmente desligada do corpo físico, olhou para ele com muito carinho e disse:

– Não se preocupe, cuidarei de nosso filho com muito amor e muita paciência. Nós o traremos ao caminho reto pelo amor! Verá, logo estaremos juntos!

Valdério ajoelhou-se diante do magnânimo Espírito feminino e disse, emocionado:

– Mais uma vez, será você a razão de nossa consciência! Como poderei agradecer pelo bem que recebemos?

– Ah! Meu amado irmão, já me recompensa com sua amizade. Apenas nos auxilie nos momentos mais tormentosos. Auxilie-me a ser a mãe que nosso irmão precisa. Apenas isso!

– Tem minha gratidão eterna e meu amor incondicional!

– Apenas disso preciso. Devo voltar a meu corpo e receber esse filho tão esperado. Até breve!

– Até breve!

Voltamos à Casa Espírita Caminheiros de Jesus. Sentimo-nos muito bem, entendemos os desígnios do Pai, como Bênçãos de Luz em nossa caminhada. Nas mais escuras trevas da mente há sempre luz a nos direcionar ao retorno da paz.

CAPÍTULO XXIX

Espíritos resistentes

...Um dia, Deus, em sua inesgotável caridade, permitiu ao homem ver a verdade através das trevas. Esse dia foi o do advento de Cristo. Depois do vivo clarão, porém, as trevas se fecharam de novo. O mundo, após alternativas de verdade e obscuridade, novamente se perdia. Então, semelhantes aos profetas do Antigo Testamento, os Espíritos começaram a falar e a vos advertir. O mundo foi abalado nas suas bases: o trovão ribombará; sede firmes!...

O Evangelho Segundo o Espiritismo – Capítulo I
– Não Vim Destruir a Lei – Item 10 – Fénelon – Poitier – 1861.

Após o atendimento feito a Diego, percebemos que tudo parecia mais estável. Os encarnados, envolvidos nessa trama, estavam mais seguros em suas decisões, e também mais lúcidos em suas escolhas. Apenas nos preocupava a comunidade, que ainda teimava em permanecer na Aldeia da Escuridão.

Resolvemos pedir auxílio a Inácio, pois percebemos que os irmãos que ainda insistiam nesse comportamento também apresentavam alguns desvios comportamentais que contribuíam para esse estado de estagnação moral; e ninguém melhor que nosso querido médico para nos aconselhar.

– Bom dia, Inácio – cumprimentei.

– Sejam bem-vindos! Vieram em busca de notícias de nossos amigos? – Inácio indagou.

– Essa informação será bem-vinda, mas também viemos em busca de algum aconselhamento – falei.

– Ótimo, estou mesmo precisando de novos campos para arar. Hoje, teremos uma sessão terapêutica final; até resolvemos que será em grupo. Mara, Sônia, Vitor e Toni virão até nós durante o sono e serão liberados do processo de atendimento psicológico, pois todos se encontram em franca ascensão moral, inclusive labutando na Seara do Senhor. Graças ao Bom Pai, mais um trabalho concluído com sucesso. Agora dependerá de cada um ascender moralmente em busca de novos e felizes horizontes. Receberam auxílio, e até o momento estão correspondendo ativamente ao chamado do Pai. Desejemos ardentemente que esse comportamento passe a fazer parte de suas virtudes – disse Inácio para, em seguida, perguntar: – Como poderei ajudá-los?

– Você já sabe que Diego está sendo auxiliado, encontra-se no ventre materno para receber a bênção de choques anímicos, com o objetivo primeiro de acordar a consciência, em busca de sua identidade. Sabemos que essas primeiras incursões no mundo material serão breves, mas produtivas, até que nosso amigo esteja preparado para renascer nos braços de Maria Clara, que reencarnará em futuro próximo como filha de Sônia e Marcelo – eu disse.

– Essas breves reencarnações servem também ao perispírito como forma modeladora, beneficiando os que necessitam readquirir aparência livre de deformações, o que facilitará a experiência encarnatória; pois livre de deformações o Espírito poderá agir com mais liberdade na utilização do vaso físico. Mas, para atingir esse estado, precisará primeiro voltar a ter consciência de seus atos – comentou Inácio.

– Diego tem um longo e doloroso caminho à frente, e por isso mesmo necessita de paz e serenidade, principalmente nesses primeiros momentos, visto ter perdido temporariamente o livre-arbítrio e estar sendo direcionado contra a própria vontade para uma série de encarnações compulsórias, que no início somente o revoltarão. Contudo, à medida que sua lucidez for voltando, e sua consciência for despertada, perceberá o bem que está recebendo – falei.

– Por todos esses motivos, precisamos auxiliar também os comandantes de grupos que permanecem na Aldeia da Escuridão, pois continuam com o pensamento fixo nas últimas orientações que receberam de Diego, e já se mobilizam para atacar a residência onde mora a benfeitora que ora o recebe em seu ventre – observou Ineque.

– Esclareça-me uma dúvida, por favor. A atual mãezinha que o recebe em seu ventre, como forma de caridade, tem relação direta com Diego? – perguntou Inácio.

– Não, Elidia é um Espírito abnegado e já possui abençoada evolução moral, mas no pretérito rejeitou muitos Espíritos reencarnantes pela prática do aborto, comportamento que se tornou comum em várias outras oportunidades; porém, acordada para a gravidade de seus atos, se propôs a encarnação com o objetivo de auxiliar Espíritos necessitados de poderosos choques anímicos para refazimento perispiritual, que somente são conseguidos através da experiência reencarnatória.

Apesar de já ter engravidado inúmeras vezes, não consegue levar a termo nenhuma dessas oportunidades. Já abortou antes mesmo do primeiro mês de gestação, beneficiando, dessa maneira, muitos Espíritos necessitados, e em muitas dessas oportunidades sabia da gestação somente nos momentos de desdobramento pelo sono, e acompanhava amorosamente esses irmãos, incentivando-os a acordar para uma nova vida. Maria Clara viverá, em futuro próximo, uma encarnação semelhante à de Elidia – eu falei.

– Mas e a saúde física dessa irmã? Não será abalada por essa prática? – perguntou Maurício.

– Haverá uma limitação para essa prática caridosa, e será o momento em que receberá nos braços antigo desafeto que virá ainda em um corpo limitado, mas um filho amado, e posteriormente ela e seu companheiro adotarão outras crianças, que terão a abençoada experiência de conviver com espíritos altruístas, dessa maneira recebendo a oportunidade de aprendizado cristão – eu falei.

– Já tinha ouvido falar de Espíritos benfeitores da humanidade, que se dedicam ao próximo com amor e altruísmo, mas nunca pensei nesses termos. Compreendo, nesse momento, quantos dedicados Espíritos reencarnam para a prática da caridade anônima – comentou Maurício.

– Há espíritos missionários que passam a ser modelos de bondade para a humanidade, pois ainda precisamos desses exemplos para que possamos moldar nossas escolhas, refletindo nas conseqüências produzidas pelos atos heróicos desses irmãos; porém, quantos e quantos Espíritos abnegados auxiliam a tantos que necessitam, e no abençoado anonimato da boa vontade, da perseverança e da humildade! Necessitamos agradecer ao Pai termos a bênção de suas presenças em nossa vida, pois esses anônimos e bondosos companheiros é que fazem a diferença entre o bem e o mal, orientando-nos e nos intuindo em nossas escolhas mais felizes – falou Inácio.

– Voltando ao assunto que nos trouxe aqui, o que o amigo nos aconselha a fazer? – Ineque indagou.

– Vamos reunir uma equipe de socorristas, e, como já disse, ofereço nossa humilde cooperação – avisou Inácio.

– Então, mãos à obra! Vou solicitar a amigos de trabalho a sua cooperação – falou Maurício, já se despedindo.

– Inácio! Aproveito a oportunidade para informá-lo que nossa equipe de terapeutas já terminou os estudos necessários à implantação do novo atendimento, e gostaríamos que o amigo nos visitasse para as orientações finais – eu disse.

– Com muito prazer. Ao terminarmos o trabalho que ora começamos, poderemos iniciar essa nova prática terapêutica na Casa Espírita Caminheiros de Jesus – falou Inácio.

Despedimo-nos de nosso amigo para realizarmos a nossa parte na organização das equipes que visitariam a Aldeia da Escuridão.

Solicitamos a presença de Cícero em nossa reunião, pois, com certeza, iríamos necessitar do auxílio dos trabalhadores do Posto de Socorro Intermediário.

Após tomarmos todas as providências necessárias, iniciamos o caminho em direção à triste comunidade da escuridão. Conforme nos aprofundávamos nas furnas benditas de redenção, o ambiente fluídico tornava-se mais e mais denso, exigindo-nos esforço redobrado para manter padrão vibratório condizente com o trabalho de resgate ao qual nos propusemos.

Adentramos uma espécie de passarela que unia duas plataformas esculpidas na rocha bruta, então avistamos um agrupamento de Espíritos que se mostravam enraivecidos com a nossa chegada. Ineque adiantou-se, instruindo-nos mentalmente para que permanecêssemos na retaguarda, com o pensamento elevado ao Pai, sempre em oração.

– Boa noite, meus irmãos! – cumprimentou Ineque.

– O que fazem aqui? Mais afrontas? Não basta terem aprisionado nosso comandante? Ainda descem à nossa morada, para quê? Para nos humilhar com sua força doente? – falou um Espírito em triste aparência de deformação.

– Viemos em busca dos que sofrem e já estão cansados de permanecer nas sombras! – respondeu Ineque, demonstrando humildade.

– Não pedimos sua ajuda, aqui moramos e daqui gostamos. Não percebem que não entendemos o que nos dizem? Para nós, a sua maneira de viver é covarde e sem atrativos. Não percebem que gostamos de nossa maneira de usufruir gozos e diversões? Não percebem que necessitamos do ódio e da vingança, pois esses sentimentos que condenam é o que nos mantêm lúcidos? – falou o irmão sem interrupção, e, olhando nos olhos de Ineque, disse com sarcasmo: – Você mesmo, hipócrita, há pouco tempo esteve aprisionado nas furnas, com a desculpa de penitenciar-se diante de seu irmão, que foi lesado por sua inveja e ambição.

– Não refuto o que o irmão acabou de dizer. Permiti a meu Espírito o bendito exercício do perdão, e para tanto vivi entre aqueles que me odiavam, para mostrar-lhes que eu, o pecador sem desculpas, consegui transformar loucura em amor. Não me envergonho de ter errado, meu irmão, porque hoje sei que posso melhorar minhas escolhas de vida e refazer um caminho tortuoso na dor e no desequilíbrio. Meu amado irmão hoje dorme sob o céu estrelado da pátria final, recupera-se de desvarios e se ergue das cinzas, como a fênix iluminada da compaixão. E aqui estamos nos redimindo nas furnas, através do trabalho cristão; apesar de nossos desatinos, estamos aqui auxiliando, onde em um dia abençoado fomos auxiliados.

– Não compreende mesmo! Nós elegemos as furnas para nossas orgias, gostamos das sensações de poder que o sexo enlouquecido nos dá, desbravamos consciências e as enlouquecemos de prazer. E avisamos que logo teremos nosso comandante entre nós – respondeu o irmão adoentado.

– Como poderei nomeá-lo? – perguntou Ineque.

– Chame-me do que quiser... Nem mesmo um nome me importa, eu sou o prazer e nada mais.

– Então, simplesmente irmão abençoado me bastará – respondeu Ineque.

– Não me afronte com suas palavras mansas. Ainda não percebe que seus subterfúgios não me afetam? Tenho certeza do que sou e do que quero. O que fará? Prender-me-à, como fez ao nosso comandante? – perguntou, belicoso.

– Seu comandante teve todas as oportunidades oferecidas por Deus, refutou-as por orgulho e vaidade. Hoje, encontra-se sob os cuidados das égides divinas. O que escolherá o irmão: um berço, onde crescerá lúcido e acompanhado por novos amores, ou um berço onde serás aquele que dependerá de todos? – Ineque indagou.

– Está me ameaçando? Não sabe o que está fazendo, nós nos preparamos para vocês não vencerem, ainda não entenderam? – O irmão, desorientado, já mostrava irritação.

Enquanto Ineque conversava com o triste adversário de si mesmo, nossas equipes passaram a cuidar daqueles que o acompanhavam, e conforme cediam ao cansaço da dor moral, equipes os deslocavam para o Posto de Socorro Intermediário.

O irmão que submetia todos os moradores daquelas tristes paragens a um determinado momento sentiu-se enfraquecer, e seu corpo cedeu à fraqueza e resvalou ao chão, perdendo a aparência de grandeza corporal; e se mostrou a nós como realmente se encontrava. Compadecidos, nós o olhamos com carinho, pois não passava de um esquálido homenzinho, que trazia nos olhos a dor da incompreensão. Ineque ajoelhou-se a seu lado e passou a tratá-lo com energias revigorantes. O infeliz olhou a sua volta e, lamentoso, falou:

– Covardes infames! Abandonaram-me nas mãos do inimigo.

Dizendo isso, perdeu a consciência e foi amparado por todos nós, que o erguemos nos braços como a um filho querido. Felizes, dirigimo-nos ao Posto de Socorro.

Irmãos socorristas permaneceram no local, auxiliando os retardatários e medrosos irmãos que ainda se escondiam pelos cantos escuros.

CAPÍTULO XXX

❦

O triunfo da boa vontade

15. *Perdoar os inimigos é pedir perdão para si mesmo; perdoar os amigos é dar prova de amizade; perdoar as ofensas é mostrar que melhora. Perdoai, pois, meus amigos, para que Deus vos perdoe. Porque, se fordes duros, exigentes, inflexíveis, se guardardes até mesmo uma ligeira ofensa, como quereis que Deus esqueça que todos os dias tendes grandes necessidades de indulgência? Oh, infeliz daquele que diz: "eu jamais perdoarei", porque pronuncia a sua própria condenação! Quem sabe se, mergulhando em vós mesmos, não descobrireis que fostes o agressor? Quem sabe se, nessa luta, que começa por um simples aborrecimento e acaba pela desavença, não fostes vós a dar o primeiro golpe? Se não vos escapou uma palavra ferina? Se usastes de toda a moderação necessária? Sem dúvida o vosso adversário está errado ao se mostrar tão suscetível, mas essa é ainda uma razão para serdes indulgente, e para não merecer ele a vossa reprovação. Admitamos que fôsseis realmente o ofendido, em certa circunstância. Quem sabe se não envenenastes o caso com represálias, fazendo degenerar numa disputa grave aquilo que facilmente poderia cair no esquecimento? Se dependeu de vós impedir as conseqüências, e não o fizestes, sois realmente culpado. Admitamos ainda que nada tendes a reprovar vossa conduta, e, nesse caso, maior será o vosso mérito, se vos mostrardes clemente.*

Mas há duas maneiras bem diferentes de perdoar: há o perdão dos lábios e o perdão do coração. Muitos dizem do adversário: "Eu o perdôo", enquanto, interiormente, experimentam um secreto prazer pelo mal que lhe acontece, dizendo-se a si mesmos que foi bem merecido. Quantos dizem: "Perdôo", e acrescentam: "jamais me reconciliarei; não quero mais vê-lo pelo resto da vida!" É esse o perdão segundo o Evangelho? Não. O verdadeiro perdão, o perdão cristão, é aquele que lança um véu sobre o passado. E o único que vos será levado em conta, pois Deus não se contenta com as aparências: sonda o fundo dos corações e os mais secretos pensamentos, e não se satisfaz com palavras e simples fingimentos. O esquecimento completo e absoluto das ofensas é próprio das grandes almas; o rancor é um sinal de baixeza e de inferioridade. Não esqueçais que o verdadeiro perdão se reconhece pelos atos, muito mais que pelas palavras.

O Evangelho Segundo o Espiritismo – Capítulo X – Bem-aventurados os Misericordiosos – Instruções dos Espíritos – Perdão das ofensas – Item 15 – Paulo, Apóstolo, Lyon, 1861.

Os dias se passaram e a vida, sadia amiga através do tempo, ajudou todos a colocar cada sentimento e cada razão em seu devido lugar.

Nossa amada Casa de Socorro conta com mais espaço para auxílio aos necessitados, terapeutas bem preparados atendem aqueles ainda reticentes na prática do conhecimento cristão, esclarecendo e beneficiando consciências para o acordamento da responsabilidade pessoal nas escolhas lúcidas.

Nosso Mestre Jesus nos alertou que onde houver boa vontade o trabalho aparece, e estamos descobrindo que a qualidade não é sinônimo de quantidade.

Logo que descobri a Doutrina dos Espíritos, e me vi ansioso por resgatar almas, um querido amigo me disse com sereno sorriso nos lábios: "Pedro, vá devagar, atende uma necessidade de cada vez, não temos braços suficientes para resolver os problemas do mundo!" – Naquele dia, fui para casa introspectivo; pensava no aconselhamento de meu amigo, e trocando idéias com meus familiares descobri aos poucos, deixando a minha orgulhosa prepotência de novo espírita de lado. Passei a caminhar com serenidade, fazendo o melhor que podia e acreditando que amanhã teria novas oportunidades.

Estava acomodado em um banco, no jardim de nossa Colônia, quando percebi Inácio se aproximando.

– Bom dia, Vinícius!

– Bom dia, Inácio!

– O amigo me parece meio triste! – comentou Inácio.

– Não diria triste, mas pensativo, reavaliando alguns comportamentos que ainda não consigo modificar – falei, mostrando certo desgosto comigo mesmo.

– Levamos séculos aperfeiçoando esses desvairados comportamentos, nos tornamos perfeitos mentirosos e, muitas vezes, conseguimos enganar a nós mesmos; então, caro amigo, não se apresse. O que realmente importa é que já conseguimos identificar esses padrões doentios e já estamos dispostos a modificá-los, mas há ainda um grande espaço entre saber, querer e fazer. E a ansiedade e a insatisfação só nos atrapalham a caminhada. Serene a mente e garanto que se sentirá mais forte emocionalmente para modificar o que o incomoda – Inácio disse.

– Desculpe... Recebo uma grata visita e fico aqui só me lamentando. O que o traz à Colônia? – perguntei eu, já com o ânimo renovado.

– Convidá-los a visitar nossos amigos de Florianópolis. Até a parte da família que reside em São Paulo irá para a cidade praiana para a comemoração do Natal e do Novo Ano que se aproximam – informou Inácio.

– Isso me lembra que Maria Clara está para renascer entre os seus amores e, se não me engano, isso acontecerá entre o dia 2 e 15 de janeiro, não é? – perguntei eu.

– Era, era, Vinícius. O parto será adiantado e Maria Clara estará entre os encarnados na véspera de Natal – respondeu Inácio.

– Que presente! – eu disse, com muita alegria, e perguntei a Inácio: – Você tem notícias de Toni?

– Há quatro anos ele foi estudar na Inglaterra, tem sido visitado pelos irmãos e pelos pais, mas ainda não retornou. Afonso anda adoentado, sabemos que é HIV positivo, e a doença já se manifesta. Durante os últimos anos, Salima e Adalton o têm auxiliado bastante. Ele tem sido freqüente nos estudos espíritas; acreditamos que houve renovação de sentimentos suficiente para livrá-lo das tentações do sexo doente – falou Inácio.

– E Toni, já sabe da doença do amigo? – indaguei.

– Sabe, sim, Adalton o colocou a par dos últimos acontecimentos. Toni tem um bonito projeto médico de socorro aos povos carentes, deverá formar um grupo de cientistas que se deslocarão para o continente asiático com o intuito de pesquisa médica sobre o HIV. Essa equipe missionária está encarregada dessa pesquisa desde o plano dos Espíritos; são amigos comprometidos nessa área e que se preparam há um bom tempo para desenvolver esse trabalho e conseguir uma vacina que aliviará a humanidade dessa dor – falou Inácio.

– Inácio, se observarmos a história da humanidade, sempre há uma chaga de dor que nos limita em determinados comportamentos – comentei.

– Isso é verdade, meu amigo, são as provas para a humanidade e as expiações para os devedores do amor, e nesses tristes momentos expiatórios a humanidade permite aflorar o belíssimo sentimento da compaixão, e como conseqüência dessa motivação sentimental acontece a união fraterna. Ainda precisamos ser assolados pelas pragas da dor para acordar para o altruísmo; e, ao mesmo tempo, servem como limites para comportamentos aberrantes – Inácio comentou.

– Se raciocinarmos assim, podemos prever que logo aparecerá um novo mal para substituir o existente? – perguntei.

– Ele já existe! As viroses estão cada vez mais agressivas, os vírus sofrem mutações diárias – tanto que vacinas já não são eficientes – falou Inácio.

– O que acontecerá à humanidade? – indaguei.

– Desta vez, o sofrimento exigirá que o homem acorde para a verdadeira vida, a vida da consciência responsável; e somente com mudanças de atitude conseguirá a nova cura, pois esses vírus têm origem milenar, e apenas estão proliferando e mutando por causa do desequilíbrio no planeta; assim cobra a humanidade o respeito por sua morada e pelos seres vivos. Até então houve abusos sem cuidados. Agora será preciso que existam cuidados para que não falte o necessário à sobrevivência do ser encarnado. Podemos citar como exemplos atuais a gripe aviária e a doença da vaca louca, que são apenas alertas... ainda – falou Inácio.

– E se não houver mudança de atitude do homem em relação ao planeta? – perguntei.

– A dor visitará o planeta e o equilíbrio ecológico acontecerá por meio de uma ação natural. O planeta buscará seu próprio equilíbrio. Então, o homem deverá se adaptar a uma nova realidade, que não mais controlará. Passará a obedecer a uma nova ordem social e ambiental. Mas se chegarmos a esse extremo muitos perecerão, e o retorno à normalidade será muito sofrido – falou Inácio.

– E você tem opinião sobre o futuro? – indaguei.

– Eu acredito no Espírito de Deus; somos centelhas vivas desse amor infinito, meio rebeldes, mas bondosos em nossa essência, então acredito que as consciências acordarão e direcionarão novas consciências para essa luta em prol da própria humanidade. Haverá sofrimentos, mas também muitas alegrias, na vitória do bem – falou Inácio.

– Apesar de certo tempo ter passado desde a conclusão do socorro ao problema de Vitor e Mara, e tantos outros envolvidos, ainda fico aqui a matutar sobre os desvios sexuais. Ainda vejo conflito no direcionamento das punições terrenas, pois a maior parte das reações ainda está impregnada de preconceitos e ódio, gerando, dessa maneira, energias tão densas e doentias como a ação de irmãos adoentados emocionalmente – disse, introspectivo.

– Sei do que fala o amigo, mas a humanidade ainda vive na infância moral, e seria perturbador e frustrante para todos se esperássemos reações equilibradas e altruísticas. As leis civis que regem o comportamento da sociedade ainda estão baseadas nas Leis Mosaicas, do "olho por olho, dente por dente", e não visam à recuperação do doente moral – observou Inácio.

– Poderia falar um pouco sobre a visão do mundo material acerca dos desvios sexuais? – pedi ao amigo Inácio.

Aldeia da Escuridão 305

– Na atualidade, a pedofilia é definida como doença, distúrbio psicológico e desvio sexual pela Organização Mundial de Saúde, e já faz parte dos manuais de classificação dos transtornos mentais e dos transtornos de comportamento; então, já pode ser diagnosticada e tratada dentro das categorias médicas, o que é um avanço rumo ao progresso moral. A característica básica da pedofilia baseia-se na atração sexual do doente por crianças ou adolescentes até os quatorze anos, idade judicialmente definida como a passagem para a juventude. Os tratamentos psiquiátricos e psicológicos definem como pedófilo o indivíduo que sente essa atração, sem necessitar da manifestação física do ato sexual. Isso é muito importante, pois o doente que se sente mal por experimentar essas sensações pode iniciar o processo de cura com o acompanhamento do profissional certo e, se houver entendimento por parte dele ou dos que o acompanham, poderá ser encaminhado a um acompanhamento espiritual, que auxiliará o entendimento moral do problema; e o doente se posicionará, adquirindo novos hábitos – falou Inácio.

– Legalmente, o indivíduo que delinque nesse ato é punido? – perguntei.

– No código penal não existe um crime descrito como "pedofilia". As penalidades são aplicadas pelo comportamento do indivíduo.

– E quais são as penas previstas na lei?

– Dependerá da gravidade do crime em si, mas desde o ano de 2003 a pena para quem produz e oferece material que subsidie a pedofilia na internet, problema que tem se agravado sobremaneira nos últimos anos, está sujeito à Lei nº 10.764 , promulgada no dia 12 de novembro de 2003, e que alterou a redação do artigo 241 do ECA[2], e explica os crimes de pedofilia praticados através da internet. Infelizmente alguns aspectos da prática da pedofilia continuam sem uma lei realmente abrangente em todos os aspectos – falou Inácio.

– Se uma pessoa for pega com imagens pornográficas de pedofilia em seu computador, trazidas de sites proibidos, pode ser punida?

– Infelizmente, nada pode acontecer, pois o usuário não está incluído nas leis punitivas. A lacuna na lei, segundo especialistas, dificulta o trabalho da Polícia Federal e estimula o abuso e a exploração sexual infanto-juvenil.

– E na área da psiquiatria e da psicologia, como são vistos esses Espíritos adoentados? – perguntei a Inácio.

– Como doentes necessitados de cuidados médicos, muitas vezes eles mesmos vítimas de situações semelhantes às que hoje são os veículos da dor, ou mesmo Espíritos que rejeitam a maturidade, devido a problemáticas diversas, e insistem em vincular-se à infância das maneiras mais doentias. Cada caso tem suas peculiaridades, mas nunca devemos

---

2 Estatuto da Criança e do Adolescente (ECA) "Art. 241. Apresentar, produzir, vender, fornecer, divulgar ou publicar, por qualquer meio de comunicação, inclusive rede mundial de computadores ou internet, fotografias ou imagens com pornografia ou cenas de sexo explícito envolvendo criança ou adolescente: Pena - reclusão de 2 (dois) a 6 (seis) anos, e multa. § 1º Incorre na mesma pena quem: I - agencia, autoriza, facilita ou, de qualquer modo, intermedeia a participação de criança ou adolescente em produção referida neste artigo; II - assegura os meios ou serviços para o armazenamento das fotografias, cenas ou imagens produzidas na forma do caput deste artigo; III - assegura, por qualquer meio, o acesso, na rede mundial de computadores ou internet, das fotografias, cenas ou imagens produzidas na forma do caput deste artigo. § 2º A pena é de reclusão de 3 (três) a 8 (oito) anos: I - se o agente comete o crime prevalecendo-se do exercício de cargo ou função; II - se o agente comete o crime com o fim de obter para si ou para outrem vantagem patrimonial."

ignorar que somente Espíritos em desequilíbrio e invadidos por sofrimentos diversos de não-aceitação de si mesmos é que serão os portadores de toda espécie de anomalias, sejam elas sexuais ou não.

– E qual seria o tratamento ideal para esses irmãos? – perguntei compadecido.

– Somente o amor, a compreensão, a paciência, a tolerância para com os sofredores são medicamentos ideais. Lembre-se do caso de Vitor, Mara e tantos outros irmãos em abençoado mandato expiatório e probatório: se a eles não fosse oferecido auxílio, como estariam hoje? Então podemos entender que os tratamentos da medicina terrena somados à medicina espiritual envolvem o homem integral, ou seja, Espírito, perispírito e matéria.

Nesse instante, Ineque se aproximou de nós e abraçou com alegria nosso amigo Inácio.

– Bom dia, Inácio! Sentia-me saudoso de nossas conversas – falou Ineque.

Inácio retribuiu o abraço de Ineque e falou com bom humor:

– Também estava saudoso de nossas conversas, mas olhe lá, hein? Nosso amigo Vinícius pode ficar ciumento por não receber o mesmo abraço.

– Por isso não, abraçarei pela segunda vez o amigo Vinícius no dia de hoje – respondeu Ineque, também com bom humor.

– Já vi que os dois ainda sentem gosto em debochar desse recente trabalhador... – falei, dando risadas.

Lado a lado nos dirigimos ao centro comunitário, onde iríamos nos encontrar com Mauro, Ana, Maurício e Alberto.

Após as preces matinais nos dirigimos à cidade de Florianópolis para visitar nossos amigos.

A casa estava decorada para as festas natalinas, todos estavam contentes e reunidos no quintal, tomando o café da manhã.

Cláudia e Salima se desdobravam para atender a todos. Sônia, Marcelo e a pequena Teresa formavam belíssima família e felizes aguardavam a chegada de Maria Clara; Mara e Cláudio cuidavam de seu filho recém-nascido, e Vitor e Vera cochichavam a um canto.

– Hei! Vocês dois aí, por que cochicham tanto? Qual o segredo dos dois? – Sônia indagou.

Vera, olhando para Vitor, sorriu e disse:

– Está bem, vamos contar a vocês o nosso segredo. Eu e o Vitor vamos ter um filho!

O silêncio foi total, mas, de repente, irrompeu alegre gritaria; ouviam-se sons de alegria e amor, e todos correram a abraçar o casal e parabenizá-lo pela novidade, enquanto o restante da família de Adalton e Salima chegava de viagem.

Olhamos para a entrada do quintal e vimos Mário se aproximando, acompanhado por uma equipe de jovens socorristas.

– Bom dia, Mário!

– Bom dia, Vinícius! Estamos em período de instruções, e antes de iniciarmos nossa aula dessa manhã, resolvi passar por aqui e matar as saudades – falou Mário.

– Chegou em boa hora, Mara e Vitor acabaram de informar a todos sobre a vinda de mais um Espírito amigo – falei com emoção.

Nesse instante, Teresa se afastou do grupo e se dirigiu para onde estávamos.

– Feliz Natal, Mário! – pensou Teresa.

– Feliz Natal, Teresa! Vejo que andou aprendendo novos meios de comunicar-se com o mundo dos Espíritos! – Mário sorriu.

– Sou uma estudante assídua da Mocidade Espírita, e o senhor Abílio me instruiu a somente pensar para me comunicar com os Espíritos. Dessa maneira, não causo estranheza entre as pessoas que não conhecem o mundo dos Espíritos – pensou Teresa.

– Estou muito feliz em ver que a cada dia você consegue mais equilíbrio em sua prática mediúnica. Agora eu preciso ir, temos muito a fazer no dia de hoje. Diga a Sônia e a todos que desejo um dia muito feliz na comemoração do amor fraternal. Até mais, Teresa – falou Mário.

– Feliz Natal para você, Mário, e todos os seus amigos – falou Teresa.

Todos se calaram e se voltaram para Teresa. Sônia levantou-se de onde estava e se aproximou da menina, enquanto Mara perguntava:

– Teresa, Mário está aqui?

– Estava. Ele acabou de sair e mandou dizer que todos tenham um feliz dia de comemoração do amor universal. Ih! Já vi que falei alto.

Todos riram alegres e voltaram a se reunir em volta da grande mesa familiar.

Passamos o dia visitando velhos companheiros ainda encarnados e, perto das oito horas da noite, fomos informados que Maria Clara adentrava o mundo dos encarnados. Nós nos dirigimos para a Maternidade da Cidade.

A família feliz se abraçava comemorando a chegada do novo membro. Entramos na sala de parto e encontramos Sônia com sua filha nos braços. Marcelo, emocionado, orava a Deus agradecendo a dádiva da vida e a confiança desse Espírito escolhendo-os por pais. Doce energia a tudo envolvia, e nos unimos aos familiares, que passaram a emocionada prece.

Perto da meia-noite do dia vinte e quatro de dezembro, nós saímos caminhando pela cidade, observando o movimento frenético de alguns retardatários em busca de presentes para seus familiares ou a caminho de reuniões comemorativas do dia de Natal.

— A comemoração do Natal parece modificar o ambiente energético do planeta — comentou Alberto.

— Apesar do aspecto comercial da festa, muitos lembram dos feitos de Nosso Mestre, quando veio nos visitar, exemplificando o amor e o perdão. Dessa maneira, também afloram sentimentos fraternais, muitos se compadecem daqueles menos favorecidos e a caridade brota nos corações — falou Ana.

— Há dados estatísticos que provam que a criminalidade diminui nessa época do ano, acredito que beneficiada por essa energia menos densa — observou Maurício.

— O Natal é uma data fixada pelo homem como sendo de nascimento de Nosso Mestre Jesus. Não importa se é verdadeira ou não, o que importa é que a simples idéia de ser o dia em que o Espírito amoroso de nosso irmão maior chegou ao planeta já se reveste de intensa energia de amor, modificando mentes e beneficiando todos — falou Ineque.

— Venham! Vamos observar a Terra do Alto! — falei.

Nós nos afastamos do planeta, e do alto percebemos a luminosidade que irradiava em todas as direções. Focos de luz produzidos pelas preces subiam aos céus, semelhantes a fogos de artifício. O planeta esplendia em luz, e percebi extasiado que pouco, muito pouco, transformava-se em muito e beneficiava a tantos.

Com os olhos rasos de lágrimas, entoei uma canção de Natal de minha infância, e fui acompanhado por meus amigos.

Noite Feliz

Composição de F. Gruber

Noite feliz
Noite feliz
Oh, Senhor
Deus de amor
Pobrezinho, nasceu em Belém
Eis na lapa Jesus, nosso bem
Dorme em paz
Oh, Jesus
Dorme em paz
Oh, Jesus

Noite feliz
Noite feliz
Oh, Jesus
Deus da luz
Quão afável é teu coração
Que quiseste nascer
Nosso irmão
E a nós todos salvar
E a nós todos salvar

Noite Feliz
Noite Feliz
Eis que no ar vem cantar
Aos pastores
Seus anjos no céu
Anunciando a chegada de Deus
De Jesus Salvador

Admirado, percebi que não estávamos sozinhos, mas uma multidão de Espíritos partilhava conosco esse magnífico espetáculo, e todos nós emanávamos doce luz em direção ao planeta, luz esta que se misturava à que dele irradiava – e essas energias, ao se tocarem, produziam intensa onda luminescente que varria a escuridão da noite, beneficiando a todos.

Meia-noite em ponto!

Oh! Deus abençoe a todos nós!

A noite explodiu em cores! Não sei o que dizer, só peço a Deus que me permita um dia poder descrever e entender o que vejo.

Façam de todos os dias um Feliz Natal!

Vinícius (Pedro de Camargo)
Ribeirão Preto, 25 de dezembro de 2006.

Leia os romances de Schellida!
Emoção e ensinamento em cada página!
Psicografia de Eliana Machado Coelho

O Brilho da Verdade
Samara viveu meio século no Umbral passando por experiências terríveis. Esgotada, consegue elevar o pensamento a Deus e ser recolhida por abnegados benfeitores, começando uma fase de novos aprendizados na espiritualidade. Depois de muito estudo, com planos de trabalho abençoado na caridade e em obras assistenciais, Samara acredita-se preparada para reencarnar.

Um Diário no Tempo
A ditadura militar não manchou apenas a História do Brasil. Ela interferiu no destino de corações apaixonados.

Despertar para a Vida
Um acidente acontece e Márcia, uma moça bonita, inteligente e decidida, passa a ser envolvida pelo espírito Jonas, um desafeto que inicia um processo de obsessão contra ela.

O Direito de Ser Feliz
Fernando e Regina apaixonam-se. Ele, de família rica, bem posicionada. Ela, de classe média, jovem sensível e espírita. Mas o destino começa a pregar suas peças...

Sem Regras para Amar
Gilda é uma mulher rica, casada com o empresário Adalberto. Arrogante, prepotente e orgulhosa, sempre consegue o que quer graças ao poder de sua posição social. Mas a vida dá muitas voltas.

Um Motivo para Viver
O drama de Raquel começa aos nove anos, quando então passou a sofrer os assédios de Ladislau, um homem sem escrúpulos, mas dissimulado e gozando de boa reputação na cidade.

O Retorno
Uma história de amor começa em 1888, na Inglaterra. Mas é no Brasil atual que esse sentimento puro irá se concretizar para a harmonização de todos aqueles que necessitam resgatar suas dívidas.

Força para Recomeçar
Sérgio e Débora se conhecem a nasce um grande amor entre eles. Mas encarnados e obsessores desaprovam essa união. Conseguirão ficar juntos?

Lições que a Vida Oferece
Rafael é um jovem engenheiro e possui dois irmãos: Caio e Jorge. Filhos do milionário Paulo, dono de uma grande construtora, e de dona Augusta, os três sofrem de um mesmo mal: a indiferença e o descaso dos pais, apesar da riqueza e da vida abastada. Nesse clima de desamor e carência afetiva, cada um deles busca aventuras fora de casa e, em diferentes momentos, envolvem-se com drogas, festinhas, homossexualismo e até um seqüestro.

Obras de Irmão Ivo: leituras imperdíveis para seu crescimento espiritual
Psicografia da médium Sônia Tozzi

O Preço da Ambição
Três casais ricos desfrutam de um cruzeiro pela costa brasileira. Tudo é requinte e luxo. Até que um deles, chamado pela própria consciência, resolve questionar os verdadeiros valores da vida e a importância do dinheiro.

O Amor Enxuga as Lágrimas
Paulo e Marília, um típico casal classe média brasileiro, levam uma vida tranqüila e feliz com os três filhos. Quando tudo parece caminhar em segurança, começam as provações daquela família após a doença do filho Fábio.

A Essência da Alma
Ensinamentos e mensagens de Irmão Ivo que orientam a Reforma Íntima e auxiliam no processo de autoconhecimento.

Quando Chegam as Respostas
Jacira e Josué viveram um casamento tumultuado. Agora, na espiritualidade, Jacira quer respostas para entender o porquê de seu sofrimento

Somos Todos Aprendizes
Bernadete, uma estudante de Direito, está quase terminando seu curso. Arrogante, lógica e racional, vive em conflito com familiares e amigos de faculdade por causa de seu comportamento rígido

No Limite da Ilusão
Marília queria ser modelo. Jovem, bonita e atraente, ela conseguiu subir. Mas a vida cobra seu preço.

Obras da médium Maria Nazareth Dória
Mais luz em sua vida!

A Saga de Uma Sinhá (espírito Luiz Fernando - Pai Miguel de Angola)
Sinhá Margareth tem um filho proibido com o negro Antônio. A criança escapa da morte ao nascer. Começa a saga de uma mãe em busca de seu menino.

Lições da Senzala (espírito Luiz Fernando - Pai Miguel de Angola)
O negro Miguel viveu a dura experiência do trabalho escravo. O sangue derramado em terras brasileiras virou luz.

Amor e Ambição (espírito Helena)
Loretta era uma jovem nascida e criada na corte de um grande reino europeu entre os séculos XVII e XVIII. Determinada e romântica, desde a adolescência guardava um forte sentimento em seu coração: a paixão por seu primo Raul. Um detalhe apenas os separava: Raul era padre, convicto em sua vocação.

Sob o Olhar de Deus (espírito Helena)
Gilberto é um maestro de renome internacional, compositor famoso e respeitado no mundo todo. Casado com Maria Luiza, é pai de Angélica e Hortênsia, irmãs gêmeas com personalidades totalmente distintas. Fama, dinheiro e harmonia compõem o cenário daquela bem-sucedida família. Contudo, um segredo guardado na consciência de Gilberto vem modificar a vida de todos.

Um Novo Despertar (espírito Helena)
Simone é uma moça simples de uma pequena cidade interiorana. Lutadora incansável, ela trabalha em uma casa de família para sustentar a mãe e os irmãos, e sempre manteve acesa a esperança de conseguir um futuro melhor. Porém, a história de cada um segue caminhos que desconhecemos.

Jóia Rara (espírito Helena)
Leitura edificante, uma página por dia. Um roteiro diário para nossas reflexões e para a conquista de uma padrão vibratório elevado, com bom ânimo e vontade de progredir. Essa é a proposta deste livro que irá encantar o leitor de todas as idades.

Minha Vida em tuas Mãos (espírito Luiz Fernando - Pai Miguel de Angola)
O negro velho Tibúrcio guardou um segredo por toda a vida. Agora, antes de sua morte, tudo seria esclarecido, para a comoção geral de uma família inteira.

Três romances imperdíveis!
Obras do espírito Caio Fábio Quinto
Psicografia de Christina Nunes

ENTRE JESUS E A ESPADA
Jesus havia acabado de passar pela Terra. E as suas sementes começavam a brotar

SOB O PODER DA ÁGUIA
Uma viagem até a Roma Antiga na qual o general Sálvio Adriano viverá um grande drama em sua vida ao lado de Helatz, sua prisioneira, e o irmão dela, Barriot.

ELYSIUM - Uma História de Amor entre Almas Gêmeas
Cássia acordou em uma cidade espiritual na Itália. E nem imaginava que um grande amor estava à sua espera há anos.

Romances do espírito Eugene!
Leituras envolventes com psicografia de Tanya Oliveira

LONGE DOS CORAÇÕES FERIDOS
Em 1948, dois militares americanos da Força Aérea vão viver emoções conflitantes entre o amor e a guerra ao lado da jornalista Laurie Stevenson.

O DESPERTAR DAS ILUSÕES
A Revolução Francesa batia às portas do Palácio de Versalhes. Mas dois corações apaixonados queriam viver um grande amor.

A SOMBRA DE UMA PAIXÃO
Um casamento pode ser feliz e durar muitos anos. Mas um amor de outra encarnação veio atrapalhar a felicidade de Theo e Vivian

UFO – Fenômeno de Contato
(espírito Yehoshua ben Nun)

Livro que aborda temas intrigantes como antimatéria, abduções, teletransporte, faixas dimensionais e a polêmica dos mundos habitados.

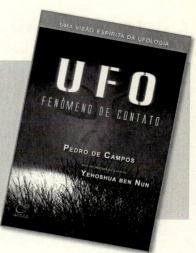

A evolução da Humanidade ao seu alcance com as obras de
Pedro de Campos

Universo Profundo – Seres inteligentes e luzes no céu (espírito Erasto)

Uma visão espírita da Ufologia que desmistifica esse polêmico assunto. Existem os seres extraterrestres? De onde eles vêm? Eles estão entre nós?

Colônia Capella – A outra face de Adão
(espírito Yehoshua ben Nun)

Uma extraordinaria viagem no tempo até os primórdios da Humanidade que une o evolucionismo proposto por Charles Darwin e a Teoria Evolucionista Espiritual baseada em Allan Kardec.

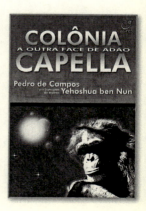

Obras da terapeuta Lourdes Possatto
O caminho do autoconhecimento

Equilíbrio Emocional – Como promover a harmonia entre pensar, sentir e agir
Neste livro, a autora nos ensina a conhecer nossos próprios sentimentos, atingindo dessa forma o equilíbrio necessário para uma vida emocional saudável.

Em Busca da Cura Emocional
"Você é cem por cento responsável por você mesmo e por tudo o que lhe acontece". Esta Lei da Metafísica é abordada neste livro que nos auxilia a trabalhar a depressão, a ansiedade, a baixa auto-estima e os medos.

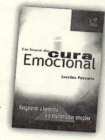

É Tempo de Mudança
Por que somos tão resistentes às mudanças? Por que achamos que mudar é tão difícil? E por que não conseguimos as coisas que tanto queremos? Este livro nos ajuda a resolver os bloqueios emocionais que impedem nossa verdadeira felicidade.

A Essência do Encontro
Afinal, o que é relacionamento? Por que vivemos muito tempo presos a relacionamentos enganosos em um mundo de ilusão como num sofrimento sem fim? Aqui você encontrará dicas e reflexões para o seu verdadeiro encontro.

Ansiedade Sob Controle
É possível deixarmos de ser ansiosos? Não, definitivamente não. O que devemos fazer é aprender a trabalhar com a ansiedade negati

Livros da médium Eliane Macarini

Romances do espírito Vinícius (Pedro de Camargo)

Resgate na Cidade das Sombras

Virginia é casada com Samuel e tem três filhos: Sara, Sophia e Júnior. O cenário tem tudo para ser o de uma família feliz, não fossem o temperamento e as oscilações de humor de Virginia, uma mulher egoísta que desconhece sentimentos como harmonia, bondade e amor, e que provoca conflitos e mais conflitos dentro de sua própria casa

Obsessão e Perdão

Não há mal que dure para sempre. E tudo fica mais fácil quando esquecemos as ofensas e exercitamos o perdão.

Av. Porto Ferreira, 1031 - Parque Iracema
CEP 15809-020 - Catanduva-SP
17 3531.4444 - boanova@boanova.net

visite nosso site: www.lumeneditorial.com.br
fale com a Lúmen: atendimento@lumeneditorial.com.br
departamento de vendas: comercial@lumeneditorial.com.br
contato editorial: editorial@lumeneditorial.com.br